UN SIÈCLE D'AUTOMOBILE EN FRANCE

Daniel Puiboube

UN SIÈCLE D'AUTOMOBILE EN FRANCE

Sélection du Reader's Digest

Un siècle d'automobile en France
est une publication de Sélection du Reader's Digest

Cet ouvrage a été réalisé d'après
le manuscrit original de Daniel Puiboube

RÉALISATION
Éditions d'Alembert

Mise au point des textes, correction et indexation
Tewfik Allal, Jean-Pierre Lacroux, Étienne Schelstraete

Direction artistique et mise en pages
ELSE

AVEC LA COLLABORATION
DE L'ÉQUIPE ÉDITORIALE DE SÉLECTION DU READER'S DIGEST
Direction éditoriale
Gérard Chenuet
Responsable de l'ouvrage
Christine de Colombel
Suivi éditorial :
Bénédicte Robbe
Lecture-correction
Béatrice Argentier, Emmanuelle Dunoyer
Couverture :
Irène de Moucheron
Suivi technique :
Olpan

DEUXIÈME EDITION

Pour nous communiquer vos suggestions ou remarques sur ce livre,
utilisez notre adresse email : editolivre@readersdigest.tm.fr

ISBN 2-7098-1542-7

Préface

Ce livre est le travail d'un usager, qui se trouve être également un authentique amateur d'automobiles qui, tout enfant, découvrit son premier Salon de l'auto en 1946, n'ayant connu jusqu'alors que la couleur sable des engins allemands, puis, lors de la Libération, le vert olive des véhicules américains à étoile blanche. Cette histoire est donc celle contée par un conducteur comme les autres, à qui son grand-père expliquait les mésaventures des premiers automobilistes au début du XXe siècle. En ces temps lointains, le langage de l'automobiliste était comme aujourd'hui vif, percutant, avec des formules à l'emporte-pièce, parfois exagérées mais toujours dans un langage convaincu. Afin de se situer dans des formes plus conventionnelles, lisibles par tous, les textes de cet ouvrage ont été adaptés. Dans ce panorama de ce premier siècle de l'automobile, la partie vécue a été privilégiée chaque fois que c'était possible par rapport aux données techniques. Nous avons choisi aussi, pour l'illustration, le plus d'ambiance possible, pour replonger le lecteur dans l'atmosphère d'époque.

DANIEL PUIBOUBE

Sommaire

Préface 5
Avant-propos *Le temps des ancêtres* 8

1900-1920
L'avènement de l'automobile 12

l'époque 14
ailleurs... La naissance de l'industrie américaine 28
au volant... Le temps des vétérans 30
levez les capots! L'innovation technique 32
le catalogue Petite galerie des vétérans 36
La Première Guerre mondiale : les taxis de la Marne 40
La Première Guerre mondiale : les véhicules militaires 42

1921-1940
De l'euphorie à la crise 44

l'époque 46
ailleurs... Les industries nationales 54
au volant... Les changements 56
levez les capots! La transition 62
le catalogue La vogue des cabriolets 64
Une vedette - 1922 : la Citroën 5 CV 66
Une vedette - 1934 : la traction avant 70
Une vedette - 1935 : la Peugeot 402 74

1941-1960
Des années qui comptent double 82

l'époque 84
ailleurs... La sortie du gouffre 96
au volant... De nouvelles façons de conduire 100
levez les capots! L'héritage technique de la guerre 102
le catalogue Le temps des voitures moyennes 106
Une vedette - 1946 : la Renault 4 CV 108
Une vedette - 1948 : la Citroën 2 CV 112
Une vedette - 1955 : la Citroën DS 120
Une vedette - 1956 : la Renault Dauphine 126

1961-1980
De la prospérité au doute 132

l'époque 134
ailleurs... L'ère de l'opulence 144
au volant... L'intensification du trafic 148
levez les capots! Points forts et points faibles 150
le catalogue L'accélération de la production 152
Une vedette - 1960 : la Peugeot 404 154
Une vedette - 1961 : la Renault 4 158
Une vedette - 1965 : la Renault 16 162
Une vedette - 1973 : la Renault 5 168

1981-2004
Des années de changements 172

l'époque 174
ailleurs... Vents d'est 178
au volant... Hier, aujourd'hui, demain... 180
levez les capots! Les acquis et les rêves 188
le catalogue Les nouveaux concepts 192
Une vedette - 1992 : la Renault Twingo 194
Une vedette - 2003 : la Citroën C2 195

Annexes

L'évolution des techniques et des formes 200
Dictionnaire des termes techniques 202
Index 204
Adresses utiles 206

Photos ci-contre et ci-dessus, la place de la Concorde, à Paris.

Avant-propos

Le temps des ancêtres

« On pourra un jour construire des chars qui se mouvront et se tiendront en mouvement sans emploi de la force impulsive ou la traction d'aucun animal. »

Roger Bacon (philosophe anglais, 1214-1294)

1769 ***Le fardier de Joseph Cugnot.*** *Maquette reconstituant les mésaventures du célèbre ingénieur dans le Paris du XVIIIe siècle.*

1873 **L'Obéissante *d'Amédée Bollée.*** *Propulsé par la vapeur, ce véhicule peut être considéré comme le véritable ancêtre de l'omnibus à moteur.*

1831 ***Ligne Liverpool-Manchester.*** *(Détail d'une illustration anonyme.)*

L'époque des locomotives

Après que l'Anglais George Stephenson eut construit, en 1814, la première locomotive à vapeur, le chemin de fer connut un formidable essor. En France, l'ingénieur Marc Séguin mit au point, en 1827, la machine à vapeur tubulaire, qui permit la construction de locomotives plus rapides. Dix ans plus tard, la première ligne était inaugurée entre Saint-Germain-en-Laye et Le Pecq. Pendant quelques décennies, l'engouement suscité par le rail allait éclipser les projets de véhicules routiers mécanisés.

Construit en 1769, le célèbre fardier à vapeur du Français Joseph Cugnot est souvent présenté comme un lointain ancêtre de l'automobile. L'impressionnante « marmite » qui précède son unique roue directrice surprend toujours les visiteurs qui, aujourd'hui, viennent l'admirer au musée des Techniques du Conservatoire national des arts et métiers. On raconte pourtant que ce véhicule était incontrôlable et qu'un jour il percuta un mur.

Au moment où Cugnot était le premier, en France, à tenter de propulser par la vapeur un véhicule routier, la machine à vapeur était déjà répandue en Grande-Bretagne : les inventions de Thomas Newcomen puis celles de James Watt y avaient permis d'équiper les charbonnages et les usines d'engins à vapeur qui actionnaient des machines-outils. À la fin du XVIIIe siècle, les Britanniques multiplièrent les tentatives de construire des véhicules automoteurs : des gravures de l'époque montrent des projets de diligences propulsées par une machine à vapeur.

La révolution industrielle était en marche : les inventions et les découvertes se succédaient continûment. En quelques décennies, la machine à vapeur gagna les campagnes, où les batteuses étaient actionnées par de grosses locomobiles. En 1824, le physicien français Sadi Carnot énonça le principe qui régit le fonctionnement de n'importe quel moteur thermique : « Une machine thermique ne peut, au cours d'une transformation fermée, fournir de travail que si elle emprunte une quantité de chaleur à une source chaude et la restitue à une source froide, la différence étant transformée en travail. »

En 1876, plus de trente ans après l'apparition des premières diligences anglaises mécanisées, Amédée

1884 ***La voiture d'Édouard Delamare-Deboutteville.*** *Ce jouet fut édité à l'occasion du centenaire de l'automobile française, qui commémora le dépôt de brevet du 12 février 1884.*

1893 ***Un véhicule Menier.*** *Les roues et la carrosserie sont identiques à celles des véhicules hippomobiles de l'époque.*

le temps des ancêtres

Bollée construisit une sorte de grand char à banc, propulsé par la vapeur. La machine, qui fut ensuite la propriété du marquis du Broc, châtelain de Parigné, fut utilisée durant près de vingt ans sur les routes de la Sarthe.

En 1873, le même Bollée avait mis au point *l'Obéissante*, qui peut être considérée comme le véritable ancêtre de l'omnibus à moteur. Au début du XXe siècle, le fils d'Amédée Bollée, Léon, sera un des premiers « grands » de l'automobile.

Alors que le moteur à explosion n'existait pas encore, l'ingénieur français Alphonse Beau de Rochas inventa le principe du cycle à quatre temps qui porte son nom. Brevetée en 1862, son invention fut appliquée en 1878 par l'Allemand Nikolaus Otto, qui construisit le premier moteur fonctionnant selon le cycle de Rochas.

On peut considérer que le premier véhicule routier automoteur est dû à l'Autrichien Siegfried Markus, qui en 1875 mit au point un tricycle roulant à 7 km/h.

1894 ***Un phaéton Panhard.***

1894 ***La Peugeot « vis-à-vis » Type 3,*** *conduite par Doriot, lors de la course Paris-Rouen.*

vers 1895 ***Carrosserie Kelner.*** *Vision de l'avenir par les carrossiers de la fin du siècle. À l'époque, dans la réalité, le capot n'est pas encore présent. (Dessin. Musée de Compiègne.)*

En France, le centenaire de l'automobile fut célébré en 1984 : on commémorait ainsi l'invention de l'ingénieur Édouard Delamare-Deboutteville, qui avait déposé en 1884 le brevet d'un véhicule actionné par un moteur à explosion.

En 1886, l'Allemand Karl Benz présenta un véhicule à trois roues, qui peut être considéré comme la première automobile à essence. Cependant, la vraie Daimler à quatre roues, équipée d'un moteur à gaz, ne sera construite qu'en 1898.

1898 ***Un double phaéton Gordon-Brillé,*** *carrossé par Belvalette. Les roues en bois sont équipées de pneumatiques.*

1899 ***Les Salons de l'automobile,*** *qui se tiendront dès 1901 au Grand Palais, eurent lieu en 1898 et 1899 sur l'esplanade des Tuileries.*

1900 ***La place de la Concorde.*** *Fiacres, fourgons et omnibus circulent sans encombre. La place est encore décorée de ses anciennes petites lanternes.*

AH

1900-1920

L'avènement de l'automobile

Le XXe siècle s'ouvre dans une atmosphère toute d'optimisme et de certitudes : on croit au progrès et aux bienfaits de la science. L'automobile, qui a progressé à pas de géant, contribuera bientôt à transformer le paysage des grandes villes occidentales. En 1900, le public la tient encore pour une curiosité, mais, en 1917, ce sont des centaines de camions qui ravitaillent le front, et les autobus sont partout en ville. Au lendemain de la Première Guerre mondiale, l'idée d'une « voiture pour tous » fait son chemin.

La place de la Concorde au début du XXe siècle.

En haut : la Peugeot Type 5, 1892.

1900-1920

L'Exposition universelle de 1900 consacre le triomphe de la science et de la technique. Pourtant, c'est une place modeste que les organisateurs ont réservée à l'automobile : les premiers constructeurs figurent encore aux côtés des carrossiers hippomobiles. À ce moment, Paris compte environ 4 500 « voitures sans chevaux » : le substantif « automobile » entre dans l'usage pour désigner ces véhicules, mais on discute encore la question de savoir si le mot est masculin ou féminin.

Panhard et Levassor

Ingénieur de l'École centrale, René Panhard commence sa carrière dans l'entreprise Périn, qui fabrique des scies mécaniques à bois. Quand Périn l'associe à son entreprise, il a à peine plus de vingt-cinq ans. Issu d'une famille de carrossiers parisiens, Panhard épouse en 1869 la fille d'un monteur de voitures et de carrosses. En 1873, la société Périn-Panhard s'installe à Ivry-sur-Seine, où elle restera jusqu'en 1967. À la mort de Périn, en 1886, René Panhard s'associe à Émile Levassor. Les deux hommes sont un peu comme Laurel et Hardy : le premier, rondouillard, aime les contacts ; le second, longiligne et froid, est un homme distant. Au moment où Daimler est en train de déposer des brevets concernant les moteurs à gaz de pétrole, sa représentante en France, Louise Sarrazin, les persuade de se lancer dans la fabrication de véhicules à gaz de pétrole. Leurs premiers moteurs sont fabriqués à partir de 1890 et, l'année suivante, Émile Levassor conçoit et réalise le premier véhicule. C'est le fils de René Panhard, Hippolyte, qui le fera connaître en 1893, en accomplissant le premier voyage touristique Paris-Nice. Le succès des véhicules construits par Panhard et Levassor suscite rapidement des émules.

Quelques dates

1890 Léon Serpollet est un des premiers à employer du carburant liquide pétrolier dans une chaudière.
1897 Une Daimler est importée en France par Émile Roger, qui la baptise Benz-Roger.
1901 L'Automobile-Club de France, fondé par Albert de Dion, organise son troisième Salon de l'automobile au Grand Palais.
1902 L'Anglais Frederick Lanchester met au point le frein à disque.
1904 La firme américaine Holt met au point la chenille, qui équipera chars, tracteurs et autochenilles à partir de 1916.
1905 L'Anglais John Crewe Wood fait breveter les premiers verres de sûreté.
1906 Renault met au point un démarreur à air comprimé pour les moteurs.
1908 Le premier Salon de l'aviation de Paris inaugure les moteurs V8 d'aviation.
Avec 35 000 automobiles, la France est le premier constructeur européen.

Un autobus d'avant 1914. *Le premier autobus de la Compagnie générale des omnibus date de 1905. Schneider remporta les premiers marchés avant que Renault ne s'impose dans les décennies suivantes.*

Entre 1893 et 1903, des dizaines de fabricants de cycles, de lanternes, de chaudrons et de voitures se lancent dans la construction de « voitures sans chevaux ». En 1897, Émile Levassor meurt dans une course automobile. Il est remplacé par Arthur Krebs, qui mettra au point un moteur resté célèbre : le Centaur. Au début du XXe siècle, la société Panhard et Levassor étendra ses activités au domaine militaire.

Quand la vapeur est reine. *Le* XIXe *siècle consacre le triomphe de la machine à vapeur. En Grande-Bretagne, les locomobiles servent de tracteurs ; en France, les machines à vapeur sont des machines fixes qui équipent les batteuses et les charrues.*

L'automobile employée à des fins utilitaires. *Dès le début du* XXe *siècle, les constructeurs se préoccupent de diversifier les emplois de l'automobile : modèle unique, cette balayeuse Renault fut exposée lors du centenaire de la marque, en 1998.*

L'aéroplane. *L'avion et l'automobile ne sont pas concurrents. Au contraire, l'un et l'autre se développent en même temps. Comme les automobilistes, les aviateurs ont besoin d'une mécanique fiable : « Si là-haut ça casse, on tombe. »*

L'avenue de l'Opéra vers 1910. *Les véhicules à moteur disputent le pavé aux véhicules à chevaux. On aperçoit les premiers autobus et les premiers taxis, ainsi que les nouveaux lampadaires à bulbe. Un aéroplane survole l'avenue.*

Peugeot : le lion d'Audincourt

Les débuts de la société Peugeot sont bien antérieurs à la naissance de l'automobile. À la fin du XIXe siècle, les Peugeot sont déjà de grands industriels de la métallurgie, qui fabriquent notamment de l'outillage, des cycles et des moulins à café très renommés.

À l'époque où Daimler développe le moteur à gaz de pétrole et contribue à son introduction en France, Armand Peugeot, neveu des fondateurs, reste un moment tenté par la machine à vapeur, lourde et encombrante mais parfaitement au point. En collaboration avec Léon Serpollet et le fils d'Amédée Bollée, il met au point un gros tricycle à vapeur, dont le projet restera sans suite. Le succès des moteurs Panhard-Levassor le convainc néanmoins d'acheter à la firme d'Ivry le droit de construire un moteur Daimler. En 1892, la Peugeot Type 4, dont un modèle est monté pour le bey de Tunis, est équipée d'un moteur Daimler à deux cylindres. Armand Peugeot lancera ensuite le Type 8, la première voiture à quatre places « face à la route ». Une fois installé dans sa nouvelle usine d'Audincourt, dans le Doubs, Armand Peugeot abandonne les moteurs Daimler et construit lui-même un moteur horizontal à six cylindres. Devenue la Société des automobiles Peugeot, sa firme poursuit la construction de voitures à essence à un rythme que nul n'aurait osé imaginer dix ans plus tôt.

Entre 1908 et 1914, le catalogue de la firme Peugeot rassemble déjà trente moteurs différents, dont les cylindrées sont comprises entre 652 et 9 000 cm^3.

Publicité Peugeot, *début du XXe siècle.*

Les transports en commun

Apparus dans la première moitié du XIXe siècle, les transports en commun urbains s'inspirèrent d'abord des chars à banc : les passagers étaient placés sur deux rangs en vis-à-vis. Quand, dans les dernières années du XIXe siècle, apparaissent les premiers omnibus sur châssis à moteur, l'habitacle reste identique. Ces premiers véhicules, équipés de roues à bandages et d'une transmission à chaînes, se révèlent très bruyants et vibrent volontiers. Une partie du public est réticente à les employer. Les sociétés de transports en commun sont nombreuses, mais elles font toutes appel à quelques fabricants comme Latil, Berliet, Panhard et Renault. Fatigants pour les passagers, ces véhicules sont épaulés par les premiers autocars, qui eux s'inspirent des diligences pour placer les passagers : les banquettes sont perpendiculaires à la route. Cette disposition va être adoptée pour les autobus urbains bien avant 1914. Berliet, sur ses châssis Cad et Cat, crée les premiers transports en commun à cabine avancée. Dans tous les cas, le conducteur n'est abrité des intempéries que par le pavillon et le pare-brise. Chez Berliet, en particulier, la cabine est divisée en deux parties : l'une accessible latéralement comme dans les diligences ; l'autre, par l'arrière, formule qui se généralisera dans les autobus des années à venir.

1900-1920

Les Peugeot,
c'était aussi...

Trois produits Peugeot sont encore dans toutes les mémoires : les moulins à café – aujourd'hui objets de collection –, les outils d'atelier, et les cycles. Les bicyclettes de la marque roulaient déjà partout en France alors qu'il n'y avait que bien peu d'automobiles. Parallèlement aux bicyclettes, où il est concurrencé par la manufacture de Saint-Étienne, Peugeot se lança dans la fabrication de motos. Beaucoup plus tard, après la Seconde Guerre mondiale, il fabriquera également des scooters et des cyclomoteurs... jusqu'à nos jours. À l'origine de tout, il y a la fonderie de Sous-Cratet, dans le Doubs. C'est elle qui est à la source de la société « Peugeot frères aînés », laquelle s'installe ensuite à Valentigney. Puis, les usines s'étendront autour de Montbéliard.

Armand Peugeot *(1849-1915).*

Le Salon de l'automobile, 1908. *Ci-dessus, un visiteur explique à sa compagne le fonctionnement d'un moteur. On aperçoit les blocs-cylindres groupés par deux et les ressorts de soupapes. Ci-contre, le stand Peugeot.*

Quelques dates

1909 Mise au point des moteurs à refroidissement par air destinés aux avions.

1910 Au Salon de l'automobile de Paris, l'ingénieur Georges Claude présente la technique de l'éclairage au néon. De Suresnes à Issy-les-Moulineaux, les crues de la Seine provoquent des inondations catastrophiques dans toutes les usines automobiles.

1912 Premier brevet de démontage de roues amovibles.

1913 Mise au point, en Angleterre, des premiers aciers inoxydables. Premiers systèmes de démarrage électrique des moteurs.

1914 La ville de Cleveland (États-Unis) adopte les premiers feux de circulation rouge et vert, accompagnés de panneaux escamotables portant les mentions « stop » et « go ». Mise au point des premières dynamos pour l'éclairage.

1919 Renault construit son premier modèle avec conduite à gauche.

La Peugeot du bey de Tunis, 1892. *Ce modèle particulier, peint en deux tons de gris et remarquable par sa finition, est un vis-à-vis qui fut lancé sous le nom de Type 4.*

Les premiers Salons de l'auto

Toute la magnificence des années 1900 s'exprime sous la nef du Grand Palais, à Paris. À l'origine, en 1896, quelques constructeurs se réunissent sous le hall de l'ancien palais de l'Industrie. Des cycles y sont majoritairement exposés. Deux ans plus tard s'ouvre le premier vrai Salon, alors nommé Exposition internationale automobile. Félix Faure ne trouve rien de mieux à déclarer devant les modèles exposés qu'ils « sentent mauvais et sont bien laids ». Les présidents suivants corrigeront le tir. Le nombre des exposants est de 300 en moyenne. Avant 1914, bien des rivalités, comme celle de l'Automobile-Club de France et de la chambre syndicale des constructeurs, créent des difficultés. Ainsi, le Salon de 1909 n'a-t-il pas lieu ! Durant la guerre, il n'y a évidemment pas de Salon. Le premier de l'après-guerre, le XVIe, ouvre ses portes le 9 octobre 1919.

Le montage de la Bébé dans l'usine Peugeot d'Audincourt, 1905. *Au signal du photographe, tout le monde prend la pose.*

Louis Renault : la prise directe

C'est aux portes de Paris, sur les bords de la Seine, que débute l'histoire des automobiles Renault. À Billancourt, non loin de l'aérodrome d'Issy-les-Moulineaux, berceau de l'aviation française, Louis Renault aménage un atelier dans le jardin de la villa de ses parents et, en 1898, à l'âge de vingt-deux ans, il construit sa première voiturette. Le quadricycle, que Renault équipe d'une boîte de vitesses de son invention, réussit à grimper la pente de 13 % de la rue Lepic, à Montmartre : les spectateurs restent incrédules.

Génie de la mécanique mais manquant de capitaux et de sens commercial, Louis Renault reçoit d'emblée le soutien de ses frères, Marcel et Fernand, qui sont devenus des négociants aisés. En 1899, il fonde la société Renault Frères et fait breveter la boîte de vitesses à prise directe.

Durant les dix premières années du XXe siècle, l'entreprise se développe à une vitesse fulgurante, notamment grâce à ses résultats dans les compétitions. En 1905, Louis Renault n'a pas encore trente ans quand il obtient la commande de 250 taxis 9 CV pour la Compagnie des fiacres de Paris (ce sont les successeurs de ces modèles qui prendront part à la bataille de la Marne). L'année suivante, l'usine de Billancourt se lance dans la construction de camionnettes, d'avions et d'autobus.

En 1903, Marcel Renault se tue lors de la course automobile Paris-Madrid. En 1908, après le retrait de Fernand pour des raisons de santé (il mourra l'année suivante), Louis dirige seul l'entreprise, qui devient la Société Louis Renault. À la veille de la Première Guerre mondiale, elle emploie quelque 5 000 personnes. En 1913-1914, elle produit 4 206 voitures et plus de 500 camions.

Albert de Dion et la « voiture sans chevaux »

C'est vers 1880 que le comte Albert de Dion s'intéresse à la construction d'une « voiture sans chevaux ». Associé au mécanicien Georges Bouton, il fonde en 1883 la firme De Dion-Bouton, qui construit d'abord un quadricycle à vapeur, puis un tricycle à moteur à gaz de pétrole, sur lequel Ettore Bugatti aurait découvert les joies de la conduite. Toutefois, le premier succès de la firme sera le modèle populaire à quatre places et à carrosserie découverte.

La Renault 3-4 CV, 1898. *Équipée d'un moteur De Dion-Bouton, elle disposait déjà de la boîte de vitesses à prise directe. Renault la proposait à 3 500 francs.*

Marius Berliet : automobiles et camions

Le public connaît surtout les camions Berliet, qui furent au sommet de leur gloire durant l'épopée saharienne, entre 1950 et 1960, mais on sait moins que la firme Berliet construisit aussi de belles automobiles dans les quinze premières années du XXe siècle.

Fils d'un paysan du Dauphiné qui était venu tenter sa chance dans la rubanerie à Lyon, à la fin du XIXe siècle, Marius Berliet décide en 1893 de se lancer dans la mécanique automobile. Deux ans plus tard, l'échec de sa première voiturette, équipée de sièges en tandem, ne le décourage pas. Quand il réussit à fabriquer un deuxième véhicule, un riche soyeux lyonnais l'acquiert pour 10 000 francs ; le même client lui achète un second modèle, monté en 1897, puis le lui restitue sans demander de remboursement.

Au début du siècle, Berliet s'installe dans un véritable atelier, où travaillent déjà soixante personnes. En 1902, il propose deux modèles : une 10 CV et une 16 CV.

Après avoir absorbé la société Audibert et Lavirotte, ce qui lui permet de disposer d'une usine de 10 000 m², il vend à l'American Locomotive Corporation (Alco) le droit de monter ses châssis aux États-Unis. L'affaire est juteuse : le montant de la vente – 500 000 francs-or – lui donne la possibilité d'équiper son usine de façon idéale. En signe de gratitude, le constructeur choisira comme emblème un écusson représentant une locomotive du Far West. À partir de 1912, les usines Berliet construiront des voitures aux lignes harmonieuses qui anticipent les « belles américaines » des années 1920. Pour le constructeur, c'est la gloire : aux États-Unis, les Berliet participent aux éditions de la Coupe Vanderbilt.

***Marius Berliet** (1866-1949).*

Les camions Berliet

Présenté en 1906, le premier camion Berliet est un véhicule à cabine avancée, sans capot : le modèle CAT. Comme tous ces véhicules lourds, équipés de roues à bandages et d'une transmission par chaînes, il est horriblement bruyant. Les charges utiles proposées sont de 2, 3 ou 5 tonnes. À partir de 1939, Berliet abandonnera la fabrication des automobiles pour se spécialiser dans la production de camions et de cars. Jusqu'aux années 1960, le camion Berliet sera considéré comme un des meilleurs poids lourds français.

***Affiche-annonce de Renault, vers 1905.** L'usine est située à Billancourt, alors que le point de vente se trouve à Paris.*

André Citroën : les engrenages à chevrons

Les activités des automobiles Citroën commencent avec la livraison de la première Type A, le 4 juin 1919, mais, à ce moment, André Citroën, âgé de quarante ans, a déjà une solide expérience d'industriel. Fils d'un diamantaire parisien, sorti de l'École polytechnique en 1900, il dirige une entreprise spécialisée dans la production d'engrenages à chevrons. S'il n'est pas l'inventeur de ces engrenages, qui existent depuis le XVIIIe siècle, André Citroën est parvenu à résoudre un problème délicat d'usinage : la découpe hélicoïdale dans l'acier.

André Citroën (1878-1935).

En 1908, la Société des automobiles Mors s'assure sa collaboration. Ce constructeur, qui fabrique des voitures sans chevaux depuis 1896, s'est rendu célèbre en remportant la course Paris-Berlin en 1901, puis Paris-Bordeaux en 1903. La marque détient également un record de vitesse : sur une piste de Dourdan, un de ses véhicules a atteint 123 km/h. Chez Mors, André Citroën imprime un nouveau rythme à la production annuelle, qui passe de 120 à 1 200 voitures.

Mobilisé dans l'artillerie en 1914, Citroën découvre que la fabrication des munitions est restée artisanale. Dans son usine du quai de Javel, au sud-ouest de Paris, il contribue à l'effort de guerre en organisant la production de masse : de ses ateliers sortiront jusqu'à 55 000 obus par jour. Confronté en 1918 à un problème de reconversion, André Citroën imagine de fabriquer en grande série une voiture populaire, dont il confie la conception à l'ingénieur Jules Salomon : ce sera la Type A, présentée en 1919 et commercialisée à partir de 1920.

Les petits constructeurs

Les fondateurs des grandes marques nationales ne sont pas les seuls pionniers de l'automobile française. Durant les premières années du XXe siècle, l'automobile suscite également l'intérêt de dizaines de petits fabricants.

Émile Delahaye, qui a fondé sa marque en 1895, disparaît prématurément en 1905 : Charles Weiffenbach lui succède et dirigera la firme au cours des cinquante années suivantes. Réputée pour ses voitures de sport et de luxe, la firme Delahaye construit la première voiture équipée de cardans et, en 1912, elle met au point un beau moteur V6.

La firme Hotchkiss, spécialisée dans la production d'armements, se lance dans la construction automobile en 1904. Ses véhicules sont parmi les premières

Les femmes font la fête au volant d'une Renault de 1905.
En voiture, la coiffe à voilette est indispensable.

automobiles équipées de freins sur les quatre roues et de moteurs à soupapes en tête. Après la Première Guerre mondiale, la marque construit de belles et bonnes voitures. Absorbée par Peugeot en 1950, elle poursuivra ses activités en construisant des jeeps, ainsi qu'un modèle dispendieux : la Grégoire-Hotchkiss.

L'automobile retient également l'attention de certaines entreprises ferroviaires : en 1896, Paul Decauville lance une « voiturelle » munie de roues avant indépendantes. Nombreux sont aussi les fabricants de bicyclettes qui se laissent tenter par les véhicules motorisés : devenu l'agent de Dunlop en France, Adolphe Clément se lance dans la construction des tricycles De Dion. Associé au Britannique Talbot, il fonde en 1903 la marque Clément-Bayard, dont les usines sont installées à Mézières, dans les Ardennes. En hommage à Bayard, qui défendit la ville en 1521, les capots des automobiles Clément seront ornés d'une figure de chevalier.

Fondateur de la manufacture des cycles Gladiator, Alexandre Darracq se lance en 1900 dans la construction automobile. Durant la Première Guerre mondiale, il se consacre aux moteurs d'avions. Plus tard, la firme Darracq s'associera à Talbot.

Dans le vent. *La casquette, les gants et les lunettes composent l'étrange équipement des premiers automobilistes.*

Ettore Bugatti (1881-1947)

Au début du XXe siècle, l'industriel d'origine italienne Ettore Bugatti s'installe en Alsace, où l'Allemagne offre aux entrepreneurs des avantages fiscaux. Entre 1902 et 1904, il lance deux modèles : une 26 CV équipée d'un moteur de 5,3 litres ; une 33 CV équipée d'un moteur de 7 litres. Après la Première Guerre mondiale, Bugatti continuera, en collaboration avec l'entreprise ferroviaire de Dietrich, de produire des véhicules, commercialisés sous la marque Lorraine-Dietrich.

La* Jamais-Contente *du Belge Claude Jenatzy. *Le premier véhicule routier qui dépassa les 100 km/h, le 28 avril 1899, était équipé de batteries et de moteurs électriques lui permettant d'obtenir six allures de marche. La puissance fournie par les batteries était de 50 kW. La suspension à pincettes provenait d'un fiacre Jenatzy. Ce véhicule est aujourd'hui conservé au musée du château de Compiègne.*

Le Paris-Madrid de 1903. *L'arrivée de Louis Renault, vainqueur de l'étape Paris-Bordeaux en 5 heures et 39 minutes.*

Dans les premières années du siècle, Louis Mors, qui s'assure les services d'André Citroën, figure dans le peloton de tête des constructeurs : un de ses modèles est aujourd'hui exposé au Musée national de l'Automobile de Mulhouse. À la même époque, la firme Delaunay-Belleville construit une conduite intérieure « collective », appelée omnibus-hôtel, qui est équipée de roues arrière jumelées et d'une spacieuse carrosserie. Par ses qualités techniques, ce véhicule préfigure les voitures de luxe des quinze années suivantes.

L'ingénieur Jules Salomon, auquel André Citroën confiera la conception de la Type A, est un passionné de mécanique. Après avoir travaillé chez Bardon et Unic, il crée la marque Zèbre en 1910 : sa voiturette populaire, portant le nom générique de Zèbre, obtiendra un beau succès commercial entre 1910 et 1912. Enfin, Léon Bollée, fils d'Amédée, poursuit les recherches de son père en développant de grandes voitures de luxe. Sa firme sera rachetée par Morris en 1923.

Le temps des grandes courses folles

Au début du XXe siècle, les grands quotidiens jouissent d'un immense prestige, et leur influence est comparable à celle qu'exercent aujourd'hui les chaînes de télévision. Nombreuses sont ainsi les manifestations sportives qui, organisées par un journal, obtiennent un succès considérable auprès du public.

Directeur du *New York Herald*, James Gordon Bennett suscite la création, en 1900, de la Coupe Gordon-Bennett : la première édition est disputée en France entre Paris et Lyon, sur une distance de 560 km. Dès 1904, cette compétition s'impose parmi les plus prestigieuses. Organisé pour la première fois en 1906, le Grand Prix de l'Automobile-Club de France succède à la Coupe Gordon-Bennett. La première édition est remportée par un ancien mécanicien de Renault, Szisz, qui parcourt les 1 238 km de l'épreuve à une vitesse moyenne de 101,3 km/h.

Depuis 1898, des courses de vitesse sont également organisées par le journal *la France automobile*. C'est au cours d'une de ces compétitions, le Paris-Madrid de 1903, que Marcel Renault finit tragiquement : sa voiture verse dans un fossé près de Couhé, dans la Vienne. Sur l'itinéraire de la course, quelque trois millions de spectateurs se pressent au bord des routes. Aucune mesure n'est prise pour assurer leur sécurité : en se précipitant sur la route, les chiens et les enfants sont souvent à l'origine d'embardées. Le Paris-Madrid de 1903 est une véritable hécatombe : les organisateurs décident de l'arrêter à Bordeaux.

Huit pages : CINQ centimes
Le Petit Parisien
SUPPLÉMENT LITTÉRAIRE ILLUSTRÉ

***La Coupe Gordon-Bennett,** couverture du* Petit Parisien *du 5 juin 1904.*

Durant ces compétitions, les moyennes correspondent à peu près à celles des années 1970, à l'époque où les limitations de vitesse n'existaient pas encore : 105 km/h sur une Mors; 145 km/h entre Bonneval et Chartres. Ces moyennes sont d'autant plus étonnantes que les concurrents sont livrés à eux-mêmes : seuls le conducteur et son mécanicien ont le droit d'intervenir sur leur véhicule. Les pneus sont changés tous les 105 km, et, à l'arrivée, les équipages sont épuisés. Aussi, les jantes amovibles s'imposeront-elles rapidement sur la plupart des voitures.

Les records de vitesse

Au début du XXe siècle, les records de vitesse, constamment améliorés, démontrent que les constructeurs sont en mesure de concevoir des directions, des suspensions et surtout des pneumatiques qui résistent à des vitesses élevées. Pour les fabricants, la course aux records est en effet une opération publicitaire, destinée à vanter les mérites de leurs véhicules. Entre 1898 et 1910, le record de vitesse passe ainsi de 63 km/h à 211 km/h.

Dans le parc d'Achères, en 1898, Gaston de Chasseloup-Laubat atteint la vitesse de 63 km/h en pilotant une Jeantaud équipée d'un moteur électrique et d'une batterie Fulmen. Au même endroit, en 1899, Camille Jenatzy dépasse les 105 km/h sur un véhicule électrique.

En 1902, à Nice, sur la Promenade des Anglais, Léon Serpollet passe le cap des 120 km/h sur un véhicule de son invention, doté d'un moteur à vapeur à quatre cylindres. La même année, une Mors de 9 200 cm³, pilotée par H. Fournier, bat le record précédent de 3 km/h : c'est la première fois qu'une voiture à gaz de pétrole atteint cette vitesse.

En 1903, aux États-Unis, Henry Ford atteint 147 km/h à bord d'un véhicule équipé d'un moteur de 15 000 cm³.

Mais on n'en reste pas là : l'année suivante, sur une piste d'Ostende, en Belgique, une Gobron-Brillé, pilotée par L. Rigolly, atteint 166 km/h. Puis c'est au tour d'une Darracq pilotée par P. Barras de gagner 2 km/h sur le record précédent.

En 1905, à Arles, les 200 ch d'une Darracq à moteur V8 de 22 500 cm³ (le gabarit d'un moteur d'avion) permettent à V. Hémery de dépasser les 175 km/h.

En 1906, à Brooklands, le même Hémery franchit la barre des 200 km/h au volant d'une Benz.

En 1910, sur le circuit de Daytona (États-Unis), une Blitzen-Benz allemande, pilotée par B. Oldfield, dépasse les 211 km/h.

Concernant les voitures de compétition, on peut noter qu'une Mercedes GP de 1908 tournait déjà normalement à 160 km/h.

La peur de l'automobile

En 1896, l'écrivain Hugues Leroux s'adresse au préfet de police de Paris pour se plaindre des dangers provoqués par les nouvelles automobiles : « Je suis au nombre de ceux qui considèrent que la sécurité n'existe pas dans les rues de Paris. Et puisque vos agents se déclarent désarmés, j'ai l'honneur de vous avertir qu'à partir d'aujourd'hui, je me promène avec un revolver dans ma poche et que je tirerai sur le premier chien enragé qui, monté sur une automobile ou un tricycle à pétrole, s'enfuira après avoir risqué d'écraser les miens. »

Une voiture termine sa course dans la devanture d'un magasin de jouets. (Document extrait de l'Illustration.)

Grand Prix de l'Automobile-Club de France, 1907.

Pour ou contre les courses de vitesse ?

Au début du xxe siècle, les nombreux accidents provoqués par les courses de vitesse dressèrent une partie du public contre leurs organisateurs. Malgré la disparition de Marcel Renault, victime d'un accident lors du Paris-Madrid de 1903, la maison Renault prit position en faveur de ces compétitions : « Les résultats des concours frappent moins l'opinion que ceux des courses de vitesse : le public oublie les lauréats des concours, mais connaît les vainqueurs de Paris-Berlin, de Paris-Vienne, de la Coupe Gordon-Bennett. » Les responsables de Renault développèrent aussi un argument qui fut souvent utilisé par la suite : « La plupart des perfectionnements dont les résultats sont satisfaisants sur des voitures de course donneront a fortiori les mêmes résultats sur des voitures de tourisme. » Une polémique qui durera… tout le siècle.

Course du mont Ventoux, 1912.
Georges Boillot pilote une Peugeot de course, équipée d'un moteur de 7 600 cm³, qui peut atteindre 190 km/h.

La naissance de l'industrie américaine

Si les constructeurs français jouent un rôle pionnier dans la conception des véhicules automobiles, les industriels américains sont parmi les premiers à comprendre l'intérêt d'une production à grande échelle. Aux États-Unis, l'automobile est bientôt promue au rang de produit industriel de masse : elle est destinée à un grand nombre de consommateurs.

La production de masse

Aux États-Unis, Henry Ford incarne par excellence le dynamisme de l'industrie américaine durant les vingt premières années du XXe siècle. Figure emblématique du succès, il inspire même les cinéastes de l'époque, qui vont jusqu'à prêter ses traits à leurs personnages d'industriels audacieux et rusés. Appliquant à ses usines les méthodes du taylorisme, Ford organise le travail à la chaîne, mais il comprend aussi que ses ventes sont tributaires du pouvoir d'achat de la clientèle : son personnel est donc bien payé et, dès les années 1910, il est invité à rouler en Ford. La diffusion à grande échelle de la célèbre Ford T, fabriquée entre 1908 et 1927, assurera au constructeur américain un succès considérable.

Parallèlement, le groupe General Motors connaît aussi une expansion rapide : au moment de sa fondation, en 1908, il réunit les marques Buick et Oldsmobile ; l'année suivante, il absorbe Cadillac et Oakland, avant d'acquérir Chevrolet en 1918. Plus luxueuses que les Ford, les différentes marques du groupe rencontrent un succès croissant. La progression la plus rapide est enregistrée chez Chevrolet : alors que les premiers modèles sont lancés en 1911 seulement, la production atteint déjà environ 1 600 voitures en 1915. On notera que la première Cadillac date de 1903, année de sortie de la Ford A, alors qu'Oldsmobile construit son premier modèle en 1901.

Mais la production américaine ne se réduit pas à ces grands constructeurs. Des dizaines de petits fabricants

Rolls-Royce : le triomphe du luxe

La firme britannique Rolls-Royce est née de la rencontre, en 1904, de Charles Stewart Rolls et de Frederick Henry Royce. Ils présenteront leur première voiture au Salon de Londres de 1906. D'entrée de jeu, la marque mise sur la perfection technique : pour Royce, il s'agit de « prendre une pièce de mécanique existante et [de] l'améliorer jusqu'à la perfection ». Construite de 1907 à 1925 à plus de 6000 exemplaires, la Rolls-Royce Silver Ghost (fantôme d'argent) sera constamment améliorée. À partir de 1911, sa calandre s'ornera de la célèbre statuette *Spirit of Ecstasy*.

La Rolls-Royce Silver Ghost, modèle de collection photographié en 1995. Les caractéristiques techniques de cette voiture – qui la rendaient particulièrement silencieuse – lui valurent son fameux nom.

Laurel et Hardy au volant de la Ford T. *Dans nombre de films, les deux compères desserrent son frein dans les descentes. (Musée de l'Automobile, Rochetaillée-sur-Saône.)*

(Chadwick, Lozier, Maxwell, Pierce Arrow...) animent, au début du siècle, un secteur extrêmement diversifié : avant 1910, les États-Unis ne comptent pas moins de 140 marques.

La Ford T : la voiture du siècle

Née en 1908, la Ford T sera construite durant dix-neuf ans... à plus de 15 millions d'exemplaires. Baptisée Tin Lizzie aux États-Unis, elle est connue en Europe sous le nom de Ford Araignée. Fabriquée dès 1911 en Angleterre, elle s'impose aussitôt comme une dangereuse rivale pour les modèles européens. En 1913, la filiale anglaise de Manchester produit environ plus de 6 000 Ford T. À la même époque, la production de Renault – tous modèles confondus – n'atteint pas encore 4 500 véhicules.

De couleur noire, équipée d'abord d'une seule banquette, la Ford T devient une des voitures les plus populaires de l'entre-deux-guerres : dans *Tintin au Congo*, c'est un modèle de Ford T qu'Hergé met entre les mains du petit reporter. Doté d'une transmission simplifiée à deux vitesses commandée par un pédalier, le véhicule possède une suspension dont la garde au sol est particulièrement haute, ce qui permet de s'aventurer sur les mauvais chemins. Le moteur à quatre cylindres de 2 892 cm³ développe 21 ch, soit la puissance d'une petite moto d'aujourd'hui.

Fixé d'abord à 850 dollars, le prix de la Ford T tombera à 260 dollars en 1925, alors que la moins chère des Chevrolet est proposée à 460 dollars. Au fil des années, la gamme des modèles sera diversifiée : le modèle de base prendra le nom de Tudor (de *two-door*, « deux portes »), alors que la berline à quatre portes, lancée en 1927 au prix de 545 dollars, sera baptisée Fordor (de *four-door*, « quatre portes »).

La course New York-Paris

En 1907 et 1908, une grande course d'endurance et de vitesse est organisée entre New York et Paris, sur une distance de 20 000 km. L'épreuve est remportée par une Thomas Flyer équipée d'un moteur de 13 litres. C'est un écho burlesque de cette prestigieuse compétition que donnera, quelques décennies plus tard, le film de Blake Edwards : *la Grande Course autour du monde* (1965), avec la délicieuse Nathalie Wood et le souriant Tony Curtis.

Taxi berlinois, vers 1915. *Ce curieux véhicule a une carrosserie en forme de barque : les surfaces courbes transparentes sont une rareté pour l'époque.*

L'Audi 14-35 HP. *C'est avec cette voiture que la société Audi Automobilwerke d'August Horch, fondée en 1909, remporta le Tour des Alpes en 1912, 1913 et 1914.*

Chicago en 1917.

Le temps des vétérans

***Première édition du* Guide Michelin.**

Au début du XXe siècle, l'automobile progresse plus rapidement que les infrastructures. Alors que la voirie reste mal adaptée à la circulation automobile, ce sont des marchands de bicyclettes qui entretiennent et réparent les véhicules…

L'insuffisance des équipements

Les routes sont encore conçues pour la circulation des charrettes et des voitures à chevaux ; les chaussées pavées sont bombées, de façon que les eaux et les boues soient évacuées vers les caniveaux. Aussi, la circulation automobile se développe-t-elle surtout dans les villes et dans leur périphérie. Le long des routes, la signalisation est assurée par des plaques de fonte peinte qui sont fixées sur les façades des maisons. En cas de panne, l'automobiliste est réduit à s'adresser aux marchands de bicyclettes, aux charrons, aux chaudronniers ou aux maréchaux-ferrants, pour lesquels la réparation des automobiles reste une activité d'appoint. Les grands constructeurs tenteront néanmoins de venir au secours de leurs clients : déjà réputé pour la qualité de ses cycles et de son outillage, Peugeot mettra sur pied un réseau de quincailliers ruraux.

À cette époque, la pompe à essence manuelle n'existe pas encore : l'essence de pétrole est fournie en bidons

Les pneus chauffent… *L'été, il faut les refroidir en cours de route : gonflés à haute pression, ils ont tendance à chauffer.*

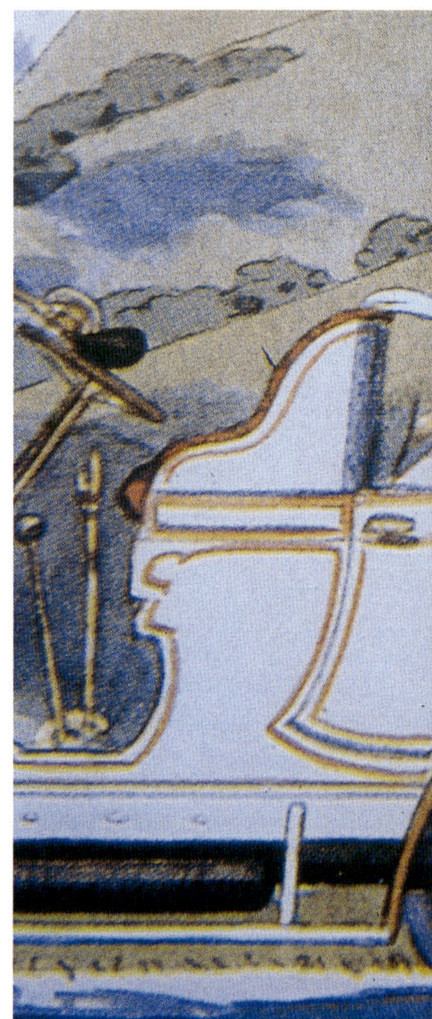

C'était le bon temps !

À la fin des années 1910, un témoignage paru dans *l'Automobiliste* décrit déjà avec nostalgie le temps des premières automobiles : « Il était juste d'avouer que mon moteur avait bouffé au bout de 80 km les 40 litres d'essence qu'on avait mis le matin. On faisait alors de l'essence, on se remettait à la manivelle quand le moteur refusait de partir, mais les bougies étaient alors encrassées d'huile, il fallait les démonter. Pendant ces différentes opérations, qui avaient amassé quantité de curieux autour de l'auto, on avait tripoté l'avance à l'allumage, et quand le moteur se décidait enfin à partir, il donnait un retour terrible qui vous déboîtait le bras quand il ne le cassait pas… Ah ! les bonnes farces ! Ah ! c'était le bon temps ! »

Une piste d'apprentissage pour les conducteurs de petites voitures. *Document paru dans* l'Illustration *en novembre 1898.*

de 5 litres. L'approvisionnement en huile et en carburant est assuré par de nouvelles sociétés (Esso, Shell, BP, Mobil, Desmarets), qui ne lésineront pas sur la publicité.

Les aléas de la conduite

Au début du XXe siècle, la conduite est semée d'embûches. Le conducteur est d'abord un chauffeur, car, avant de partir, il doit réchauffer le moteur avec du carburant enflammé. Sur la route, il est livré à lui-même : le changement d'une roue, la remise en route d'une mécanique rétive sont des opérations qu'il convient de maîtriser.

À l'intérieur, les équipements restent rudimentaires. La position des pédales (embrayage à gauche, frein à pied au centre) n'est pas encore définitive ; l'accélérateur au pied droit vient tout juste de se généraliser. Le siège n'est pas réglable : les petits doivent allonger les jambes. Comme les leviers du frein et du changement de vitesses, le volant est placé à droite. Sur la planche de bord en bois verni, on trouve les graisseurs à distance, les fusibles du circuit d'allumage, ainsi qu'un ampèremètre, mais il n'y a pas encore de compteur de vitesse. Le graissage du moteur se fait par barbotage, sans pompe : on regarde le niveau avant de partir. Au moment de la mise en route, on ouvre le robinet du réservoir de carburant, qui est placé haut dans le tablier avant : sous l'effet de la gravité, le carburant parvient à ce qui est l'ancêtre du carburateur, fabriqué par la marque Longuemare.

L'intérieur d'un modèle de luxe avant 1913. *On notera le volant de petit diamètre, qui restera inchangé pendant une dizaine d'années, ainsi que le store pare-soleil du côté du passager.*

Couverture du magazine de l'époque.

La tenue des automobilistes

Dès qu'il arrive sur la place d'un village, l'automobiliste attire une foule de curieux. Les dames qui « montent en automobile » sont coiffées d'un chapeau à voilette ou d'une casquette munie d'un *bachelik* détachable. Avec la diffusion des pare-brise et des capotes, cette tenue de conduite perdra de son extravagance.

L'innovation technique

Pendant quelques années, les véhicules motorisés s'inspirent encore des modèles de bicyclettes (cadres tubulaires, grandes roues à rayons…) et de voitures à chevaux (vis-à-vis, carrosseries tonneau). Le bois, l'osier et aussi le cuir sont les matériaux privilégiés de ces véhicules, qui sont le plus souvent découverts.

Les trois parties fondamentales

À partir de 1905, l'apparition des premières conduites intérieures ouvre la voie à de nouvelles formes de carrosserie. Dès ce moment, les modèles de Renault, de Peugeot et de Panhard ont acquis leur forme définitive. Les trois parties fonda-

Une lanterne arrière. *À l'exception des phares, l'équipement des automobiles est identique à celui des fiacres.*

Les lanternes. *Avant la diffusion de l'électricité, l'éclairage est assuré par deux grosses lanternes. De grands fabricants, comme Blériot ou Auteroche, les produisent en série. L'avant du véhicule est muni de deux gros phares, qui ne sont allumés qu'à l'extérieur des villes.*

mentales du véhicule – le moteur, la carrosserie, le châssis – resteront longtemps inchangées.

Le moteur est placé à l'avant, sous un capot encadré par deux phares ; la carrosserie repose sur un châssis composé de deux longerons rigides. Le plus souvent, les passagers disposent d'une ou de deux banquettes en cuir, qui font face à la route, mais le dispositif de la carrosserie tonneau est encore utilisé : un espace à deux ou à quatre places, parallèle à la route, est aménagé derrière le premier siège. De même, les carrosserie fermées des conduites intérieures sont exécutées par des carrossiers qui imitent encore le modèle des fiacres, des omnibus et des diligences.

En 1895, une voiture équipée de pneumatiques Michelin termine la course Paris-Bordeaux-Paris : la supériorité du pneu sur le bandage est démontrée.

Deux ans plus tard, le résultat est confirmé par l'expérience de Chasseloup-Laubat : à une vitesse de 25 km/h, les pneus offrent une résistance à l'avancement de 35 % inférieure à celle des roues pleines.

En 1899, dans le parc d'Achères, la *Jamais-Contente* de Claude Jenatzy, équipée de pneus Michelin, atteint la vitesse de 105 km/h.

Bien vite, Michelin tire un argument promotionnel de ces résultats : apparu en 1898, le Bibendum gagne les États-Unis dix ans plus tard.

L'invention du pneumatique

À la fin du XIXe siècle, les premières voitures sont équipées de grandes roues à rayons métalliques, semblables à celles des bicyclettes, ou de roues en bois munies d'épais bandages en caoutchouc. C'est à un vétérinaire britannique, John Boyd Dunlop, que l'on doit l'invention du pneumatique : en 1887, Dunlop expérimente sur la bicyclette de son fils des boudins creux de caoutchouc, qui amortissent les vibrations des roues. Breveté en 1888, le pneu de Dunlop est amélioré en 1891 par les frères Édouard et André Michelin, qui déposent le premier brevet de pneu démontable.

La roue au temps des premiers pneus. *La jante est solidaire des rayons : en cas de crevaison, tout doit être démonté.*

La roue élastique

Nombreux furent les constructeurs qui, jusqu'en 1900, placèrent leurs espoirs dans la mise au point de la roue élastique. L'idée était simple : des anneaux élastiques remplaçaient les barreaux rigides et rectilignes qui, dans les roues traditionnelles, reliaient la jante et le moyeu. Le procédé fournissait un résultat appréciable mais provoquait des déformations de la roue et des réactions parasites. Aussi, la roue élastique fut-elle bientôt supplantée par le pneumatique.

Des anneaux souples relient les jantes et les barreaux.

L'apparition des pneumatiques. *Ces pneus sont montés sur le châssis Renault AX 8 CV 1908, le premier modèle économique qui fut équipé de vrais pneus.*

La planche de bord, 1900.
Au centre, le réservoir des systèmes de graissage. C'est le conducteur qui ouvre les robinets. Le lubrifiant est utilisé à fond perdu.

La planche de bord, 1912. *La pendule et le tachymètre sont faits de matériaux coûteux. Au centre, le dispositif de graissage, commandé à distance.*

L'art du démarrage

Dans les premières années de l'automobile, le démarrage est une manœuvre délicate. Le problème vient de ce que le carburant n'est pas réchauffé entre le carburateur et la culasse ; de plus, les longues pipes de cuivre accroissent les difficultés de vaporisation.

Vers 1910, on abandonne la technique consistant à enflammer le moteur pour le réchauffer ; désormais, la méthode consiste à placer la commande d'avance à l'allumage en position moyenne, « à la limite du retard ». Un levier enrichisseur joue le rôle d'un starter, et un volet peut réduire l'arrivée d'air pour enrichir le mélange. Après cette opération, il reste à lancer le moteur à la manivelle. Après les trois ou quatre premiers tours, qui servent simplement à « dégommer » le moteur, on change le réglage des gaz en mettant un peu d'avance : au bout de huit à dix coups, le moteur doit partir. À ce moment, il faut à nouveau modifier les réglages. Quand le moteur est froid, l'automobiliste court toujours le risque de caler son moteur. Aussi, l'habitude s'est-elle imposée de le laisser tourner une dizaine de minutes avant de partir.

Moteurs, châssis et suspensions

Les moteurs, qui sont en fonte, possèdent deux ou quatre cylindres. Ces mécaniques tournent à des régimes compris entre 600 et 1 100 t/min. Les puissances restent faibles, mais sont relativement constantes. Les châssis à longerons en acier, qui sont réalisés avec des profilés renforcés transversalement, apparaissent durant les premières années du XXe siècle. Au même moment, les suspensions souples et légères sont remplacées par de puissants ressorts.

Le passage des vitesses

Particulièrement dur, l'embrayage à cônes des premières automobiles ne présente aucune progressivité, et la course de la pédale de débrayage est limitée. Le levier de vitesses, qui n'offre souvent que deux rapports, fonctionne sur un secteur sans baladeur. Avant d'enclencher la première, l'automobiliste débraie deux ou trois secondes, puis saisit le levier, passe la vitesse et embraie en accélérant.

levez les capots !

Les moteurs du début du siècle, très souples, présentent un couple important à bas régime : leur faible puissance est vite atteinte. Pour passer la deuxième vitesse, il faut se trouver en ligne droite et disposer d'un élan suffisant : on relâche l'accélérateur, on débraie, puis on tire sur le levier « jusqu'à ce qu'on sente que la pignonnerie n'engrène plus ». Le moment est venu d'embrayer un court instant, puis de débrayer et de tirer très fort pour enclencher la vitesse. Quarante plus ans plus tard, certaines mécaniques exigeront toujours cette opération du double pédalage, bien connue des chauffeurs de camion.

Détail d'un moteur de 1903.
Les pièces de laiton sont de plus en plus nombreuses dans la construction du moteur. À gauche, on aperçoit le carburateur, qui est placé très bas.

Un moteur à 2 cylindres, 1906-1908. *À gauche, la magnéto d'allumage ; au centre, le bloc-cylindres à culasse monobloc. On aperçoit aussi les deux bougies d'allumage, le graisseur de hauts de cylindre, la rampe des soupapes latérales, ainsi que le collecteur d'échappement, la tubulure d'admission et le carburateur.*

L'avènement de l'électricité

Le début du siècle consacre l'avènement de l'électricité. Sur un véhicule automobile, l'électricité est fournie par la magnéto, qui tourne avec le moteur, ou par la batterie, qui se recharge avec une dynamo. Mis au point par l'Américain Kettering en 1911, ce système survivra jusqu'aux années 1970. Quant au démarreur électrique sur batterie, il apparaîtra en 1913 aux États-Unis.

Les freins

Dans les années 1910, les freins sont encore loin de posséder l'efficacité et la progressivité des freins d'aujourd'hui. Les grands freins, qui n'agissent que sur les roues arrière, chauffent vite. Lorsque l'on enfonce la pédale, il y a un effet d'engagement qui donne une impression de brusquerie. Souvent, le frein à main agit sur la transmission en amont de l'arbre : il peut être très efficace... au point de faire sauter les chaînes de transmission finale, quand elles ne sont pas correctement tendues.

Cabochon de radiateur en cuivre, modèle Vermorel, vers 1900.

La double berline de voyage Renault 1907. *D'une puissance de 14 CV, le moteur, à 4 temps, peut atteindre 65 km/h. (Musée Renault).*

1900-1920

Petite galerie des vétérans

Entre 1900 et 1919, des centaines de modèles différents furent construits en France : ces véhicules sont aujourd'hui classés dans la catégorie des vétérans, par opposition aux ancêtres, qui sont antérieurs à 1900. Ce petit inventaire présente quelques modèles significatifs qui ont marqué les vingt premières années du siècle.

La Peugeot Type 21, fin du XIXe siècle.

Ce véhicule, qui est un des premiers coupés quatre places de la marque, trahit l'influence des voitures hippomobiles sur les carrossiers de l'époque. Selon le moteur, qui existait en trois versions, la Type 21 atteignait une vitesse de 25 à 35 km/h. Très efficaces, les garde-boue de ce modèle ont également été montés sur le cab Type 25.

Une Renault 4 places.

Cabriolet type des années 1900, représenté ici par un modèle de la deuxième génération (des dizaines d'autres suivront). Dans le jargon des usagers, la petite banquette arrière portait le nom de « ramasse-couillon ».

La Renault Type D, 1901.

Le fabricant proposa aussi une version cabriolet avec deux places face à la route. Très proche du modèle G, qui sortit l'année suivante, ce modèle est conservé au musée de l'automobile Henri-Malartre de Rochetaillée-sur-Saône (Rhône).

La Peugeot Type 48, 1903.

Ce modèle est équipé d'une carrosserie « tonneau » : les passagers arrière, qui accèdent aux banquettes par une porte centrale, sont disposés en vis-à-vis. Construite à Audincourt, elle roulait à 35 km/h. On notera la présence d'un seul phare, mais de deux lanternes. Le moteur était un monocylindre de 833 cm^3.

Le cabriolet De Dion-Bouton AW.

Ce véhicule à quatre places, privé de pare-brise, est caractéristique des cinq premières années du XXe siècle. Une version voisine participa au Paris-Pékin de 1907.

La Peugeot Type 81 B, 1906.

Dotée d'un moteur à quatre cylindres de 2 200 cm^3 qui développait 12 ch, cette voiture pouvait atteindre plus de 75 km/h. Le châssis existait en version longue. Le fabricant proposa également un coupé limousine. La Type 81 B fut construite à 250 exemplaires.

Une Panhard 1908.

Équipée d'un moteur de 4 080 cm^3, cette Panhard offrait un habitacle spacieux. Malgré l'éclairage à huile, une série de caractéristiques techniques (suspension, embrayage, transmission) en faisait un modèle en avance sur son temps.

Un phaéton Renault AI, 1906.

Doté d'un moteur de 35 CV, il atteignait 80 km/h. Ce modèle de luxe était vendu 34 000 francs ; le châssis seul coûtait 26 000 francs.

Une Renault des années 1906-1910.

Ce modèle restauré fut présenté à Billancourt à l'occasion du centenaire de la marque.

Delahaye : les pionnières

Présentées en 1904, les Delahaye furent équipées d'emblée d'un allumage électrique. Ce modèle, parfaitement conservé, fut exposé au Centre international de l'automobile de Pantin.

Détail d'une Delahaye des années 1910. Ce modèle de coupé se distingue par ses accessoires chromés et par son avertisseur à trompe muni d'une corne amplificatrice.

Le coupé Panhard-Levassor U7, 1910.

C'est une des premières Panhard-Levassor équipées d'un moteur sans soupapes (licence Knight). Le système sera exploité jusqu'en 1940.

Une des premières Grégoire.

Le curieux pare-brise arrondi se retrouve sur des voitures sportives américaines de l'époque. Jean-Albert Grégoire, ingénieur aux idées florissantes, mit au point des modèles d'avant-garde, mais ses projets furent souvent jugés dispendieux par les industriels. Dans les années 1920, il fut un des premiers ingénieurs français à s'intéresser à la traction avant, pour laquelle il mit au point, en 1926, le joint homocinétique Tracta.

Une Renault 4 places, 1911.

Cette voiture était proposée en deux puissances : 20 et 35 CV. On notera que les modèles de la marque se sont allongés : le châssis le plus long atteignait 5 m.

La Panhard-Levassor Type X 5, 1911.

Cette voiture, qui ne possède que trois portes, fut acquise par le Musée national de l'Automobile de Mulhouse, en 1987. Curieusement, les portes principales, destinées au conducteur comme aux passagers, sont placées côté rue, et non côté trottoir.

Une Zèbre, 1910-1913.

Conçue par Jules Salomon, cette voiturette connut un grand succès avant 1914 et fut construite jusqu'en 1919. Le moteur de 616 cm³ qui équipait le premier modèle fut ensuite remplacé par un moteur de 785 cm³. Cet exemplaire est conservé au Musée national de l'Automobile de Mulhouse.

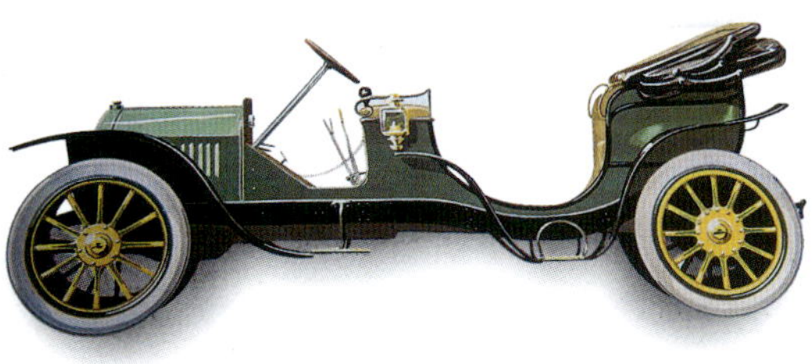

Une Berliet 1911.

Cette voiture, qui ressemblait à une Victoria, fut utilisée par le président de la République de l'époque, Armand Fallières.

Modèles Berliet 1912.

Ce coupé de ville et ce cabriolet rappellent qu'avant de se consacrer à la production de camions Berliet fut aussi un constructeur de voitures de tourisme. On notera, sur la version coupé, les fenêtres manoir à petits carreaux.

La nouvelle Peugeot Bébé 1913.

Entièrement conçue par Ettore Bugatti, qui en conserva le brevet, cette voiture fut construite par Lion-Peugeot. Pour la première fois, une voiture 6 CV était proposée à un prix accessible : 4 000 francs au Salon d'automne de 1912. Produite jusqu'en 1916, la nouvelle Bébé fut construite à un peu plus de 3 000 exemplaires.

Une Bugatti 1920.

Dès le début, les modèles de la marque se signalèrent par leur élégance. Dotée d'un moteur de 1 368 cm^3, cette Bugatti roulait à 90 km/h. Jusqu'en 1940, toutes les voitures de la maison conservèrent leur essieu avant rigide et leurs freins à câbles.

La quadrilette Peugeot 16 E, vers 1920.

Destinée aux petits budgets, cette voiture à deux places en tandem était équipée d'un moteur à 4 cylindres et d'une boîte de vitesses, mais son pont arrière « banjo » était privé de différentiel. Fabriquée à Beaulieu, elle fut construite à 3 500 unités pendant deux ans. Sur le marchepied, on aperçoit la bouteille d'acétylène qui servait de complément d'éclairage.

Une Peugeot Type 163, vers 1920.

Montée à Audincourt et à Beaulieu, cette voiture fut équipée d'un moteur 4 cylindres de 1 500 cm^3. Chose rare à l'époque : elle possédait une boîte à quatre vitesses.

Les taxis de la Marne

Durant la Première Guerre mondiale, l'introduction de l'automobile, du camion et du char bouleverse les stratégies des états-majors. En septembre 1914, l'épisode des taxis de la Marne démontre la robustesse des voitures Renault et couvre de gloire le constructeur.

Alors que Paris est menacée par la progression des armées allemandes, le général Joffre décide, le 4 septembre 1914, de lancer une grande contre-offensive. Pour acheminer des renforts sur le front, les armées françaises manquent cependant de moyens de transport : à l'époque, les unités du « train des équipages » ne sont pas encore motorisées, et les quelques unités qui sont équipées de camions Berliet CAT sont engagées ailleurs.
Le soir du 6 septembre, le général Gallieni, gouverneur militaire de Paris, ordonne de réquisitionner tous les véhicules disponibles et, en particulier, tous les taxis qui sont en mesure de circuler.
À 22 heures, les premières colonnes sont rassemblées sur la place des Invalides : 1 200 taxis 9 CV modèle 1909 s'apprêtent à partir pour le front.
Tout ne se passe pas sans mal. Dans les rues de Paris, la concentration de taxis provoque de nombreux embouteillages. Les bataillons du 104e régiment d'infanterie partent les premiers, à raison de cinq hommes par véhicule. Le 7 septembre, la réquisition continue : 700 nouveaux taxis se dirigent vers Gagny.
Quand les taxis seront démobilisés, le lendemain, ils auront transporté quelque 5 000 hommes.
Durant la bataille de la Marne, une cinquantaine de taxis se porteront volontaires pour transporter les blessés.

Les taxis réquisitionnés sont rassemblés devant l'École militaire, à Paris.

Un parc de véhicules inespéré

Au 1er août 1914, la ville de Paris disposait d'un parc de 10000 taxis, dont la plupart appartenaient aux compagnies G2 et G3 (taxis verts), ainsi qu'à la compagnie G7 (taxis jaunes et rouges). Au début du mois de septembre, cependant, 7000 taxis étaient bloqués dans les garages, parce que leurs chauffeurs avaient été mobilisés, et les 3000 autres étaient entre les mains de chauffeurs non mobilisables.

Le taxi Renault AG 1

À la veille de la Première Guerre mondiale, les taxis Renault jouissent d'une excellente réputation : depuis 1905, la firme de Billancourt est le fournisseur privilégié des compagnies de taxis parisiennes.

Le taxi Renault AG 1. *Issu d'une version lancée en 1905, ce modèle, équipé d'un moteur de 9 CV, appartenait à la compagnie G7, dont les véhicules étaient peints en jaune et rouge. Ce modèle restauré est conservé au Centre international de l'automobile de Pantin.*

Vue latérale du taxi Renault AG 1. *La conduite à droite est caractéristique des véhicules de l'époque. Ce modèle est conservé au Musée national de l'Automobile de Mulhouse.*

Au Salon de l'automobile de 1908, *le châssis du taxi Renault AG 1 était proposé au prix de 5900 francs.*

Les véhicules militaires

Au moment où toute l'industrie du pays est mise au service de l'effort de guerre, nombreux sont les constructeurs automobiles qui se lancent dans la fabrication de véhicules militaires : les camions Berliet et les chars Renault équipent les armées françaises.

Quand éclate la Première Guerre mondiale, Marius Berliet est déjà le fournisseur de l'armée. Spécialisé dans la construction des poids lourds depuis 1907, il a mis au point le camion CBA, qui jouit d'une excellente réputation.
Au début du conflit, les usines Berliet en construisent quarante exemplaires par jour.
Durant la bataille de Verdun, en 1916, ce sont les camions Berliet qui assurent le ravitaillement des troupes. Pendant deux mois, 3 500 camions se relaient nuit et jour sur la Voie sacrée.
La production des usines Berliet s'accélère : à la fin du conflit, on estime à quelque 25 000 les camions livrés à l'armée.
En 1918, les armées françaises adoptent le char FT 17 de Renault, qui remplace les chars Saint-Chamond, lourds et difficiles à manœuvrer.
Ces premiers chars, qui tombaient fréquemment en panne, ont été le plus souvent incendiés par les défenses allemandes.
L'état-major français place de grands espoirs dans le char Renault, qui paraît robuste, souple, silencieux.
Le 28 mai 1918, les trente premiers FT 17 participent aux combats de Villers-Cotterêts ; deux mois plus tard, entre le 18 et le 23 juillet, les chars sont engagés massivement à Château-Thierry et à Soissons. Dans les derniers mois de la guerre, le FT 17 apportera une contribution décisive à la victoire des Alliés.

Voitures Peugeot destinées à l'armée. *À gauche, une torpédo Type 146; au centre, un coupé de ville Landaulet Type 139; à droite, une Bébé Lion Type BP 2.*

Les directives de l'état-major

Quand Louis Renault entreprit de mettre au point un nouveau char de combat, il fut obligé de se plier aux exigences de l'état-major : prévu pour deux hommes, le char serait équipé d'une mitrailleuse ou d'un canon de 37 mm; sa vitesse, adaptée à l'allure du fantassin, serait comprise entre 1 et 8 km/h; son poids ne dépasserait pas 4 tonnes; enfin, pour ne pas alerter l'ennemi, le véhicule serait particulièrement silencieux.

Sur les champs de bataille

Au cours de la Première Guerre mondiale, les camions Berliet, les voitures Peugeot et les chars Renault démontrèrent leur robustesse et conquirent une immense renommée.

Le char Renault FT 17. *Cette maquette à l'échelle 1/43 reproduit une scène de combat à laquelle participa ce char.*

Le char Renault FT 17. *Ce véhicule est conservé dans les usines Renault de Billancourt.*

Ces deux FT 17 ont été fabriqués en 1914 dans des usines civiles. Seule la couleur grise et les numéros peints au pochoir sur les flancs les distinguent des véhicules civils.

Le tracteur d'artillerie Peugeot T 3, 1918. *Ce modèle ne fut pas adopté par l'armée française.*

1921-1940

De l'euphorie à la crise

Après la Première Guerre mondiale, la reprise de la croissance économique favorise l'essor de l'industrie automobile, qui se lance dans la production en série de voitures populaires. Pourtant, dès le début des années 1930, les constructeurs sont frappés de plein fouet par la grande crise économique : la production s'effondre brutalement. À la frénésie insouciante des Années folles succède une période d'incertitude et de repli. Paradoxalement, c'est durant cette période de crise qu'apparaissent les modèles les plus luxueux.

La place de la Concorde vers 1925.

En haut : une automobile idéalisée des années 1930, par Géo Ham. « Une » de l'*Illustration*, 1936.

1921-1940

En 1919, le parc automobile français est encore modeste : le pays compte 120 000 véhicules, soit une automobile pour 400 habitants. Au même moment, les États-Unis disposent déjà d'un parc de 6 millions de voitures, soit un véhicule pour 18 habitants. Dix ans plus tard, la France se motorise : on compte une automobile pour 39 habitants, et la production annuelle est estimée à 250 000 voitures.

La voiture de l'entre-deux-guerres

Les voitures des années 1920, les *vintages*, sont le plus souvent équipées d'un moteur à soupapes latérales, qui tourne à quelque 2 000 t/min. La boîte de vitesses n'est pas synchronisée, et les freins hydrauliques n'ont pas encore remplacé les freins à câbles. Les véhicules ne possèdent pas d'essuie-glaces électriques, et le démarreur est alors considéré comme un luxe.

Au cours des années 1930, les innovations techniques se multiplient. Les boîtes de vitesses, qui sont presque toujours limitées à trois rapports, sont dotées d'un système de synchronisation qui permet ainsi de passer de la troisième à la deuxième sans double débrayage. À la fin de la décennie 1930, l'apparition des directions à crémaillère et la mise au point du volant à retour automatique contribuent à renforcer la sécurité des véhicules. Quelques innovations en améliorent aussi le confort : le réservoir, qui était placé jusqu'alors entre l'habitacle et le capot, émigre à l'arrière.

Enfin, les modèles de carrosserie sont de plus en plus variés : les constructeurs proposent des phaétons, des cabriolets, des faux cabriolets, des vrais coupés, des limousines et des berlines. À la fin des années 1930, la plupart des carrosseries sont en acier, et la gamme des couleurs est élargie : les modèles sont proposés dans des tons pastel (vert amande, crème) ou dans des nuances de vert foncé et de rouge bordeaux.

Quelques dates

1921 En France, Eugène Buisson devient le distributeur exclusif des garnitures de freins Ferodo, fabriquées en Grande-Bretagne.

1922 Peugeot lance des voitures de compétition équipées d'un moteur sans soupapes.

1923 La mission Schwoll, équipée de véhicules Renault à six roues, relie Touggourt à Tozeur. L'Automobile-Club de l'Ouest organise les premières Vingt-Quatre Heures du Mans.

1925 Peugeot gagne le Grand Prix de l'Automobile-Club de France. Les frères Sizaire présentent la première voiture à quatre roues indépendantes.

1926 Partis de Colomb-Béchar, le commandant Delingette et sa femme atteignent Le Cap à bord d'une Renault.

1927 L'ingénieur Jean-Albert Grégoire présente la Tracta, la première traction-avant française. Louis Delage met au point une voiture de course équipée d'un moteur de 1 500 cm³.

1928 Premières utilisations du silentbloc et du verre Securit.

***La Renault 40 CV 1924,** couverture de* l'Illustration.

La chaîne de finition-préparation des Citroën Type 15.

***Une Leyla Helica 1922.** Mû par une hélice, ce véhicule aérodynamique est un modèle expérimental qui n'eut pas de suite.*

La rivalité des grandes marques

Durant l'entre-deux-guerres, Renault et Citroën se livrent une concurrence acharnée. Originales et spectaculaires, les initiatives publicitaires de Citroën imposent l'image d'un constructeur novateur et dynamique : la marque au double chevron finance l'illumination de la place de la Concorde et de l'Arc de triomphe, accroche sur la tour Eiffel une publicité lumineuse en lettres géantes, lance en Afrique et en Asie d'audacieuses expéditions,

La Peugeot qui remporta le Grand Prix de l'Automobile-Club de France en 1925. *Pilotée par André Boillot, la voiture n° 2 était l'une des trois Peugeot engagées dans la course.*

Le prix des voitures

En valeur constante, il diminue durant l'entre-deux-guerres. Alors que la Citroën 5 CV coûte 10 800 francs en 1924, une Rosengart 4 CV est vendue 15 000 francs en 1939. En 1925, une petite Renault MT 6 CV non couverte vaut 15 000 F, alors que la Juvaquatre berline de 1938 est proposée à 16 500 francs. Il est vrai que la voiture n'est pas encore à la portée de toutes les bourses : le salaire horaire d'un employé ou d'un ouvrier varie entre 0,90 et 2,50 francs en 1920, entre 3 et 6 francs en 1930, entre 6 et 18 francs en 1940.

La Tracta 1928 *revue par Grégoire. Restauré, ce modèle fut présenté en 1984.*

organise des banquets qui, animés par Joséphine Baker, réunissent tous ses concessionnaires. En 1933, de nouvelles usines, éclairées par de vastes baies lumineuses, sont érigées le long du quai de Javel.

Alors que Citroën mise sur le retentissement de ses campagnes publicitaires, Renault s'efforce de rationaliser sa production en uniformisant les tableaux de bord, les carrosseries, les jantes et l'alésage des cylindres. Malgré cette politique de standardisation, les modèles conservent suffisamment de particularités pour séduire une vaste clientèle. En 1938, la gamme des prix reste étendue : de 20000 francs pour la Juvaquatre à 102000 francs pour la Suprastella ; le catalogue comprend sept modèles, qui sont proposés avec quatre moteurs différents.

La rivalité qui oppose Renault et Citroën éclipse quelque peu la production de leurs concurrents. Pourtant, dans ses usines de Sochaux, Peugeot continue, sans grand bruit, de fabriquer des voitures modernes qui se distinguent par de nombreuses innovations. Au même moment, Hotchkiss propose de jolis modèles que les campagnes publicitaires présentent comme les voitures « du juste milieu », et les affiches de la marque interpellent ainsi le client : « Admettez-vous la vitesse sans la sécurité ? »

La Croisière noire : la traversée du désert. *Prise à l'automne de 1924, cette photographie de véhicules roulant vers l'horizon des grandes étendues sablées de l'Afrique du Nord est sans doute l'une des images les plus impressionnantes de l'expédition.*

Des Citroën en Afrique

Au début des années 1920, aucun véhicule automobile n'est encore parvenu à traverser le Sahara. En 1922, le défi est relevé par Citroën, qui lance ses autochenilles à la conquête du désert : la traversée saharienne sera la première des grandes croisières organisées par le constructeur du quai de Javel.

Le 17 décembre, cinq autochenilles partent de Touggourt, dans le Sahara algérien. Le convoi rejoint d'abord Ouargla, puis gagne In-Salah, avant de traverser le Hoggar et le Tanezrouft. Chaque jour, les véhicules parcourent entre 200 et 350 km. Au volant du *Scarabée d'or*, Georges-Marie Haardt et Louis Audouin-Dubreuil dirigent l'expédition. La traversée du désert, qui est abondamment filmée et photographiée, est accomplie en vingt et un jours : le 7 janvier 1923, après un voyage de 3 200 km, les autochenilles Citroën entrent enfin dans Tombouctou.

Le succès de cette première croisière convainc Citroën d'organiser une deuxième expédition, encore plus ambitieuse : la Croisière noire, première traversée de l'Afrique en véhicule automobile.

La Croisière noire : une autochenille de l'équipe cinéma. *Conduite par Rabbaud, l'équipe cinéma qui accompagne la Croisière noire, surnommée « le Soleil en marche », est dirigée par le cinéaste Léon Poirier.*

L'exploitation commerciale des expéditions

Après le triomphe de ses deux expéditions africaines, Citroën envisage de créer une compagnie de transport pour assurer la liaison entre Colomb-Béchar et Niamey.
Au Salon de l'automobile de 1924, le constructeur présente une autochenille-taxi qui est capable de transporter jusqu'à huit personnes. Les coûts d'exploitation de la nouvelle ligne sont exorbitants : le voyage aller-retour, qui doit durer neuf jours, coûtera 40 000 francs par passager. Mais, quand des mouvements de rébellion éclatent dans le Sud marocain, Citroën renonce définitivement au projet. Pour le constructeur, l'échec est d'autant plus cuisant que son principal concurrent, Renault, vient de mettre au point des véhicules à trois essieux, équipés de roues jumelées, afin de démontrer qu'il est possible de traverser l'Afrique sans chenilles.

La Croisière noire : la traversée du marais du Nyassaland *(ancien nom du Malawi).*
Les photographes des expéditions Citroën savent mettre en valeur les situations extrêmes ou pittoresques.

Conduit par le célèbre tandem Georges-Marie Haardt et Louis Audouin-Dubreuil, le convoi se compose cette fois de huit autochenilles : *le Scarabée d'or, l'Éléphant à la tour, l'Escargot ailé, la Colombe, le Croissant d'argent, le Centaure, Soleil en marche, Pégase.* Parties de Colomb-Béchar le 28 octobre 1924, les Citroën ne tardent pas à rejoindre Bourem, au Niger, puis gagnent Niamey, traversent la région du lac Tchad et l'Oubangui-Chari, avant d'atteindre Bangui. Parvenue à Kampala le 15 avril 1925, l'expédition se divise en trois groupes, qui se dirigent vers l'océan Indien. Le 26 juin 1925, tous les participants de la Croisière noire se retrouvent sur l'île de Madagascar, à Tananarive.

Les Croisières jaune et blanche

Lancée en 1931, la Croisière jaune est la plus grande épopée automobile de tous les temps : les Citroën relieront Beyrouth à Pékin en traversant l'Himalaya. L'expédition est d'autant plus difficile que les Soviétiques ont interdit la traversée du Turkestan russe : l'itinéraire passe donc par les plateaux du Pamir, situés à plus de 4 000 m d'altitude.

Dès le départ, les véhicules sont répartis en deux groupes : alors que le groupe Pamir, de Georges-Marie Haardt et Louis Audouin-Dubreuil, part de Beyrouth le 4 avril 1931, le groupe Chine, dirigé par le lieutenant de vaisseau Victor Point, se rassemble au nord-ouest de Pékin. Ce deuxième groupe comprend le père Teilhard de Chardin, qui étudiera la géologie des déserts d'Asie centrale. Le 8 octobre 1931, les deux groupes se rejoignent à Aksu, dans le Xinjiang; ensemble, ils atteignent Pékin le 12 février 1932.

En 1934, la firme au double chevron organise une dernière expédition : la Croisière blanche, traversée de

Cassette d'une série télévisée (1974) *ayant pour sujet la Croisière jaune, et à laquelle participa Coluche.*

Les autochenilles Citroën

C'est à l'occasion d'un concours de chars de montagne, organisé sur le mont Revard durant l'hiver 1920-1921, que Citroën découvre l'engin chenillé d'Adolphe Kégresse. Avant la Première Guerre mondiale, l'ingénieur français a travaillé en Russie et, pour l'armée du tsar Nicolas II, il a mis au point un modèle de véhicule à chenilles. Après avoir acquis le droit de reproduire le système d'Adolphe Kégresse, André Citroën construit plusieurs voitures à chenilles, inspirées par le modèle B2. Dotées d'une carrosserie spéciale à trois places, les autochenilles Citroën sont équipées d'un vaste coffre en aluminium et d'un réservoir complémentaire de 150 litres. Cinq de ces véhicules se lancent, en 1922, à la conquête du Sahara. Environ deux ans plus tard, le convoi de la Croisière noire réunit huit autochenilles, équipées d'une remorque supplémentaire. Au début de la décennie 1930, c'est le modèle C4 F qui inspirera les autochenilles de la Croisière jaune, dotées d'un moteur beaucoup plus puissant.

Une chenillette Kégresse C4 de la Croisière jaune. Ce modèle restauré fut photographié en 1998.

l'Amérique du Nord qui part de Chicago pour rejoindre l'Alaska. Les autochenilles Citroën ont pris de l'embonpoint : les carrosseries sont maintenant parées de multiples coffres permettant le transport de toutes les fournitures. Le moteur est un quatre-cylindres de 1 767 cm³. La croisière, forte de cinq véhicules et d'une équipe de dix-sept personnes, est placée sous la direction de Claude Bedaux.

La principale raison de l'échec de l'expédition tient au fait qu'elle s'est déroulée en pleine saison humide : les pluies diluviennes et la boue l'ont transformée en mission impossible.

Ces petits constructeurs qui logeaient en Seine-et-Oise

Cet ancien département si vaste, morcelé au début des années 1960, hébergeait nombre de petits et moyens industriels installés soit avant 1914-1918, soit quelque temps après. Berliet et Peugeot sont les provinciaux qui font exception. La

La Croisière jaune : l'arrivée à Pékin, le 12 février 1932. *Après 12 115 km, le groupe Chine, dirigé par le lieutenant Victor Point, pénètre dans la Cité interdite. G.M. Haardt voit la fin de l'expédition, mais il sera peu après emporté par une pneumonie.*

La Croisière jaune : pause mécanique durant la traversée de l'Himalaya. *Le trajet de la Croisière jaune impose le passage de hauts cols, tels le col Bouzril (4 208 m), dans l'Himalaya, ou le col de Kirik (4 750 m), dans le Karakorum.*

Le retour de Daladier. *Après la signature des accords de Munich, en septembre 1938, Édouard Daladier, président du Conseil, et Georges Bonnet, ministre des Affaires étrangères, entrent à Paris dans une Hotchkiss présidentielle décapotable.*

Quelques dates

1933 Chenard et Walcker lancent la première voiture à traction avant. Une Citroën 15 CV parcourt 20 000 km à la vitesse moyenne de 131,926 km/h.

1934 Citroën lance la traction avant. Une Renault Nervasport 28 CV bat le record du monde des 48 heures et des 4 000 miles.

1935 La version taxi de la Peugeot 401 est équipée d'un système de TSF. La Société des pneumatiques Michelin absorbe Citroën.

1936 La filiale française de Ferodo acquiert la licence des embrayages américains Borg Warner. La Peugeot 402 est dotée, à titre expérimental, d'une boîte de vitesses automatique.

1937 Les joints Tracta, mis au point par l'ingénieur Jean-Albert Grégoire, sont adoptés par des constructeurs britanniques.

1938 Renault construit le dernier modèle décapotable destiné à la présidence de la République.

1939 La Peugeot 402 B est équipée d'un système de chauffage-dégivrage à circuit d'eau chaude.

plupart des constructeurs étaient installés dans ce qu'on appelle aujourd'hui les Hauts-de-Seine et la Seine-Saint-Denis. C'est d'abord à Saint-Denis qu'Amilcar s'établit, en 1921, pour construire des voiturettes sportives et populaires. C'est là qu'Ariès produit des modèles de luxe peu connus, car montés à la même échelle que les Rolls-Royce. C'est Genneviliers que choisissent Chenard et Walcker pour se lancer dans la construction de la première traction avant, mise à la mode par de petits constructeurs allemands... Nanterre abrite Donnet en 1924, dont les productions vont bientôt cesser et qui est repris par la future Simca, qui n'est alors que Fiat France.

Les petits constructeurs de la couronne parisienne, c'est aussi Georges Irat qui s'établit à Neuilly en 1929, puis à Levallois-Perret. La marque survivra

Les grandes vacances. *Une image des premiers congés payés, institués en France en 1936. (Photographie de Robert Doisneau.)*

l'époque

Une Delage D 8. *Les concours d'élégance font fureur dans les années 1930. En 1937, Delage se distingue au concours Femina et au Carrousel d'élégance.*

jusque dans l'immédiate après-guerre. Hispano Suiza, dont l'origine est mal connue, est établi à Bois-Colombes depuis 1914. Les belles voitures de cette marque sont donc bien de fabrication française. Hotchkiss, connu pour la grande sûreté de ses voitures, est installé à Saint-Denis. La Licorne élit domicile à Courbevoie, Talbot à Suresnes et Unic à Puteaux.

Concentrées ainsi aux barrières de Paris, toutes ces marques ne tarderont pas, au cours des quinze ans qui suivent, à être absorbées par Renault, Simca, Citroën, ou Peugeot qui s'attribue après 1945, entre autres, les petites camionnettes à cabine avancée Chenard et Walcker.

Si toutes ces marques sont en difficulté à l'aube de la guerre, c'est essentiellement dû à la crise de 1930-1937.

L'avènement de la publicité

En 1930, la publicité s'appelle encore la réclame. Elle répond à des règles qui nous paraissent aujourd'hui un peu naïves, comme la nécessité du slogan, qui demeurera indispensable jusqu'au seuil de la Seconde Guerre mondiale.

Le grand magazine *l'Illustration* sort chaque année de somptueux numéros spéciaux au moment du Salon. Les marques confient à son studio des documents qu'il adapte sur mesure. *L'Illustration* ne publie des informations que si les constructeurs passent de la publicité payante. Cette pratique est courante à l'époque.

Une des caractéristiques graphiques d'alors est la déformation des modèles représentés. Le célèbre illustrateur Alex Kow, qui travaille pour Panhard, excelle en ce domaine. Ce sont toutefois les Renault qui adoptent les silhouettes les plus surbaissées.

Citroën, qui utilise la tour Eiffel comme support publicitaire, fait rêver des millions de Français. La TSF, quant à elle, accueille surtout des publicités pour les carburants, les huiles et les pneus.

Les jouets de l'entre-deux-guerres

Dès le milieu des années 1920, Citroën se distingue par un catalogue original de voitures miniatures, qui comprend des taxis, des torpédos et des camions de pompiers. De son côté, Renault est fourni par la marque CIJ, qui fabrique des modèles miniatures de la Primaquatre et de la Juvaquatre. Les magasins de jouets proposent aussi des camions Renault, inspirés par les modèles de 1932. À la fin des années 1930, les marques Dinky Toys et Solido s'imposent sur le marché : la version taxi de la Peugeot 402, reproduite à l'échelle 1/43, est l'un des premiers modèles Dinky Toys. Les fabricants de voitures miniatures utilisent des matériaux variés : le laiton, le bois, la tôle peinte, le métal imprimé, l'aluminium fondu et, pour les roues, le caoutchouc.

L'entre-deux-guerres consacre aussi le succès des voitures à pédales. En 1923, Citroën lance un modèle de la torpédo 10 ch, qui est vendu à 15 000 exemplaires en un an. Un modèle Bugatti est immortalisé dans *Tintin au pays de l'or noir* : c'est la voiture du petit prince Abdallah.

Une Chenard et Walcker à pédales, modèle de 1931.

Une belle voiture à pédales du milieu des années 1930.

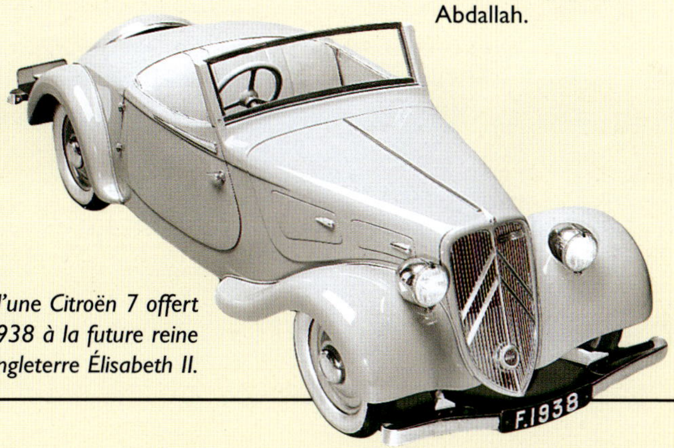

Modèle d'une Citroën 7 offert en 1938 à la future reine d'Angleterre Élisabeth II.

La Citroën B 14, modèle miniature en tôle émaillée, début des années 1930.

Les industries nationales

Durant l'entre-deux-guerres, les constructeurs américains, italiens et allemands se portent au premier rang de l'industrie automobile. Alors que les firmes d'outre-Atlantique se lancent dans la production de grande série, les marques italiennes et allemandes privilégient, chacune à leur manière, l'innovation technique.

Les belles américaines

Au lendemain de la Première Guerre mondiale, les constructeurs européens continuent de privilégier les raffinements mécaniques : le public se passionne pour les records de vitesse ou d'endurance, ou s'extasie devant le nombre de carburateurs d'une voiture de sport. Aux États-Unis, c'est une conception tout à fait différente de l'automobile qui prévaut : la voiture est un produit de grande série, qui n'est plus réservé à une élite de passionnés. Qu'importe, par conséquent, de savoir ce qui se passe sous le capot!

Une Buick 1940 phaéton.

Dans les années 1920, Ford et General Motors se disputent la place de premier constructeur, avant que General Motors ne s'impose définitivement à la tête du marché. Fondé en 1924, Chrysler lance les firmes Plymouth et De Soto en 1928.

À la fin des années 1930, les modèles américains adoptent des formes longilignes qui les distinguent définitivement des modèles européens. Les carrosseries ont le plus souvent des formes souples et arrondies, alors que les radiateurs sont dissimulés derrière de grandes calandres chromées.

L'Italie avant-gardiste

En Italie, c'est le goût de la performance technique qui inspire les trois grands constructeurs de l'époque : Fiat, Lancia et Alfa Romeo. Fondée à Turin en 1899, la Fabbrica Italiana Automobili Torino (FIAT) se signale d'abord dans les compétitions sportives en construisant des moteurs d'une remarquable puissance. Au milieu des années 1920, la célèbre firme turinoise élargit sa gamme aux petites cylindrées et contrôle bientôt plus de 80 % du marché italien.

Une Nash 1927. *Ce modèle est caractéristique de la production américaine de la fin des années 1920.*

Les marques Lancia et Alfa Romeo, toutes deux fondées en 1906, rivalisent également d'invention technique pour proposer des modèles qui constituent un compromis entre la voiture de tourisme et la voiture de compétition. D'astucieuses solutions techniques confèrent aux moteurs des puissances qui, compte tenu de leur cylindrée, sont exceptionnelles. En 1922, Vincenzo Lancia introduit deux innovations essentielles sur la nouvelle Lambda : la carrosserie autoporteuse et le train avant à roues indépendantes.

Une Bentley Tourer Van den Plas 1930. *C'est avec cette voiture que Bentley remporta les Vingt-Quatre Heures du Mans. Durant l'entre-deux-guerres, les Britanniques restent très attachés aux modèles de sport.*

Les marques allemandes

En Allemagne, les difficultés économiques de l'entre-deux-guerres favorisent la fusion des entreprises automobiles. À la fin des années 1930, le marché est dominé par quelques grandes marques : Opel, filiale de General Motors ; Daimler Benz, qui commercialise ses modèles sous le nom de Mercedes Benz ; BMW, entrée dans le secteur automobile en 1929 ; enfin, le groupe Auto Union, qui rassemble depuis 1932 les marques Audi, DKW, Horch et Wanderer.

En 1924, Opel lance la première voiture allemande construite en série : la Laubfrosch (grenouille verte), inspirée par la petite Citroën 5 CV. En 1935, le constructeur présente son modèle le plus économique : la P4, proche de la Fiat 508 Ballila. L'Olympia, présentée la même année, et surtout la Kadett, lancée en 1937, s'imposent ensuite comme les modèles les plus populaires de la marque.

Une Lancia Lambda 1928. *Équipée de roues indépendantes à l'avant, la Lancia Lambda fut aussi la première voiture dotée d'une carrosserie autoporteuse.*

À la même époque, Daimler Benz et BMW proposent de puissantes voitures de tourisme, exceptionnellement confortables et dotées d'une remarquable finition. En 1936, Daimler Benz présente au Salon de Turin la première voiture équipée d'un moteur Diesel : la Mercedes 260 D. Au même moment, l'ingénieur Ferdinand Porsche est appelé par le régime hitlérien à concevoir une voiture populaire : la future Volkswagen Coccinelle, dont trente prototypes sont construits en 1936.

Le « tout à l'arrière »

La Volkswagen de Ferdinand Porsche était la championne du « tout à l'arrière ». La formule permettait de supprimer l'arbre de transmission et de se contenter d'un train avant simple, mais elle présentait un grave inconvénient : la tenue de route était particulièrement mauvaise. Dans la seconde moitié des années 1930, Daimler Benz avait également lancé, sans grand succès, des modèles équipés d'un moteur à l'arrière : les Mercedes 130, 150 H et 170 V, dotées d'une suspension à ressorts hélicoïdaux et d'un train avant à ressort transversal.

Une des premières images de la Volkswagen.

Une Mercedes Benz 10 CV. *Utilisée durant la Seconde Guerre mondiale, cette berline à quatre roues indépendantes fut à nouveau construite après 1946.*

Les changements

La route n'est plus tout à fait le royaume des charrettes, mais elle n'est pas encore complètement celui des automobiles. Il n'en demeure pas moins que le maréchal-ferrant commence à céder la place au garagiste et à la pompe à essence.

Un garage des années 1930. *Le bloc-mélangeur de carburant et d'huile Igol date des années 1950.*

Les pompes à essence

Le rouge, le jaune et le vert sont les couleurs préférées des pétroliers, qui souhaitent que leurs pompes se voient de loin. Même si le garage est crasseux, les pompes doivent être rutilantes. La nuit, on aperçoit le disque en verre moulé, frappé du label de la marque, qui surmonte la pompe. Pour faire le plein, on actionne la pompe de manière à remplir une de ses deux bouteilles de verre. Tandis que les 5 litres de la première se déversent dans le réservoir, la seconde se remplit du précieux liquide orangé. L'essence de la décennie 1930, qui ne contient pas d'autre additif qu'un peu d'alcool, dégage un arôme qui n'a rien de commun avec l'odeur des essences de l'après-guerre.

Sous les bouteilles protégées par des grilles, le cadran de réglage indique les quantités commandées.

Les garages et les stations-service

Dans l'entre-deux-guerres, la plupart des garages se présentent comme de grands hangars, équipés d'une fosse et de quelques machines-outils (la perceuse à colonne, le tour à fileter). Parfois, l'ancienne forge est conservée dans un angle. Nombreux

sont en effet les forgerons et les maréchaux-ferrants qui, après la Première Guerre mondiale, se sont reconvertis dans l'entretien des automobiles et des cycles. Ces réparateurs n'hésitent pas à se lancer dans des travaux qui seraient aujourd'hui réservés aux spécialistes : le démontage de la culasse ou du pont arrière, le réglage de l'allumage ou du carburateur.

Dans le courant des années 1930, Renault, Citroën et Peugeot étendent leur réseau d'agents et de concessionnaires. C'est à ce moment qu'apparaissent les premières stations-service entièrement conçues pour l'automobile. Personnalisées, les nouvelles pompes à essence portent la marque des grands distributeurs : BP, Esso, Shell, Mobil, Veedol, Desmarets Frères. Dans les garages, des panneaux publicitaires en tôle émaillée vantent les mérites des pneus Michelin, Englebert et Dunlop.

Les dangers de la route

Dans les années 1930, la France se targue de posséder le meilleur réseau routier du monde : des routes carrossables permettent de rejoindre n'importe quel coin du territoire. Toutefois, malgré la qualité des revêtements, le profil bombé et le tracé sinueux des routes demeurent inadaptés à l'automobile, en particulier dans les régions vallonnées.

Couverture célébrant *l'avènement des roues avant indépendantes, ici sur une Peugeot 401.*

La signalisation routière

Dans l'entre-deux-guerres, l'action du Touring-Club de France permet d'améliorer la signalisation : les routes sont balisées de bornes blanches, coiffées de rouge sur les nationales et de jaune sur les départementales. Conformément à l'accord signé en 1931 entre neuf pays européens, les signaux routiers sont répartis en différentes catégories : les panneaux jaunes avertissent d'un danger ; les rouges rappellent une interdiction ; les bleus imposent des obligations ; les signaux triangulaires jaunes invitent à la prudence.

Mise en scène d'un véhicule accidenté, une rarissime Ariès. *Photo prise dans les années 1990, à Montlhéry.*

Même si la circulation est fluide, la route réserve néanmoins de nombreuses surprises aux conducteurs. En début de soirée, quand les troupeaux de vaches et de moutons rentrent à l'étable, seules les traces laissées par le bétail permettent de soupçonner sa présence au prochain virage. Il convient aussi de se méfier des charrettes de paille et autres véhicules champêtres qui, la nuit tombée, circulent sans éclairage, ou des chantiers de goudronnage qui ne sont pas annoncés par des panneaux de signalisation. Sans parler des « trous en formation ».

Sur route, la vitesse n'est pas limitée. Quand le parcours présente de nombreuses lignes droites, la fluidité de la circulation autorise des moyennes assez élevées. En 1935, il est possible d'atteindre une moyenne de 60 km/h sans jamais dépasser 75 km/h en vitesse de pointe. Mais, depuis le début des années 1930, les propriétaires des luxueuses et confortables Delage, Delahaye et autres Bugatti sont habitués à franchir le seuil grisant des 100 km/h. Au volant d'une 11 CV, une vitesse de 80 à 90 km/h est considérée comme une belle allure.

Les curiosités du code de la route

C'est le 31 octobre 1922 qu'est promulgué le code de la route qui, malgré de nombreuses modifications, est toujours en vigueur aujourd'hui. Personne n'osera contester la première de ses prescriptions : « Tout véhicule doit avoir un conducteur ». Certains règlements, aujourd'hui oubliés, ne sont plus que des curiosités. Ainsi de la règle de priorité à un passage à niveau gardé : « Quand deux véhicules sont face à face à un passage à niveau gardé, le prioritaire est celui qui a la maison du garde-barrière sur sa droite. »

Le poste de conduite d'un coupé Peugeot 401 de 1934. *La position de conduite et la visibilité sont satisfaisantes. On notera le toit ouvrant, le grand vide-poche de la portière et la qualité des tissus.*

Les nouvelles berlines

Au milieu des années 1930, la voiture fermée a gagné la partie sur la voiture découverte. Renault, Citroën et Peugeot proposent désormais des berlines étanches, équipées d'une bonne suspension et de sièges confortables, qui roulent à une vitesse comprise entre 100 et 120 km/h.

Les Peugeot 201 et 401 sont particulièrement agréables à conduire : la direction est adoucie, plus précise et moins réversible, même si les rayons de braquage sont encore longs. Chez Citroën, la traction avant se signale par sa tenue de route, son freinage et la précision de sa direction à crémaillère. Si les modèles Renault souffrent d'une tenue de route insuffisante, ils sont cependant connus pour leur robustesse, la discrétion de leur moteur et la qualité de leur finition.

Il est vrai que les constructeurs ont accompli des progrès dans tous les domaines : les moteurs sont plus silencieux et plus souples ; l'équipement électrique est efficace, même si la puissance reste souvent limitée.

La planche de bord d'une Renault de 1933. *Le volant blanc est réservé aux modèles de luxe. On aperçoit le bloc-compteur polygonal, qui restera inchangé jusqu'en 1940.*

Le tableau de bord d'une Supertraction Rosengart 11 CV de 1940. *Au Salon de l'automobile de 1938, cette voiture fut présentée avec un volant à trois branches, mais les quelques modèles qui furent livrés au début de l'année 1940 étaient équipés d'un volant « en tulipe ».*

Le rangement des bagages

Dès 1925, la courbe arrière de la caisse de la coupé Citroën AC 4 est utilisée comme malle ou comme spider sur les coupés et les coaches.

Caractéristique des modèles de la fin des années 1920, la malle arrière externe disparaît dans les années 1930. Dans la plupart des voitures, il faudra se contorsionner pour loger ses bagages dans une malle intérieure à laquelle on accède en repliant le dossier de la banquette arrière. Ce n'est qu'en 1938 qu'apparaissent les malles-coquilles qui permettent l'accès simultané aux bagages et à la roue de secours.

La malle restera à l'extérieur jusqu'au début des années 1930. (8 CV Citroën.)

Aux *reut-reut* et aux *pouet* des premiers avertisseurs succèdent les *tut-tut* des modèles électriques Klaxon. Dès 1935, les taxis Peugeot 401 sont dotés de la TSF et d'un système de chauffage ; trois ans plus tard, la Peugeot 402 sera équipée d'un système de dégivrage et de chauffage à eau chaude.

Les berlines de la fin des années 1930 sont tellement bien conçues que, dans l'immédiat après-guerre, nombre d'usagers leur resteront fidèles : ainsi préféreront-ils conserver leur Vivaquatre, leur Hotchkiss ou encore leur Salmson, plutôt que d'essuyer les plâtres avec les modèles de la fin de la décennie 1940, dont les chromes se piquent, les peintures se ternissent et les tissus se déchirent.

Les taxis de l'entre-deux-guerres

Lancé en 1933, le taxi Renault KZ 11 est probablement l'un des plus célèbres taxis parisiens. De couleur rouge et noire, il est équipé de petites roues qui accentuent sa silhouette surbaissée. Long de 4,30 m, il est particulièrement spacieux. Jusqu'à la fin des années 1950, les usagers apprécieront son atmosphère douillette : l'intérieur est entièrement tapissé de velours brun, et les sièges sont très moelleux. Contrairement aux taxis Peugeot 401, les Renault KZ 11 ne disposent pas d'une installation de chauffage pour les passagers ; en revanche, ils sont équipés d'un toit ouvrant très agréable en été. Pour les compagnies de taxis G2 et G3, Renault construira également le taxi G7, dont plus de 2 400 exemplaires seront mis en service.

Avant l'apparition du Renault KZ 11, les taxis Citroën sont les plus appréciés : ces modèles semi-découvrables sont dotés d'une carrosserie landaulet. Les taxis Citroën sont de couleur brune ; l'orange ou le vert amande sont employés comme teintes d'accompagnement. Après avoir fabriqué le taxi C4 à environ 2 500 exemplaires, Citroën lancera le modèle 10 en 1934, pour faire face à la concurrence de Renault.

Le taxi Citroën C4, lancé en 1931, *est une conduite intérieure landaulet : la carrosserie est tôlée, mais la partie arrière est décapotable.*

au volant...

En 1934, le taxi G7 succède au modèle monté sur un châssis Vivaquatre. *Un panneau doté d'une vitre coulissante sépare le chauffeur des passagers. À côté du chauffeur, un espace est réservé aux bagages. Durant plus de vingt ans, ce taxi sera apprécié des usagers.*

Les véhicules des services municipaux

Dans les années 1930, les constructeurs automobiles se disputent le marché des véhicules destinés aux municipalités : camions de pompiers, ambulances, voitures de police, balayeuses. Associés à des fabricants de pompes, Renault et Citroën mettent au point des camions de pompiers de toute beauté, mais ils se heurtent à la concurrence de Laffly et Hotchkiss, qui fabriquent de magnifiques autopompes, et de Delahaye, qui est aussi fournisseur de véhicules de pompiers.

Un véhicule-pompe Renault des années 1924-1926. Les véhicules en service possédaient des phares qui ont disparu sur ce modèle.

La première version du taxi G7. *La nuit, les balises lumineuses latérales permettent au taxi de se distinguer des véhicules particuliers.*

La transition

***La promotion des moteurs flottants** sur le macaron de radiateur des 8-10 Citroën.*

Dans l'entre-deux-guerres, la plupart des constructeurs s'efforcent de rationaliser les fabrications et d'améliorer la robustesse et la sécurité de leurs modèles : les carrosseries, les pneus, les blocs-moteurs, les câbles et les engrenages profitent de nombreuses innovations.

Les premières carrosseries aérodynamiques

Dans la construction automobile, l'aérodynamique fait d'abord une apparition timide : les arrières effilés de certaines voitures de sport, les radiateurs en coupe-vent, ainsi que les premiers pare-brise bombés témoignent cependant du souci d'améliorer la pénétration dans l'air des véhicules. Dans le courant des années 1930, l'ingénieur Jaray dessine la première carrosserie aérodynamique : ailes, capots et portes sont intégrés dans un ensemble aux lignes fluides. Peugeot est le premier constructeur à fabriquer en série une voiture réellement aérodynamique : la Peugeot 402, présentée au Salon de l'automobile de 1935. Des usines Renault, où l'on met au point des capots et des calandres en coupe-vent, sort le premier modèle aérodynamique, la Nerva Grand Sport ABM, présentée au Salon de 1934 : les phares sont intégrés à de longues ailes, qui se raccordent au capot en douceur ; l'arrière en

***La jauge à lecture directe sur le réservoir d'essence.** Avant 1928, le réservoir est placé sous les jambes du conducteur et du passager. Le tableau de bord ne comprend que le compteur de vitesses et l'ampèremètre.*

Les pneus

Jusqu'alors minces boudins fragiles, les pneus prennent désormais de l'embonpoint : la bande de roulement est élargie; le diamètre du pneu est agrandi; celui de la jante passe de 18 à 16 pouces, puis à 14-15 pouces à la fin des années 1930. La décennie se termine avec le lancement triomphal des jantes Michelin Pilote; montées avec des pneus correspondants, elles équiperont les Peugeot et les Citroën jusque dans les années 1950.

***Une Renault Vivaquatre 1940.** Cette voiture fut une des premières à être équipées de phares à glace bombée. C'est aussi la première Renault dotée d'un levier de vitesses au volant.*

queue de canard s'arrondit en dos d'éléphant. Du point de vue de l'aérodynamique, la Citroën traction avant, lancée en 1934, n'apporte pas grand-chose, si ce n'est une carrosserie basse et homogène.

L'entretien des véhicules

Sauf aux États-Unis, les moteurs de l'entre-deux-guerres sont rarement équipés de filtres à air. Cette lacune explique la fréquence de certaines pannes : les gicleurs se bouchent, les cuves sont envahies par le sable et, sur les routes poussiéreuses, les mécaniques s'usent de façon prématurée. Sur beaucoup de modèles, l'entretien est une vraie servitude : il faut procéder à la vidange tous les 1 500 à 2 500 km, approvisionner des dizaines de graisseurs, huiler les câbles, regonfler les pneus deux fois par mois. Les bougies coûtent cher et s'encrassent très vite. Les voitures consomment beaucoup d'huile : au moins 1 litre tous les 1 000 km. Les radiateurs sont également une source d'ennuis : le système de refroidissement par thermosiphon fait perdre du précieux liquide, qui est remplacé par de l'eau ordinaire, de sorte que les radiateurs s'entartrent rapidement.

Sur les voitures de l'entre-deux-guerres, *c'est un petit disque-thermomètre, planté dans le radiateur, qui permet de mesurer la température de l'eau. Ici, sur une Talbot de 1933.*

Le moteur d'une petite Rosengart du début des années 1930. *Le refroidissement de l'eau se fait par thermosiphon. En haut de la culasse, l'eau chaude monte vers le radiateur ; l'eau froide revient par le bas sans pompe ni thermostat. En cas de grand froid, l'eau est refroidie trop vite au sommet du radiateur, qui gèle : l'eau qui arrive par-dessous se met à bouillir. On notera aussi le carburateur sans filtre, avec sa commande à biellettes.*

Le moteur Salmson à deux arbres à cames en tête de 1936. *On notera la présence du filtre à air silencieux. Le circuit de refroidissement est doté d'une pompe et d'un thermostat, qui évite le refroidissement excessif de l'eau par temps glacial. Cette belle mécanique sera encore construite après la guerre.*

La guerre des culasses

À partir de 1936-1937, les culasses en aluminium ou, plus précisément, en alliage léger, remplacent progressivement les culasses en fonte, qui, malgré leur rigidité et leur bonne résistance aux contraintes, évacuent moins bien les calories et n'autorisent pas des taux de compression élevés. La culasse en aluminium permet d'accroître le rendement, mais elle est plus facilement déformable, et le joint qui est placé entre un bloc en fonte et une culasse en alliage léger souffre beaucoup : la rupture du joint de culasse reste un accident fréquent. La société L'Aluminium français se fera le promoteur de la culasse en alliage léger, qui ne sera pourtant généralisée qu'à la fin des années 1950.

La vogue des cabriolets

Entre 1921 et 1940, l'évolution des techniques permet d'améliorer les modèles dans tous les domaines : le centre de gravité est abaissé; la tenue de route est améliorée; les carrosseries sont plus aérodynamiques; les boîtes de vitesses sont moins bruyantes; enfin, les freins hydrauliques remplacent progressivement les freins à câbles.

Publicité pour une Amilcar des années 1920. *Les deux places sont décalées, et la capote n'est pas prévue d'origine. Ce type de véhicule fut influencé par les modèles de compétition.*

Le roadster Peugeot 201 1933.

Ce modèle à deux places et spider est équipé d'un pare-brise rabattant. Le roadster se distingue par l'absence d'espace derrière le conducteur, sous la capote : la partie arrière paraît plus allongée.

Le cabriolet Monaquatre Renault 1933.

À cette époque, la marque de Billancourt changeait l'aspect de ses modèles à peu près tous les ans. Cette voiture, livrée en deux tons, pesait 1 400 kg et coûtait environ 25 000 francs.

Le monde des cabriolets

Le terme de cabriolet recouvre plusieurs types de carrosseries, dont le trait commun est le caractère découvrable de leur partie supérieure. Selon que la voiture possède deux ou quatre portes, on parle de vrai cabriolet ou de phaéton. Si l'arrière est effilé et qu'aucun espace n'y est prévu pour des passagers, c'est une torpédo. Le cabriolet muni de portes entièrement métalliques est aussi appelé, selon l'importance de la capote, landaulet ou coupé découvrable. Vers la fin des années 1930, tous ces cabriolets cèdent la place à deux modèles types : le cabriolet à deux places et spider; le cabriolet à quatre places, qui est appelé modèle tout temps dans la gamme Renault.

En règle générale, les cabriolets dérivent des berlines, mais ils présentent souvent des lignes plus effilées à l'arrière. Dans cette gamme, le modèle le plus gigantesque est le cabriolet Éclipse de Peugeot, équipé d'un toit électrique escamotable, et dont la version 402 est la plus connue.

Le roadster Peugeot 1935.

Il s'agit déjà d'une version Éclipse : le toit tôlé se dissimule dans le coffre. La transformation, qui prenait moins d'une demi-minute, exigeait une technologie onéreuse : la voiture coûtait plus de 34 000 francs.

Salmson.

Ce constructeur cachait bien son jeu. Ses voitures étaient discrètes et sobres, mais leur capot dissimulait un moteur particulièrement puissant. Deux versions étaient proposées : une mécanique 10 CV et un moteur 2,3 litres, modèle reconnaissable à la barrette décorative du flanc de caisse.

Une Delage, restaurée, des années 1938-1939 : le nec plus ultra.

Juste avant la guerre, Delage construisit les D8 120, équipées d'un moteur de 4750 cm^3. Les pare-chocs très fins apparurent sur les modèles de 1939. Ces voitures firent sensation au Salon de l'automobile de 1938.

Un coupé décapotable Peugeot 401, 1935.

Ce modèle de 1937 fut peut-être carrossé par Chapron, comme le montrent ses coquilles d'aération de capot. C'est un des cabriolets de sport dont rêvent les Français de l'époque.

Le coupé Panhard 8 DS 1933.

Tout en conservant une calandre verticale en coupe-vent, les Panhard DS et CS adoptent des formes plus élégantes. Le pare-brise privé de montant latéral et doté de petites vitres bombées garantit une excellente visibilité : ces modèles porteront le nom de Panoramic.

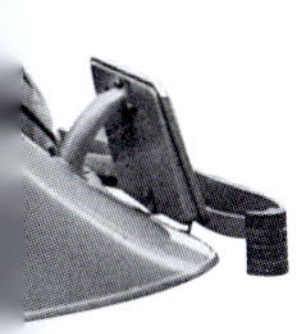

1922 : la Citroën 5 CV

Parce qu'elle fut d'abord proposée en jaune clair, la Citroën 5 CV de 1922 fut surnommée le Petit Citron. Héritière de la Type A, dont elle était une version à échelle réduite, cette petite voiture fut un des premiers grands succès de Citroën.

Au moment de son lancement, la Citroën 5 CV fut proposée en version torpédo à deux places. Cette voiture de 543 kg était équipée d'un moteur de 856 cm^3 qui développait une puissance de 11 ch. L'année suivante, la version torpédo fut complétée par une version cabriolet à trois places. La disposition en triangle de ces trois places (deux à l'avant, une à l'arrière) valut à la voiture le surnom de 5 CV « Trèfle ». Pour Citroën, le succès de la 5 CV était d'abord d'ordre psychologique : le constructeur prenait pied sur le marché des petites voitures, dominé jusqu'alors par Peugeot et par Renault. En même temps, Citroën continuait à développer les grosses cylindrées : ses principales productions étaient des 10 CV, proposées en versions conduite intérieure et coupé de ville. La firme au double chevron ne délaissait pas non plus le marché des utilitaires : la Normande, ancêtre de la Canadienne, était une coquette semi-utilitaire, dont la carrosserie arrière était en bois verni. Les 5 CV et les Type A se révélèrent d'une grande robustesse et furent encore employés après la Seconde Guerre mondiale. Un modèle (immatriculé aujourd'hui 1919 AC 75) parcourut au cours de sa longue existence plus de 300 000 km et fut ensuite racheté par l'usine Citroën pour étoffer la collection des modèles anciens. L'exemplaire n° 1 fut restauré et présenté au Salon de 1971 dans une rétrospective organisée par Philippe Charbonneaux.

Ce modèle, photographié au début des années 1990, *appartient au Musée de l'automobile Henri-Malartre de Rochetaillée-sur-Saône. Côté passager, une porte commune permet l'accès des deux usagers ; côté conducteur, l'espace correspondant est occupé par la roue de secours.*

Du cabriolet à la boulangère

L'arrière torpédo de la 5 CV. *Outre le jaune citron, le vert et le rouge furent également proposés pour ce petit modèle. Rien n'était prévu pour les bagages si l'on partait à trois !*

La limousine 10 CV 1925. *Cette voiture, qui rappelle beaucoup la 5 CV, offrait une finition soignée et une visibilité remarquable.*

La 5 CV présente un avant en coupe-vent. *La première 5 CV, appelée modèle C, était équipée d'un distributeur, alors que la C2 de 1922 sera dotée d'une magnéto.*

La Citroën Normande, dite aussi Boulangère, fut un autre modèle à succès. *Équipée d'un moteur de 10 CV, elle était beaucoup plus spacieuse que la 5 CV. Dans sa première version, elle fut proposée jusqu'en 1927.*

Les voitures de sport

Dans les années 1930, les modèles de grand tourisme ne sont guère différents des voitures de sport qui participent aux compétitions sur piste. Dans ce domaine, Bugatti, Panhard-Levassor, Lorraine-Dietrich, Delahaye, Talbot et Delage sont les marques les plus connues. La Bugatti Type 35, qui triomphe sur les pistes dans les années 1920, est remplacée en 1930 par le Type 51, une des premières voitures équipées de roues en alliage léger. Alors que Panhard-Levassor met au point, entre 1925 et 1932, des prototypes destinés à battre des records de longue distance, Lorraine-Dietrich accède à la renommée, en 1924-1926, en se classant deuxième aux Vingt-Quatre Heures du Mans. Pour le public français, Delahaye, Talbot et Delage sont les marques les plus populaires, mais dans les compétitions des années 1930, leurs résultats sont inégaux.
Aux Vingt-Quatre Heures du Mans de 1939, la Delage conduite par Georges Monneret termine à la deuxième place, derrière le « tank » Bugatti.

Durant ces deux décennies, le sport automobile est dominé par les Bugatti. La plus célèbre des Bugatti, le modèle 35, était équipée d'un moteur de 2, 3 litres. En bas, on aperçoit le compresseur volumétrique.

La Lorraine-Dietrich.

En 1924 et 1926, ces voitures se classèrent deuxième et troisième aux Vingt-Quatre Heures du Mans. En 1926, la marque réalisa un triplé dans cette célèbre compétition. Le moteur de 3 446 cm^3, dessiné par Marius Barbarou, était monté avec deux carburateurs Zénith et des radiateurs à huile. Cette voiture atteignait une vitesse de 150 km/h.

La Tracta, Grégoire de compétition, lancée en 1927.

Dotée d'un moteur de 1 100 cm^3, cette voiture était équipée de freins montés près du différentiel et d'une suspension à roues avant indépendantes.

Une Darlmat 302, 1938.

Entre 1935 et 1940, Peugeot collabora avec Darlmat, qui construisit des voitures de sport destinées à la route comme à la piste. Les Darlmat se distinguèrent aux Vingt-Quatre Heures du Mans de 1937.

La Renault Nervastella.

Modèle hybride de Nervasport, elle participa au dernier rallye de Monte-Carlo organisé en 1939, juste avant la Seconde Guerre mondiale. Le capot, la calandre et les ailes ont été retouchés.

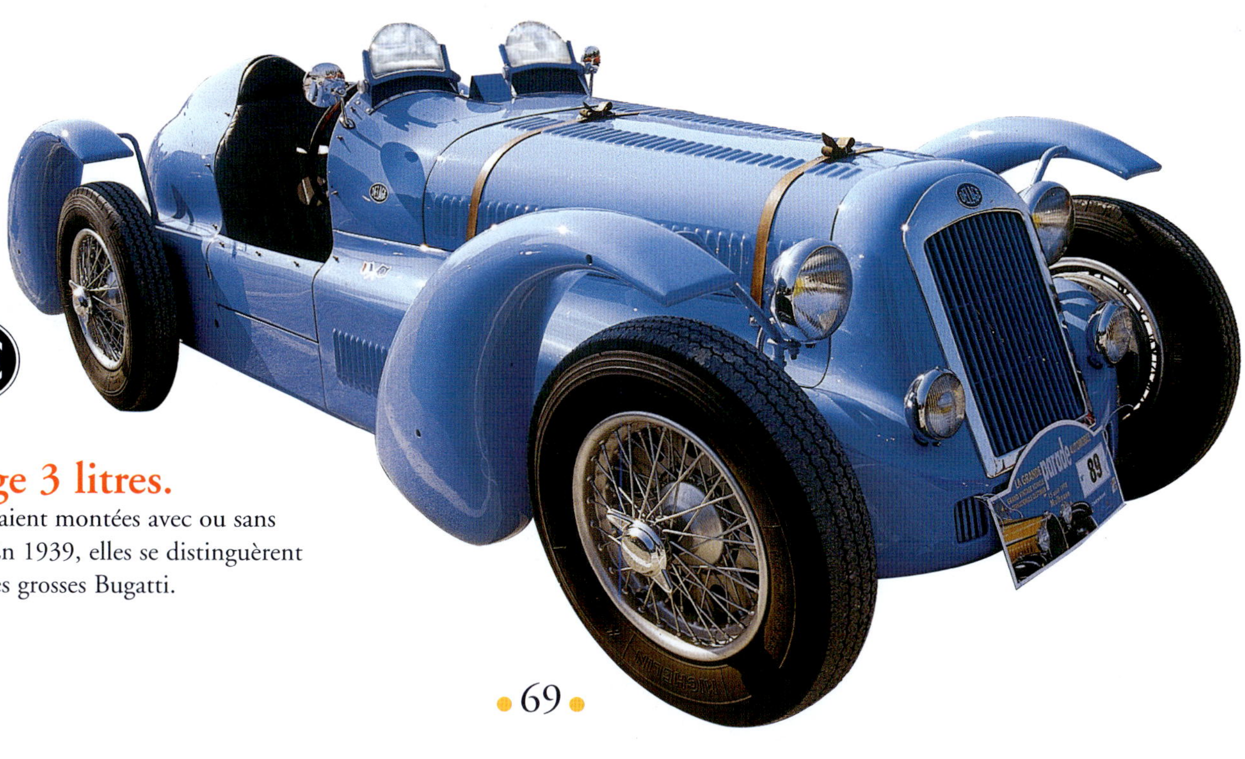

La Delage 3 litres.

Ces voitures étaient montées avec ou sans compresseur. En 1939, elles se distinguèrent en talonnant les grosses Bugatti.

1934 : la traction avant

Dessinée en 1933, présentée en 1934, la traction avant fut construite jusqu'en 1941. Une fois la guerre terminée, Citroën en reprit la production en 1946 : la brillante carrière de la traction avant ne s'acheva que le 21 juillet 1957, date de sortie du dernier modèle. Avant elle, aucune voiture française n'avait connu pareil succès.

Ce nouveau modèle à roues avant motrices était, à bien des égards, révolutionnaire. En premier lieu, il s'agissait d'un véhicule conçu comme un tout. Le temps était révolu où le châssis, le moteur et la carrosserie étaient mis au point séparément : en dessinant la caisse autoporteuse de la traction avant, les ingénieurs de Citroën avaient tenu compte du bloc-moteur, monté sur des pièces avancées, appelées jambonneaux. En 1934, le moteur à quatre cylindres fut proposé en différentes cylindrées : 1 303 cm^3 (la 7A), 1 529 cm^3 (la 7B) et 1 911 cm^3 (la 7 Sport). Au Salon de l'automobile de 1936, Citroën présenta la 11 UD, équipée d'un moteur Diesel de 1 766 cm^3 et de 40 ch. Le système de suspension à barres de torsion, qui permit de réduire le poids de la voiture, était aussi révolutionnaire, même si les premiers modèles, dotés de mauvais amortisseurs, réservèrent quelques surprises aux passagers. Tout rentra dans l'ordre quand la traction avant fut équipée d'amortisseurs hydrauliques.

L'ingénieur Lefebvre,
père de la traction avant.

La première berline 7 TA de 1934. *Cette voiture ne possédait pas encore de direction à crémaillère, et son volant avait tendance à prendre du jeu. Elle était disponible en version bicolore.*

L'évolution des modèles

En 1934, la traction avant fut proposée en différentes carrosseries, souvent bicolores : berline, faux cabriolet, cabriolet, conduite intérieure cinq places. La finition était assez soignée : on dit que Mme Citroën avait contribué au choix des nuances et des tissus. À partir de 1935, la berline 11 légère fut construite dans une version vert et noir, destinée à la police.

En juin 1938 fut présentée la 15 Six, une grosse berline équipée d'un moteur de 2 867 cm^3 et de 77 ch.

Les raisons d'un succès

Le coupé 7 TA. *C'est un des modèles les plus rares, car il ne fut construit qu'entre 1934 et 1938. Au début, il était appelé faux cabriolet.*

Sur les premières 7 TA et 11 TA, *on ne pouvait pas accéder au coffre à bagages de l'extérieur.*

Vingt années séparent ces deux modèles.
La 7 TA en livrée gris clair (à droite) correspond à la version d'avant 1935, équipée d'une calandre chromée et de sièges en drap. L'autre voiture (ci-dessus) est une 11 légère de 1953-1954.

La 11 Citroën familiale.

Cette voiture immense fut construite de 1935 à 1940, puis tomba dans l'oubli. À nouveau produite entre 1953 et 1957, elle fit le bonheur des chauffeurs de taxi, des boulangers et des livreurs à domicile.

Une 11 légère 1935.

Le porte-bagages rabattable était, à l'époque, un accessoire courant, tant les coffres étaient exigus. (Modèle photographié en 1984.)

La caisse monocoque des 11 TA.

C'est l'une des caractéristiques les plus originales de cette voiture. Les deux appendices avant, appelés jambonneaux, supportent le moteur par l'intermédiaire de quatre pattes. Ainsi était-il possible de démonter tout le train avant.

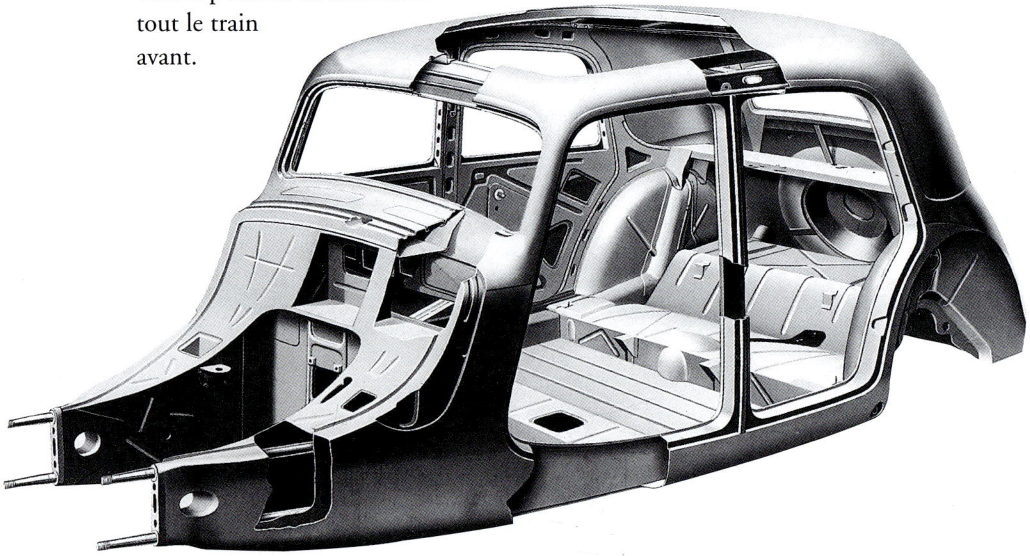

La Citroën 22 CV

Aujourd'hui, seules les photographies d'époque conservent le souvenir de la Citroën 22 CV. Ce modèle mythique, équipé d'un moteur V8, aurait peut-être mené une jolie carrière si la plupart des prototypes n'avaient pas été accidentés lors des premiers essais clients. La direction de Citroën jugea que le prototype 22 était dangereux : cette voiture extrêmement puissante était handicapée par son poids à l'avant.
La Citroën 22 CV fut sortie de l'oubli dans les années 1980, quand se répandirent des maquettes et des modèles miniatures. Depuis lors, l'intérêt suscité par cette voiture fantôme ne s'est jamais démenti. Les collectionneurs espèrent toujours retrouver des pièces détachées, comme des fragments de porte ou de phare, qui proviendraient de l'un ou l'autre prototype.

La calandre des TA.

Après la guerre, quelques TA furent équipées d'une calandre ronde. À l'origine, elle avait été conçue pour masquer le ventilateur supplémentaire des voitures radio de la police.

L'avant du premier modèle de la 11 TA 1934.

Les gros avertisseurs disparaîtront bientôt et se cacheront sous les ailes.

La Renault NN 1928 dans sa version berline.

Équipée d'un moteur de 950 cm^3, cette 6 CV remporta un joli succès commercial. Renault la proposa en versions berline et torpédo.

Le tableau de bord des TA 1935.

On aperçoit le compteur central, le levier de vitesses et, à côté du volant, le premier type de commodo, à deux palettes.

La Rosengart 5 CV 1930.

Lancée en 1928, la première voiture de Lucien Rosengart était une adaptation de la petite Austin Seven. Outre les petites 4 CV qu'il développa entre 1930 et 1940, Rosengart lança en 1934 une traction avant qui s'inspirait grandement des modèles allemands.

1935 : la Peugeot 402

Lancée en 1935, la Peugeot 402 fut la première voiture de série véritablement aérodynamique. Équipée d'un moteur à soupapes culbutées, elle se distinguait aussi par la place inhabituelle de ses phares, logés derrière la calandre, et par de nombreuses innovations.

Les lignes de la 402 témoignent du nouvel intérêt porté à l'aérodynamique.
Dès 1933, les modèles de la firme sochalienne ont pris des allures plus fluides, en particulier certaines 601. La marque produit déjà des châssis Bloctube, et son modèle Éclipse laisse présager les convertibles américains du début des années 1950.
Les phares de la 402 sont placés derrière la calandre, le pare-brise en coupe-vent est incliné. L'ensemble porte le nom générique de ligne Fuseau Sochaux.
À ses débuts, la Peugeot 402 fut d'abord proposée dans une version limousine, à châssis normal ou long. Puis vinrent les versions cabriolet et coupé, ainsi qu'une série de véhicules commerciaux. La plupart de ces modèles se signalaient par diverses innovations : les coupés furent les premières voitures équipées en série de glaces latérales sans montant. La 402 fut d'abord dotée d'un moteur à soupapes culbutées de 1 991 cm³ qui développait une puissance de 55 ch.
La 402 B, qui servit de modèle à la 202 et à la 302, reçut un moteur de 2 142 cm³ et de 63 ch.
En 1938, la boîte à trois vitesses fut remplacée, sur certains modèles, par une boîte Cotal à quatre vitesses. Les derniers modèles 402 de l'immédiat avant-guerre étaient des voitures très confortables : dotées d'un toit ouvrant et du chauffage, elles possédaient des freins hydrauliques et des phares réglables en fonction de la charge.

Le coach 402 de 1936. *En 1938, ce coach fut détrôné par les versions sans montant, dont la roue de secours était incorporée dans le coffre.*

Peugeot et la boîte de vitesses automatique

Il s'agit d'une technique née en France. Au Salon de l'automobile de 1935, une maquette de transmission automatique intégrale fut présentée sur la Peugeot 402. Conçue par l'ingénieur Gaston Fleischel, cette boîte de vitesses automatique fut mise au point dès l'année suivante, mais son prix était exorbitant. Pour vendre ses 402 automatiques, Peugeot se tourna donc vers les États-Unis. Durant la guerre, les constructeurs américains étudièrent de près les systèmes Peugeot-Fleischel, ce qui leur permit de fabriquer les boîtes Dynaflow et Hydramatic.

Les raisons d'un succès

Le tableau de bord de la 402 de 1938. *Au volant, la commande de sélecteur de vitesses Cotal à 4 positions ; au tableau, le simple levier sélecteur avant-arrière. Au sommet du tableau, on aperçoit les bouches d'air chaud de dégivrage. La grosse molette située près du compteur permet de régler la carburation sur les positions « vitesse » ou « économie » ; la molette du bas permet de régler les phares.*

Détail de la calandre de la 402. *Le lion de Sochaux est chromé et peint. Le « 402 », qui figure au bas de la calandre, sera placé à son sommet entre 1936 et 1939.*

L'arrière de la 402 limousine à châssis long. *La petite malle coquille camoufle la roue de secours. On notera l'éclairage de la plaque, qui équipera aussi les 203 de 1948 à 1951. La 402 B était proposée en version à châssis long et en version à châssis normal 5 places.*

Des voitures solides et bien finies

Si les années 1920 se distinguent par la multiplicité des marques et des modèles, la première moitié des années 1930 consacre le succès des voitures solides et bien finies, à l'image des Citroën C4 et Rosalie, des Peugeot 201 et 401, des Renault Monaquatre et Primaquatre.
Dotées de châssis indéformables et de robustes suspensions, ces lourdes voitures se signalent par la résistance de leurs peintures et de leurs chromes. La qualité des matériaux et de la fabrication leur garantit une longue vie : vingt ans plus tard, toutes ces voitures rouleront encore gaillardement.
Néanmoins, tout n'est pas encore parfait : la tenue de route des poussées arrière laisse à désirer ; les ponts arrière et les boîtes de vitesses ont tendance à siffler ou à ronfler ; les directions prennent du jeu ; les essuie-glaces sont lents et peu efficaces ; les batteries sont énormes et difficiles à recharger ; les freins à câbles sont vite déréglés.

La Citroën C4 de 1928. Succédant à la B14, cette voiture spacieuse et très solide est proposée en de multiples versions. La C6 est équipée d'un moteur 6 cylindres. En 1933, la C4 sera remplacée par les modèles 8 et 10.

La Renault Vivastella 1929.

La Vivastella et la Vivasix sont les concurrentes immédiates de la Citroën C6. Les roues, entièrement chromées, sont montées d'origine. Ce long modèle de 1 700 kg dépasse les 100 km/h.

La calandre d'une Talbot du début des années 1930.

Quand le moteur est froid, les volets chromés du radiateur sont fermés ; quand le moteur est chaud, ils pivotent pour laisser passer l'air. À cette époque, Talbot se distingue surtout par la fabrication de modèles luxueux.

La Citroën 10 CV dans une version coach de 1934.

Cette 10 CV succède au coach Toutalu. La gamme est dérivée en une douzaine de versions différentes.

Matford V8.

Née de l'association de Mathis et de Ford, la Matford est une superbe voiture, équipée d'un moteur Ford V8 de 13 CV ou 21 CV. Bénéficiant d'un très bon rapport qualité-prix et d'une finition parfaite, les modèles F 91 et F 92 ne péchaient que par leur consommation.

La Panhard 6 DS 1933.

Équipée d'un moteur sans soupapes, cette voiture dispose d'une suspension avant à roues indépendantes, munie d'un balancier antivibrateur.
Les Panhard de l'époque sont de somptueuses familiales, montées sur un châssis plat et surbaissé.

La Renault Nervasport 1934.

Inspirée des modèles américains, cette grosse voiture est équipée d'un moteur huit cylindres de 5 400 cm³ qui lui permet d'atteindre 145 km/h. La Nervasport est proposée en de multiples carrosseries, parmi lesquelles de longues limousines.

Une limousine carrossée par Billeter et Cartier.

Elle fut construite pour Auguste et Louis Lumière. La carrosserie rappelle les modèles des années 1920, mais le châssis est emprunté à la Renault Vivastella de 1933.

La Fiat Ballila.

À partir de 1934, cette petite 6 CV est fabriquée en France par la nouvelle usine Simca. Remplacée en 1937 par la Simca 8, elle fera ensuite une longue carrière sur le marché des voitures d'occasion. Équipée d'un moteur culbuté, elle atteignait la vitesse de 90 km/h.

Le cabriolet Renault Primaquatre 1936.

Cette voiture était confortable, mais sa tenue de route n'était pas excellente. Équipée du fameux moteur 85 de 14 CV, qui développait une puissance de 50 ch, elle atteignait 115 km/h. Les roues-fils étaient en principe réservées à la Celtastandard.

Les dernières années des roues-fils

Dans l'entre-deux-guerres, les voitures de luxe ou les voitures sportives sont souvent équipées de roues-fils. Ces roues à rayons permettent une bonne ventilation des freins, mais coûtent nettement plus cher que les roues à voile plein ou simplement ajouré. Les constructeurs les réservent donc aux modèles les plus luxueux de leur catalogue. Sur les Hispano Suiza et sur les Bugatti, les roues-fils sont parfois masquées par un flasque peint; quelques rares modèles sont équipés de roues-fils chromées.

Deux types de moyeux équipent les roues-fils : un boîtier central muni de quatre écrous de fixation; des roues Rudge, à écrou central. La première solution est adoptée par Talbot et Hotchkiss; la seconde est appliquée par Talbot, Delahaye et Delage à leurs modèles de sport et de compétition.

La Delahaye 135, 1938, est l'une des voitures de rêve des Français de l'époque. Sa carrosserie fut proposée sous de multiples habillages. La version la plus puissante était équipée d'un six-cylindres de 3 500 cm³ et de 100 ch, qui lui permettait d'atteindre 145 km/h.

La Panhard Dynamic 1936, dans sa version coach.

Succédant à la Panoramic, la grosse Dynamic est une voiture confortable, qui se distingue par la qualité de sa suspension, de son freinage et de son embrayage semi-automatique.

La Georges Irat 6 CV, 1937.

Dotée d'une puissance de 33 ch, cette voiture de 740 kg atteint 120 km/h. Ses roues avant motrices lui confèrent une bonne tenue de route, d'autant que son centre de gravité est particulièrement bas.

Le coach Voisin C30.

Équipée d'un moteur de 3 560 cm³, cette voiture luxueuse sera fabriquée jusqu'en 1939.

Affiche publicitaire pour la Simca 8.

Entre 1937 et 1940, Peugeot, Renault et Simca se disputent le marché des 6 CV. Lancée au Salon de l'automobile de 1937, la Simca 8 est présentée comme une voiture économique : le constructeur vante son « appétit d'oiseau ».

Un cabriolet Unic des années 1930.

Ces modèles spacieux et classiques furent baptisés U4 et U6 selon leur type de moteur. Les boîtes de vitesses Cotal à quatre rapports étaient proposées en option. Fondée en 1905 par Georges Richard, Unic ne fabriquera plus que des véhicules industriels à partir de 1942.

La Renault Viva Grand Sport 1939.

Sans être techniquement novatrice, elle était imposante et spacieuse.

Une Chenard et Walcker 1939.

Ce modèle Aigle était équipé d'un moteur Ford 22 CV ou d'un moteur Citroën 11 CV. Sa carrosserie limousine 6-8 places convenait particulièrement aux taxis. Cette voiture, qui roulait à 125 km/h, n'était pas très chère, mais sa carrière fut écourtée par la Seconde Guerre mondiale.

La Simca 5, 1938.

Cette sœur jumelle de la Fiat Topolino est la plus petite voiture de l'époque. Disponible en version fermée ou découvrable, elle existe aussi en version camionnette. C'est une voiture de célibataire, mais ses versions les plus luxueuses sont presque aussi chères que la Renault Juvaquatre.

La Renault Juvaquatre 6 CV, 1937.

Sa caisse monocoque et ses roues indépendantes à l'avant en faisaient une voiture tout à fait novatrice. La jeunesse aisée apprécia en particulier la version découvrable, très réussie.

La Simca 8.

Après avoir fourbi ses armes avec les Fiat Ballila, Simca propose en France la Fiat 1100, baptisée Simca 8. Les campagnes publicitaires diffusent le slogan « Simca 8, Simca vite ». La 8 est une voiture rapide, maniable et économique, qui fait la pige aux 11 CV et monte à 110 km/h, mais elle est chère à l'achat et à l'entretien. Les versions coupé et cabriolet seront très appréciées de la clientèle féminine.

Le coach La Licorne 1939.

Cette 6 CV était équipée d'un moteur de 1 100 cm³ qui développait une puissance de 25 ch. La version commerciale possédait un arrière ouvrant.

La Rosengart Supertraction 1939.

Cette voiture, dont les lignes rappelaient les modèles américains, fut construite durant quelques mois seulement mais connut un immense succès. Équipée d'un moteur Citroën de 11 CV, elle était proposée en versions cabriolet et coach. Quelques berlines furent aussi fabriquées au compte-gouttes. Son prix la situait dans la gamme moyenne des voitures de luxe.

Le coach Delage D6 75, 1938.

Cette voiture, qui fut la coqueluche des concours d'élégance, atteignait 130 km/h. Une version fut équipée d'un moteur de 2 900 cm³.

Les voitures Andreau

Avec la Peugeot 402, présentée en 1935, la marque au lion s'était imposée comme un pionnier dans le domaine de l'aérodynamique. L'ingénieur Jean Édouard Andreau, qui avait dessiné la caisse-coque de la Citroën traction avant, entreprit d'améliorer l'aérodynamisme de la 402. Longs et profilés, ses modèles furent équipés d'un pare-brise courbe et d'un empennage stabilisateur. La dernière version de Peugeot 402 Andreau, le modèle NX 4, fut mise au point durant l'été 1936. À la fin des années 1930, Andreau travailla à la conception de la Peugeot 802, équipée d'un moteur V8. Cette voiture présentait des solutions qui furent adoptées dix à quinze ans plus tard : pare-brise courbe et incliné, glaces de portes sans montant, profilage complet.

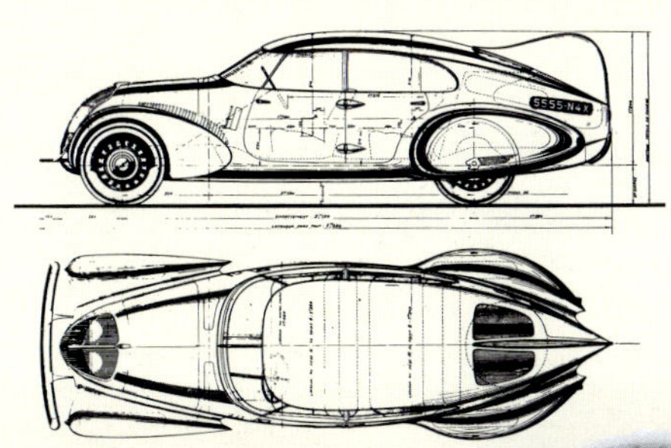

La Peugeot 402 Andreau fut considérée par le public de l'époque comme la voiture du futur. Le modèle 4 NX (dessin ci-dessus et prototype ci-contre) fut construit en 1936 à six exemplaires.

La Peugeot 202, 1937.

À gauche, la version à roues ajourées ; à droite, la version à roues Pilote. Cette voiture moyenne était proposée en versions cabriolet, break, berline, berline découvrable et fourgon tôlé. Ses prestations étaient excellentes et son prix restait raisonnable. Ce fut la première voiture moyenne équipée d'emblée d'un système de chauffage-dégivrage.

1941-1960

Des années qui comptent double

Pendant la guerre, l'automobile est reléguée au garage. La reprise économique des années 1950 va conférer un nouvel optimisme à la plupart des constructeurs. Entre 1946 et 1956 sortent les voitures qui vont marquer plus de deux décennies : les Renault 4 CV et Dauphine, les Citroën 2 CV et DS, les Peugeot 203 et 403, la Simca Aronde. Au même moment disparaissent les marques de prestige : Delahaye, Hotchkiss, Delage. Une seule naît : Facel. C'est la production de grande série qui l'emporte : l'automobile est célébrée comme un symbole de liberté, accessible à tous.

La place de la Concorde en 1954.
Paris retrouve ses embouteillages d'avant-guerre, mais la circulation est mieux organisée.

En haut : une 4 CV Renault.

1941-1960

Sous l'Occupation, le paysage des villes est lugubre : les rues désertes, bordées d'immeubles aux volets fermés, sont seulement animées par les clients qui font la queue devant la porte des laiteries et des épiceries. À partir de 1942, il n'y a plus aucun véhicule civil à moteur qui circule : on ne voit plus que des vélos et des vélos-taxis.

Le temps des privations

Le parc automobile est presque entièrement immobilisé par la pénurie de carburant. Les quelques Citroën traction avant qui roulent encore appartiennent à la police ou à la Gestapo. En août 1941, un recensement organisé dans les campagnes dénombre environ 41 000 voitures et camions encore autorisés à circuler : 37 000 roulent à l'essence, 2 800 au gazogène, 172 à l'acétylène et 13 au gaz de ville.

Un année plus tard, il n'y a plus du tout d'essence : la proportion de véhicules immobilisés a doublé, et le nombre de ceux qui roulent au gazogène est passé à 8 000 ; au gaz de ville, à 1 200 ; à l'acétylène, on culmine à 300.

Le moteur à gazogène

Pour la plupart des automobilistes d'alors confrontés à la pénurie d'essence, le moteur à gazogène est une solution de remplacement. Son principe en est simple : il s'agit de produire de l'oxyde de carbone qui, mélangé à l'air, forme un gaz détonant.

Au début de l'Occupation, les gazogènes de la firme Panhard sont déjà au point, car les essais ont été

Journée d'hiver sous l'Occupation.
Un vélo-taxi en tandem.

Quelques dates

1939 La France et l'Angleterre entrent en guerre contre l'Allemagne. Les constructeurs automobiles reconvertissent une partie de leurs activités dans la fabrication de véhicules militaires.

1940 Début de l'Occupation. L'essence, l'alcool et les lubrifiants sont rationnés. Aux États-Unis, présentation de la première Jeep Willys.

1941 Les dernières voitures de tourisme sortent au compte-gouttes des usines Citroën et Renault. En décembre, l'attaque de Pearl Harbor par l'aviation japonaise provoque l'entrée en guerre des États Unis.

Les autobus Renault TN 4, *qui sont affectés à la desserte des proches banlieues, fonctionnent au gaz de ville. L'énorme capote sous laquelle le gaz est stocké, confère à ces véhicules des allures de cétacé.*

Paris sous l'Occupation. *Une traction avant dont le pare-brise porte un Ausweis barré de rouge ; un cycliste qui se rend au ravitaillement.*

La circulation au début de la guerre. *Les voitures à essence roulent encore : au fond, on aperçoit une Citroën 11 TA ; à droite, un vélo-taxi couvert et un cyclecar à deux places.*

Les véhicules électriques

Au début de la guerre, de grands espoirs sont placés dans le développement des véhicules électriques. La firme Sovel, qui s'est spécialisée dans ce domaine, propose des ambulances, des camions destinés au service du nettoiement, ainsi que des *trucks*, sortes de petits wagonnets porteurs de charges. Sur le marché des voitures civiles, la Peugeot VLV est lancée en 1941 : cette voiturette à 2 places et à 4 roues peut rouler à 30 km/h. Ses batteries de 82 ampères sous 48 volts lui donnent une autonomie de 80 km. Entre 1941 et 1945, Peugeot en construira 350 exemplaires.

Une petite voiture électrique : la Peugeot VLV, lancée en 1941.

Une Peugeot 202 équipée d'un gazogène. *À gauche, la chaudière ; à hauteur de la glace arrière, les filtres. La conduite qui court le long de la carrosserie apporte l'oxyde de carbone au moteur. La réserve de bois est placée sur le toit.*

menés avant la guerre, avec l'appui du gouvernement. Le système est jugé satisfaisant : même par grand froid, les véhicules démarrent.

Les gazogènes Panhard présentent néanmoins plusieurs inconvénients : la filtration n'est pas toujours adéquate, et les moteurs s'usent plus vite ; au quotidien, il faut « faire chauffer la marmite », c'est-à-dire mettre le générateur en température avant de partir, puis le laisser chauffer en permanence durant toute la journée. Le dernier inconvénient est esthétique : une voiture équipée d'un gazogène est définitivement défigurée. Aussi, les grosses Panhard Dynamic sont-elles proposées avec une élégante petite remorque qui supporte toute l'installation et qui est reliée à la voiture par un flexible.

Travailler pour l'ennemi

À partir de 1941, les industriels français sont placés sous la surveillance de l'occupant. Les métaux, le caoutchouc, les peintures, la consommation d'électricité : tout est contrôlé. Dans les usines automobiles, les exigences des Allemands vont au-delà de la simple surveillance : les constructeurs doivent travailler pour l'armée allemande et entretenir le matériel de guerre. Dans ces conditions, la mise au point de nouveaux prototypes est mise en veilleuse ou menée dans la clandestinité.

Un cabriolet Citroën 11. *Photographie prise en septembre 1944, à Vichy. Le conducteur, à droite, porte un battle-dress américain. Ce cabriolet n'a pas roulé entre 1940 et 1944, et reste chaussé de pneus Michelin Pilote de 1939.*

Quelques dates

1942 Premier bombardement des usines Renault. Les autobus roulent au gaz et les camions au gazogène. Quelques voitures électriques circulent.

1943 Deuxième bombardement des usines Renault.

1944 Après le débarquement de Normandie, les Français découvrent le matériel américain. Inculpé pour faits de collaboration, Louis Renault meurt en prison.

1945 Formation d'un gouvernement d'Union nationale. De Gaulle nationalise les usines Renault : Pierre Lefaucheux, placé à la tête de la Régie nationale des usines Renault, privilégie la production de camions et de cars. Le franc est dévalué de 66 %.

Tous les grands constructeurs sont amenés à construire pour l'ennemi des véhicules militaires. Alors que Citroën fournit les camions U23 et T45, dans leur version à essence, Panhard continue à fabriquer son engin blindé de reconnaissance, l'AMD 178, qui est adopté par l'armée allemande, en particulier par les unités SS.

Outre les fournitures destinées aux Kübelwagen, les usines Peugeot produisent, à partir de la 402, des modèles d'ambulances.

La firme Sovel fournit aux Allemands des ambulances et des véhicules utilitaires à traction électrique, en utilisant la caisse de la Citroën TUB, le premier véhicule utilitaire à accès multiples et à porte coulissante.

Le général de Gaulle dans une Matford. *Après 1944, on ressort les modèles d'avant-guerre. Ici, un cabriolet de 1937.*

Une publicité de la GFA, marque qui regroupe plusieurs constructeurs, dont Laffly et Delahaye. *Après 1941, toute l'industrie française est mise au service de l'effort de guerre allemand.*

Le camion U23, que Citroën fournit à l'armée allemande, avec le T45. *Durant la guerre, tous les constructeurs français produisent des véhicules pour l'occupant.*

La poursuite de leurs activités place les constructeurs automobiles dans une situation délicate. Si Paul et Jean Panhard n'apportent aucun zèle à entretenir les matériels allemands et réussissent même à fournir 45 automitrailleuses à l'armée secrète, Louis Renault adopte une attitude qui sera jugée sévèrement. Pour les Britanniques, dont les avions d'observation ont aperçu des chars dans les usines de Billancourt, il ne fait aucun doute que son cas relève de la collaboration industrielle. À deux reprises, en mars 1942 et en avril 1943, la Royal Air Force bombarde les installations des usines Renault.

L'Œuf électrique ***de Paul Arzens.*** *Ce petit véhicule, qui se présente comme une bulle de plastique et d'aluminium, est mis au point durant la guerre par un ingénieur spécialisé dans la conception de motrices ferroviaires.*

La préparation de l'après-guerre

Malgré les contraintes imposées par l'Occupation, nombreux sont les constructeurs qui conservent leur regard tourné vers l'avenir. Qu'il s'agisse des grands bureaux d'études ou d'ingénieurs isolés, le monde de l'automobile songe déjà aux voitures de l'après-guerre.

C'est une image visionnaire que publie, en octobre 1941, dans le magazine *l'Illustration*, le célèbre dessinateur Alex Kow, auteur de publicités pour Panhard et pour Hotchkiss : la berline présentée sur la page consacrée aux roulements Timken préfigure les

Les prototypes de la 2 CV

Une anecdote célèbre est souvent racontée à propos de la naissance de la 2 CV Citroën : le patron de l'époque, Pierre Boulanger, aurait demandé, en guise de cahier des charges, une voiture qui permette à une religieuse de traverser un champ sans casser un œuf de son panier. C'est en 1939 qu'une série de 250 prototypes 2 CV sortit des usines Citroën. La plupart furent détruits volontairement durant la Seconde Guerre mondiale. Aujourd'hui, il n'en reste que deux : le premier est conservé au musée de Rochetaillée-sur-Saône ; le second fut remis en état en 1970, à l'initiative de Jacques Wolgensinger, qui était, à l'époque, le responsable des relations extérieures de la marque.

Pierre Boulanger, père de la Citroën 2 CV.

Le prototype 2 CV de 1939. Dépourvu de démarreur, le véhicule est équipé d'un essuie-glace à main et d'un moteur 2 cylindres à plat, refroidi par eau. Prototype remis en état en 1970.

modèles conçus par Hotchkiss neuf ans plus tard. Au même moment, Grégoire met au point, sous la marque L'Aluminium français (AFG), une petite 4 CV qui aurait inspiré la Panhard Dyna, dessinée par le styliste Louis Bonnier. Renonçant aux gros modèles, la direction de Panhard songe à une berline qui rappellerait les Hotchkiss 13 et 21 CV de 1939.

***Prototype 4 CV de 1944.** Équipé en 2 portes, il n'a pas encore les roues étoilées mais possède déjà les rondeurs du modèle définitif.*

La Renault 4 CV

Durant la Seconde Guerre mondiale, Louis Renault fait construire une série de prototypes inspirés des voitures américaines, de façon à préparer la succession des Novaquatre et des Primaquatre. Le modèle qui est dessiné en 1941-1942 rappelle les grandes américaines de l'époque, mais ses versions ultérieures le rapprocheront davantage d'une 6-7 CV que d'une 11-14 CV.

Au même moment, les ingénieurs de Renault travaillent à la conception de la future 4 CV. On raconte que les recherches auraient été menées à l'insu de Louis Renault, hostile au projet d'une toute petite voiture. Compte tenu des contraintes et de l'atmosphère de l'époque, cette version paraît invraisemblable. Une photo prise dans les bureaux d'études de Billancourt, à la fin de l'année 1942, montre d'ailleurs une maquette de la future 4 CV.

La silhouette de la 4 CV et, surtout, la présence du moteur à l'arrière trahissent l'influence de Ferdinand

Le prototype 2 CV du musée de l'Automobile de Rochetaillée-sur-Saône. Antérieur à l'autre modèle conservé, il est encore plus rudimentaire.

Le prototype 2 CV de 1939, sans portes. Les sièges sont suspendus aux montants du pavillon. La courbe du toit est presque conforme à celle de la version définitive de 1948.

Porsche. Dessiné en 1940, le premier prototype de la 4 CV ressemble d'assez près à la future Volkswagen Coccinelle. Les documents d'époque attestent également que le premier prototype est équipé d'un moteur culbuté. La version quasi définitive est encore un modèle à deux portes. Ce n'est qu'en octobre 1944, à la demande de Pierre Lefaucheux, que la 4 CV prendra la forme d'une berline.

Essais de la Renault 4 CV en Algérie au cours de l'année 1946. *La peinture beige provient des stocks de matériel repris à l'armée allemande.*

Le temps de la reconstruction

À l'euphorie de la Libération succède une période de désenchantement. Durant l'hiver 1945, les conséquences des inondations, la pénurie de charbon et le maintien des tickets de rationnement révèlent l'ampleur des difficultés qui attendent le pays : il faut tout reconstruire, et l'argent manque. Dans ce contexte, l'automobile n'est pas une priorité nationale. C'est le réseau ferroviaire qu'il importe d'abord de reconstruire.

Depuis l'automne 1944, le secteur automobile est entièrement tributaire des décisions gouvernementales. Lancé en 1946, le premier plan quinquennal prévoit de produire 500 000 voitures particulières. Ses responsables préconisent un gros effort de normalisation des productions. Dans la mise en œuvre du plan, la Régie nationale des usines Renault doit jouer un rôle pilote.

Tous les constructeurs sont forcés de se soumettre aux prescriptions du gouvernement, qui organise la

Journée de grève générale des transports à Paris, en 1947. *Sur les pavés parisiens, les bicyclettes sont reines.*

Quelques dates

1946 Premier Salon de l'automobile de l'après-guerre. Présentation de la Renault 4 CV et de la Panhard Dyna.

1947 Dans le cadre du plan Marshall, les États-Unis fournissent des camions Ford, Chevrolet, Dodge et Studebaker. Mort d'Henri Ford et d'Ettore Bugatti.

1948 Nouvelle dévaluation du franc français et début d'une période d'inflation. Au Salon de l'automobile, présentation de la Ford Vedette et de la Panhard Dynavia. Renault commence à produire la 4 CV en série. Présentation de la Citroën 2 CV.

1949 Citroën produit plus de 6 000 TA 15. Chez Peugeot, la 203 remplace la 202. La télévision fait ses débuts en France.

production. Dans un premier temps, Renault doit renoncer à construire des voitures particulières pour partager avec Berliet le marché des véhicules lourds. Il faudra l'intervention de Pierre Lefaucheux pour que le projet de la 4 CV soit mené à bien. Malgré sa position de monopole sur le marché des grosses voitures, Citroën est tenu de se limiter à la production des 11 TA et des 15 TA, alors que Peugeot est amené à privilégier la production des 302 et des 402.

Une reprise difficile

Malgré les difficultés de la reconstruction, le Salon de l'automobile s'ouvre en octobre 1946. Tous les grands constructeurs sont présents, même les spécialistes des modèles les plus coûteux. Et nombreux sont les prototypes exposés : Renault présente sa 4 CV, et Panhard sa Dyna. Le public découvre aussi les motocars, qui tomberont aussitôt dans l'oubli. À vrai dire, les espoirs suscités par le Salon de 1946 seront vite déçus, car la situation économique est désastreuse.

À partir de 1947, au moment où les modèles d'avant-guerre sortent à nouveau des usines, l'inflation galopante et la stagnation des salaires ruinent le pouvoir d'achat des milieux populaires. La hausse du prix des voitures est brutale : en avril 1946, une Renault Juvaquatre est proposée à 107 000 francs, alors que la 4 CV qui lui succède coûte 280 000 francs ; à l'automne 1948, une Simca 5 vaut 79 000 francs, alors que la Simca 6 qui la remplace coûte 303 000 francs ; à la fin de l'année 1945, la Peugeot 202 vaut 113 000 francs, mais trois ans plus tard, la même voiture dépasse les 342 000 francs ; au printemps 1947, la Citroën TA 11 coûte 150 000 francs, mais en janvier 1948, son prix est passé à 330 000 francs. Tout cela pour des véhicules dont la peinture ternit en six mois, dont les tissus se fripent et dont les chromes se piquent dans l'année.

Cette Delahaye correspond au modèle qui fut offert à Maurice Thorez par les membres du parti communiste. *Carrossée par Chapron, cette voiture blindée fut construite sur les bases de la Delahaye 180. Ainsi modifiée, elle coûtait 4 500 000 francs.*

Affiche du Salon de l'automobile de 1948.

Le retour à la normale

Après la crise des années 1947 et 1948, la situation s'améliore lentement, mais, sur les routes, la plupart des voitures datent encore de l'entre-deux-guerres : les Renault Juvaquatre et Primaquatre, la Peugeot 402, la Simca 8 et la traction avant rendent de précieux services. Certes, on aperçoit de temps en temps un nouveau taxi Renault Colorale, une Peugeot 203 ou une Renault 4 CV, mais il faudra attendre deux ou trois années pour que le parc automobile se modernise vraiment. À partir de 1951, les premiers signes de la reprise se manifestent. La croissance favorise la demande de consommation des ménages, qui rêvent de l'automobile comme d'un moyen d'évasion. Cette conjoncture stimule la production automobile : en 1952, les premiers constructeurs sont Renault (9 500 voitures par mois) et Citroën (7 800 voitures). Puis viennent Peugeot (5 400 voitures), Simca (5 500 voitures) et Ford (moins de 2 000 voitures). La production de Panhard (850 voitures), d'Hotchkiss (120 voitures) et de Talbot (12 voitures) reste modeste.

Quelques dates

1950 La cent millième 4 CV sort d'usine. Talbot remporte les Vingt-Quatre Heures du Mans. La première jeep française, la Delahaye VLR, est livrée à l'armée.
1951 Renault sort les premières Frégate 11 CV. Présentation des dernières grosses Bugatti. Lancement de la Delahaye 235 et de la Ford Comète 13 CV. La Grégoire-Hotchkiss et les Simca Aronde sortent d'usine. Une Talbot Six 4,5 litres termine deuxième aux Vingt-Quatre Heures du Mans. Panhard lance la Junior, un petit cabriolet de sport.
1952 Les Mercedes imposent leur suprématie aux Vingt-Quatre Heures du Mans. Renault confie la production de la Frégate à son usine de Flins. *L'Auto-Journal* révèle le projet de la future Citroën DS.

L'âge d'or de la voiture d'occasion

Au début des années 1950, il n'y a pas que le prix qui dirige la clientèle vers les voitures d'occasion. Les délais de livraison des voitures neuves sont particulièrement longs : l'acquéreur d'une 2 CV attendra près de trois années avant de se mettre au volant. De plus, les voitures neuves ne sont garanties que six mois.

On se bouscule aux portes de Paris, où se tiennent les expositions d'automobiles usagées. Pourtant, le mar-

__Une rue de Paris en 1947 :__ les voitures les plus récentes ont au moins sept ans.

__L'entrée de la rue Royale en 1951.__ Au premier plan, une Citroën 15 TA avec malle rapportée.

ché de l'occasion présente aussi des inconvénients. Les vendeurs, qui n'offrent aucune garantie à l'achat, ne reculent devant aucune astuce : les compteurs sont remis à zéro, les pneus sont regravés, de la sciure est introduite dans les ponts arrière pour les rendre plus silencieux.

Pour 100 000 francs de l'époque, le client peut acquérir une Peugeot 201 de 1931 ou une Rosengart Supertraction de 1934 ; pour 150 000 francs, il peut se payer une Fiat 6 CV de 1936. Les occasions récentes restent chères : il faut 300 000 francs pour acquérir une Simca 8, une Peugeot 202 ou une Renault Juvaquatre de 1946. Seules les grosses américaines des années 1939 et 1940 sont décotées.

Les autobus parisiens conservent, pour quelques années encore, leur plate-forme arrière.

La traction avant fait du cinéma.
Tournage, en 1955, de Paris canaille, *avec Daniel Gélin et Dany Robin.*

La concurrence des arts ménagers

À partir de 1948, les mesures prises en faveur du logement soutiennent le programme de reconstruction et contribuent à modifier l'attitude des familles, qui consacrent leurs efforts, aux dépens des moyens de déplacement, à l'aménagement d'un chez-soi. Les postes de radio et les appareils électroménagers envahissent les intérieurs, d'autant que les prix sont à la baisse : en francs constants, le prix des postes de radio dégringole entre 1950 et 1958. Déjà, les architectes conçoivent des maisons et des appartements où le salon et la salle à manger forment une salle commune : le « living », où trônera bientôt le téléviseur.

1941-1960

L'euphorie de la croissance

À partir de 1953, le rythme soutenu de la croissance et la hausse du niveau de vie entretiennent un climat d'optimisme et d'innovation. L'activité industrielle est stimulée par la demande de consommation des ménages, qui n'hésitent plus à recourir au crédit pour acquérir une voiture, un scooter, des meubles ou un appareil électroménager.

Dans l'industrie automobile, les effets de la croissance sont immédiats. En 1954, le prix des voitures baisse pour la première fois, en particulier chez Simca. L'année suivante, Renault, Peugeot et Citroën sortent chacun un nouveau modèle : la Dauphine, la 403 et la DS 19.

Dans ce climat d'euphorie, les voitures prennent des couleurs. Alors que la 4 CV est proposée dans des gammes de vert, de bleu, de jaune sable et de rouge bordeaux, les traction avant adoptent le gris clair et le vert foncé à partir de 1953. Dès leur lancement, la Dauphine et la DS 19 sont proposées dans des couleurs vives. Aux joies de la couleur s'ajoute le plaisir de la musique : l'introduction du transistor, en 1952, permettra d'installer la radio dans le tableau de bord des voitures.

***La Renault Ondine, présentée au Salon de l'automobile de 1953.** Ce magnifique cabriolet, dessiné par le carrossier Ghia sur la plate-forme de la Frégate, soulève l'enthousiasme, mais Renault n'a pas l'audace de le fabriquer.*

L'événement de la décennie : la sortie de la DS 19, en octobre 1955.
À l'arrière-plan, les Frégate Grand Pavois semblent bien délaissées.

Quelques dates

1953 Panhard présente la nouvelle Dyna Z 5 CV. Ford lance une nouvelle version de la Vedette. La vogue du scooter gagne la France. Lancement de la Salmson 2300, une voiture de sport prometteuse.

1954 Nouvelle signalisation routière : bandes jaunes, panneau « stop ». Nouvelles règles de priorité. En ville, l'emploi de l'avertisseur n'est autorisé qu'en cas d'urgence. Hotchkiss fabrique la Jeep Willys en France. La Citroën 15 Six est équipée d'une suspension hydropneumatique. Simca absorbe Ford France et lance la Versailles 13 CV.

1955 Lancement de la Peugeot 403, de la Citroën DS 19 et de la Renault Domaine, un break issu de la Frégate. Apparition des premières Facel Vega. Les Jaguar dominent les Vingt-Quatre Heures du Mans. James Dean se tue au volant de sa Porsche.

L'avènement du scooter

Dès le milieu des années 1950, la vogue du « deux-roues carrossé » se répand en France. Si les aînés s'offrent une traction avant d'occasion, les jeunes rêvent d'un scooter. En juin 1956, les buvards publicitaires distribués à la porte des lycées portent le slogan : « Ton bac! ton bac! ton bac! et t'auras ta Vespa. »

Les marques qui se disputent le marché du scooter sont de plus en plus nombreuses. Après Bernardet, qui impose difficilement un modèle un peu lourd, Vespa et Lambretta s'imposent comme les marques les plus connues, au point que Vespa devient un nom générique. À partir de 1953, Motobécane, Terrot et Monet-Goyon viendront concurrencer les marques italiennes. Le succès du scooter s'explique facilement : c'est un engin neuf qui ne coûte pas cher (environ 150 000 francs de l'époque), qui consomme 3,5 litres aux 100 km, qui roule plus vite qu'une 2 CV… et qui grimpe les côtes sans difficulté. Malgré ces avantages, le marché du scooter s'effondrera en quelques années, dès le moment où de bonnes voitures d'occasion seront offertes à moins de 100 000 francs.

Quand le précieux carburant vient à manquer… *File d'attente devant un poste d'essence durant la crise de Suez.*

Cette Monet-Goyon Pullman 125 *offre le carrossage et la douceur de conduite d'un scooter mais elle demeure une moto. Peut-on croire qu'elle date de 1953-1954?*

Quelques dates

1956 La crise de Suez coupe la route du pétrole : l'essence est rationnée. Renault présente la Dauphine, destinée à remplacer la 4 CV. Talbot lance la 2 500 Sport. Le 22 juin, *L'Étoile filante*, une Renault expérimentale à turbine, atteint 300 km/h.

1957 Citroën arrête la fabrication de la traction avant. Le problème des embouteillages prend des proportions inédites. Les routes à trois voies sont à l'origine d'un nombre croissant d'accidents. Hausse brutale du prix de l'essence.

1958 Citroën présente la 2 CV 4 x 4 à deux moteurs, destinée aux expéditions sahariennes. Le stationnement est réglementé à Paris : introduction du disque

cartonné; création des « zones bleues ». *L'Auto-Journal* dévoile les prototypes de la Renault R4.

1959 Facel lance la Facellia 9 CV. Renault présente son premier vrai cabriolet : la Floride 5 CV, équipée d'un moteur à l'arrière.

La sortie du gouffre

Entre 1945 et 1960, de profonds bouleversements affectent le marché mondial de l'automobile. Après les difficultés de l'immédiat après-guerre, la croissance économique des années 1950 favorise les progrès de la motorisation : aux États-Unis comme en Europe, la voiture est en 1960 à la portée de presque toutes les bourses.

Du rêve américain...

Au lendemain de la Seconde Guerre mondiale, seuls quelques privilégiés européens possèdent une voiture particulière. Au Salon de l'automobile de 1946, alors que Renault présente sa petite 4 CV beige, couleur due à la récupération des stocks de peinture de l'armée allemande, les Américains exposent d'énormes voitures luxueuses qui, aux yeux des Français, semblent venues d'une autre planète et réservées à quelques milliardaires.

Les Belges, qui bénéficient de la manne du cuivre congolais et de taxes douanières acceptables (car ils ne fabriquent pas d'automobiles), sont à cette époque les plus gros acheteurs européens d'automobiles américaines. En 1948, une Ford importée des États-Unis coûte à peine plus cher qu'une 15 TA Citroën. Les Suisses sont également de bons clients des grandes marques de Detroit.

La plupart des voitures américaines dérivent alors des modèles des années 1941-1942, qui sont à nouveau fabriqués en série depuis 1945. Il faudra attendre le début de l'année 1949 pour voir apparaître une nouvelle génération de voitures, qui évoluera doucement jusqu'en 1953. Puis viendra la génération des monstres au profil de fusées. L'Europe se déconnectera alors de la production américaine.

Deux voitures américaines de l'immédiat après-guerre : la Buick Roadmaster 1947 (à gauche) et la Packard Sedan 1948 (au centre). *Ces modèles, dessinés juste avant la guerre, furent remaniés à plusieurs reprises jusqu'en 1949.*

ailleurs...

... à la diversité européenne

Au cours des années 1950, l'Europe rattrape progressivement son retard sur les États-Unis. En privilégiant la diversité de leur gamme, les constructeurs européens conquièrent une position de premier plan sur le marché des petites et moyennes cylindrées. Soutenue par la reprise de la croissance et la hausse de la consommation, l'industrie européenne renoue avec la prospérité.

L'industrie anglaise, relativement épargnée par les destructions de la guerre, est une des premières à se redresser. Dès 1947, les nombreux constructeurs britanniques (Jaguar, Austin, Rover, Ford, Vauxhall, Sunbeam, Morris, Triumph) sont en mesure de proposer une gamme de modèles qui s'étend de la petite berline à la voiture de sport la plus luxueuse.

En Italie, Fiat et Alfa Romeo s'efforcent également de diversifier leur gamme. Forte du succès de la Topolino, qui est fabriquée jusqu'en 1955, Fiat lance la 1 100 B en 1948, la 1 400 en 1950 et la 1 100 en 1953. Dans la catégorie des petites cylindrées, la firme turinoise s'attaque à Renault en présentant la 600 en 1955,

Une Volga des années 1950. *Le constructeur soviétique s'inspire des modèles américains : haute sur pattes, cette Volga rappelle la Ford 1953. Ce modèle fut exporté en Belgique, mais pas en France.*

La Ford Thunderbird 1955. *Cette voiture de sport surbaissée, équipée d'une roue de secours apparente à l'arrière, remporte un immense succès international.*

La Nash Ambassador de 1949. *La nouvelle génération des voitures américaines est présentée en 1949 : les calandres sont chromées ; les ailes et la caisse sont intégrées.*

puis la nouvelle 500 en 1957. De son côté, Alfa Romeo se distingue avec la 1900, dont 21 000 exemplaires seront construits entre 1950 et 1959, et remporte un immense succès avec la Giulietta de 1953.

Le redressement allemand

Après la Seconde Guerre mondiale, les constructeurs allemands profitent de l'aide financière des Alliés et des investissements accordés par Ford et General Motors à leurs filiales. Favorisé par une habile politique d'exportation, le redressement est rapide : en 1956, l'Allemagne est devenue le premier producteur européen.

Au moment où le pays renoue avec la croissance, les grandes marques allemandes rajeunissent leurs modèles d'avant-guerre. Alors qu'Opel présente une nouvelle version de l'Olympia, Ford lance en 1952 la Taunus 12 M, premier modèle d'une nouvelle génération de berlines moyennes.

Sur le marché des voitures de luxe et des voitures de sport, BMW et Mercedes reconquièrent leurs positions. En 1956, BMW présente les versions sportives de la 502, la 503 coupé et la 507 spider, qui seront produites jusqu'en 1959. De son côté, Mercedes-Benz se distingue à nouveau, depuis 1952, sur les pistes de course.

L'Opel Kapitän. *Présentée au Salon de Paris de 1953, cette 6 cylindres ne réussira pas à percer sur le marché français, mais connaîtra un beau succès européen.*

Les voitures de luxe

Dans les années 1950, les grandes marques de prestige n'ont rien perdu de leur clientèle. Nombreuses sont les vedettes du show-business qui cultivent le goût du luxe et de la vitesse : Françoise Sagan conduit une Jaguar ; James Dean se tue au volant d'une Porsche.

En Grande-Bretagne, la tradition des voitures de luxe est perpétuée par les Jaguar XK 120 et les Aston Martin DB2, que James Bond rendra célèbres. Dans le domaine des voitures de sport, Triumph lance en 1952 la TR 2, qui apparaît sur le continent deux ans

La Mercedes 300. *Dès 1952, Mercedes-Benz recommence, avec la série 300, à produire des voitures de luxe. Ce modèle correspond à la version la plus sage et la plus traditionnelle.*

plus tard. Quant à l'Austin-Healey, commercialisée à partir de 1955, elle s'impose comme une des grandes sportives de l'époque.

En France, c'est au volant d'une Renault 1063, une bombe qui ressemble à une 4 CV, que Louis Rosier triomphe à Monte-Carlo.

En Allemagne, Mercedes-Benz lance en 1954 la 300 SL, une voiture de sport qui dépasse 200 km/h. Le modèle de compétition, la 300 SLR de 1955, se distingue sur les circuits, mais aux Vingt-Quatre Heures du Mans, la Mercedes de Levegh sort de la piste : le pilote est tué, ainsi que 82 spectateurs.

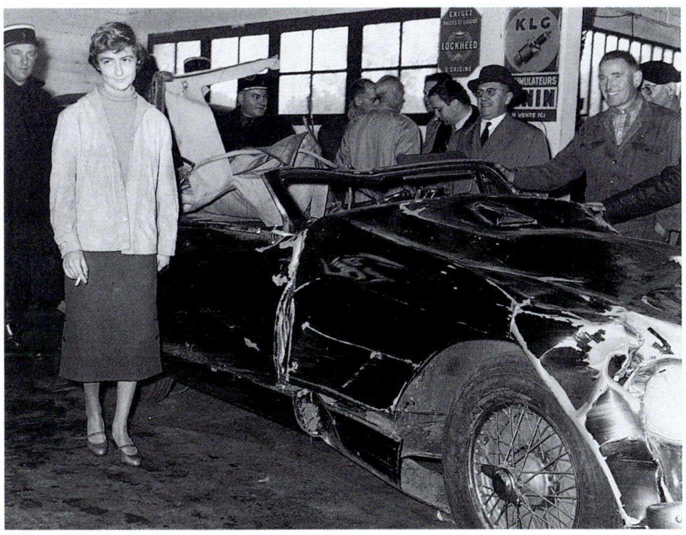

Françoise Sagan, en 1957, devant sa Jaguar détruite. *Reconstitution de l'accident au cours duquel elle a failli perdre la vie, six mois plus tôt, à Milly-la-Forêt.*

Les Mercedes Benz au départ des Vingt-Quatre Heures du Mans de 1955. *Elles partent favorites (elles se sont imposées depuis 1952), mais c'est le drame. Le pilote français Levegh, au volant de sa Mercedes 300, est gêné par une voiture anglaise… et c'est l'explosion. Le moteur de sa voiture, comme un projectile, va faucher la foule.*

L'aventure de la Coccinelle

L'histoire de la Coccinelle commence en 1936. Après la Seconde Guerre mondiale, les Britanniques autorisent l'ouverture de l'usine Volkswagen de Wolfsburg, afin de lancer la production de celle qui deviendra la Coccinelle pour les francophones. Appelée Käfer en Allemagne et Beetle en Grande-Bretagne et aux États-Unis, la petite Volkswagen ne tarde pas à connaître une célébrité exceptionnelle et part à la conquête de l'immense marché américain. Malgré la faiblesse de sa tenue de route et le volume réduit de son habitacle, le public est séduit par sa robustesse. Elle sera l'un des grands succès du siècle. En 1955, la millionième Coccinelle sort des chaînes de montage.

La Volkswagen Coccinelle, dans la version destinée à l'Europe du Nord et aux États-Unis. Dotée de freins hydrauliques (dont le modèle de base allemand est dépourvu), cette 6 CV se signale par la qualité de sa finition et de ses accessoires. Vite appréciée au Danemark, aux Pays-Bas, en Belgique et en Suisse, elle tarde à s'imposer en France, car elle reste plus chère qu'une Simca Aronde ou qu'une Peugeot 203.

L'Austin Healey de 1955. *Cette voiture surbaissée, qui procure de fortes sensations au conducteur, est équipée d'un échappement à la fois très sonore et très harmonique.*

De nouvelles façons de conduire

Panneau en lave vernissée offert par Michelin.

Le parc automobile s'accroît, la circulation devient plus dense, et on roule plus vite : il est temps qu'apparaissent de nouveaux équipements et que changent les façons de conduire… et de se conduire.

Le nouveau code de la route

Au début des années 1950, la conduite de nuit est particulièrement éprouvante : les bas-côtés sont irréguliers et dépourvus de balisage ; seuls des potelets blancs munis de cataphotes signalent les courbes. Pour le reste, la signalisation est assurée par des panneaux de tôle émaillée.

En 1954, la sécurité et le confort des conducteurs sont améliorés par l'adoption d'une nouvelle signalisation, qui prévoit le balisage des bas-côtés et le marquage des chaussées. Les voies de circulation sont délimitées par des lignes jaunes : la ligne continue, qui ne peut être franchie ; la ligne pointillée, qui permet de dépasser ; la juxtaposition des lignes pointillée et continue, qui permet de dépasser dans un seul sens.

En même temps, le dispositif des panneaux et panonceaux est complété : de nouveaux panneaux signalent les passages protégés ; le panneau d'arrêt obligatoire prend la forme, comme dans les autres pays, d'un hexagone de couleur rouge portant l'inscription « stop ». La réforme comprend aussi la suppression d'une série de panneaux bleus et jaunes, signalant des intersections.

Le garage d'un agent Simca-Ford dans les années 1950.
Les Ford Vedette sont les mieux représentées. Au fond, une des premières Versailles.

Les stations-service et les garages

À la fin des années 1950, des milliers de stations-service et de petits commerces possèdent une pompe à essence. Les automobilistes choisissent entre le super et l'ordinaire ; avant la sortie de la Peugeot 403 Indenor, en 1959, le diesel est réservé aux camions. Le prix du carburant est presque partout identique. En 1956, la crise de Suez oblige le gouvernement à rationner l'essence : l'approvisionnement est limité à 20 litres par voiture. Après la crise, les prix flambent : le prix du litre passe de 60 à 87 francs, puis à plus de 90 francs en 1959.

Dès le début des années 1950, les grands pétroliers ont lancé des campagnes publicitaires pour vendre leurs lubrifiants et leurs carburants. Alors que Shell vante les mérites de l'additif ICA et que BP propose ses lubrifiants Energol, Esso diffuse un slogan qui restera célèbre : « Mettez un tigre dans votre moteur. »

Déjà apparaissent les premières stations-service équipées d'un pont-élévateur et d'une centrale de graissage. Patronnées par les grandes marques de carburant, elles sont aussi dotées de nouvelles pompes qui affichent les prix et la consommation. Néanmoins, les garages d'entretien aux installations vétustes sont encore légion, et les vieilles pompes à deux bouteilles sont loin d'avoir disparu.

Le poste de conduite d'une Simca P60. *Les couleurs gaies, les accessoires fragiles et le tableau sans boutons sont caractéristiques de la fin des années 1950. Au centre, le réglage de l'air et le poste Radiomatic.*

Une station-service des années 1950. *Dans les villes et sur les grands axes, la pompe à « volucompteur » automatique se répand entre 1955 et 1960.*

Les dangers de la vitesse

La densité nouvelle du trafic et l'augmentation de la vitesse moyenne des véhicules sont, dans les années 1950, à l'origine d'un nombre croissant d'accidents. En 1950, la plupart des voitures moyennes atteignent 120 km/h mais ne possèdent pas la réserve de puissance des voitures d'aujourd'hui : les dépassements sont donc périlleux. Le danger est d'autant plus grand que les responsables, soucieux de remédier à l'intensification du trafic, ont souvent choisi la pire des solutions : les anciennes chaussées sont transformées en routes à trois voies, où les collisions frontales sont fréquentes.

L'intérieur cossu de la Renault Frégate de 1959. *Pour répondre à la concurrence de la Simca Chambord et de la Citroën DS, Renault renouvelle la Frégate, qui est proposée au même prix que la DS trois ans plus tôt.*

L'héritage technique de la guerre

Publicité pour le pneu à carcasse de fils d'acier Bibendum.

Les mécaniques sont peut-être les seules bénéficiaires des périodes de conflit. La guerre de 1939-1945 les a éprouvées sous tous les climats. En retrouvant leurs tables à dessin, les ingénieurs en tiendront largement compte, par exemple avec les moteurs refroidis par air.

Les leçons de la guerre

Durant la Seconde Guerre mondiale, des milliers de véhicules parcourent la planète pour transporter hommes et matériels. Mise au service de l'effort de guerre, la recherche industrielle accomplit des progrès rapides.

Confrontés à la pénurie d'essence et de matériaux, les Allemands mettent au point un carburant de substitution et divers ersatz ; leurs véhicules sont conçus pour affronter le désert de Libye ou les plaines enneigées de Russie. Dans les armées anglaise et américaine, les opérations de maintenance répondent au souci de conserver un matériel en bon état.

Les industriels sauront profiter des leçons de la guerre : on met au point des pneus qui durent plus longtemps ; on réduit l'usure et le bruit des moteurs en filtrant l'huile et l'air carburé ; on équipe les systèmes de refroidissement d'une pompe et d'un thermostat qui permettent une mise en température correcte du moteur quelles que soient les conditions climatiques ; l'usage des transmissions à 4 ou 6 roues motrices a fait définitivement ses preuves. En 1945, au lendemain de la Libération, plusieurs usines françaises (Citroën, Simca, Ford, Renault) travaillent à l'entretien du matériel américain. S'ils n'ont pas grand-chose à apprendre dans le domaine de la technique pure, les industriels français découvrent les méthodes d'organisation des grandes firmes américaines.

Le « command car » de l'armée américaine. *Moins célèbre que la jeep, il est construit par Dodge. Sa version camionnette sera longtemps utilisée après la guerre. C'est le véhicule de Bourvil dans le film* les Grandes Gueules *(1965).*

Le camion GMC de l'armée américaine : *un bruit de voiture de sport, une boîte à 5 vitesses, une direction assistée et une vitesse de 80 km/h sur route. Les forestiers en feront usage jusque dans les années 1960.*

Les moteurs refroidis par air

Le refroidissement par air présente l'avantage de se passer de liquide : à condition d'adjoindre un radiateur d'huile, le système peut fonctionner à de hautes températures.

Au début du siècle, son principe est appliqué aux motos, mais, dès les années 1920, la firme tchèque Tatra se met à construire des moteurs de voitures refroidis par air. En 1921, l'ingénieur Hans Ledwinka conçoit une voiture originale, dotée d'un moteur refroidi par air, et d'abord présentée sous le nom de Tatra 11.

À la veille de la Seconde Guerre mondiale, c'est un moteur refroidi par air que Ferdinand Porsche fait monter sur la future Volkswagen Coccinelle. Durant toute la durée du conflit, ce 4-cylindres de 1 100 cm^3 fait ses preuves sur la Kübelwagen. Le moteur Volkswagen profite d'un perfectionnement supplémentaire : un système à obturateur, commandé par un thermostat, empêche l'entrée de l'air aussi

Les moteurs culbutés

Au début des années 1940, Citroën, Peugeot et Simca sont les premiers constructeurs qui équipent leurs voitures de série de moteurs à soupapes en tête. Ces soupapes « culbutées » permettent un meilleur remplissage de la chambre de combustion, surtout à régime élevé. Jusqu'alors, ces moteurs étaient réservés aux spécialistes des voitures de sport ou de luxe (Talbot, Delahaye, Hotchkiss).

Il existe deux méthodes pour placer les soupapes en tête. Dans la première, l'arbre à cames latéral, placé dans le carter, pousse des tiges qui actionnent des culbuteurs : c'est le procédé classique, qui s'imposera pendant vingt ans. Dans le second dispositif, plus élégant, l'arbre à cames est placé au-dessus de la culasse et pousse directement les soupapes : cette solution ne s'imposera qu'au milieu des années 1970, avec l'arrivée des courroies crantées de distribution.

Le moteur de la Panhard Dyna, dans sa première version, présentée au Salon de l'automobile de 1946.
Équipé de deux ventilateurs, ce moteur de 610 cm^3 sera ensuite proposé dans des versions de 750 et 850 cm^3. Avec celui de la 2 CV, c'est le seul moteur refroidi par air qui, à l'époque, est construit en série.

Le moteur de la Renault 4 CV.
C'est le premier moteur Renault équipé d'un vrai filtre à air. De remarquables versions « gonflées » seront proposées entre 1950 et 1954.

Coupe d'une Renault 4 CV.
La présence du moteur à l'arrière était une des caractéristiques de cette voiture. Renault, qui avait repris l'idée à Porsche, la défendra jusqu'en 1965.

La Panhard Dynavia. Dessinée par Louis Bonnier, elle est présentée au Salon de l'automobile de 1948. Sa carrosserie est l'aboutissement des essais d'aérodynamique menés par Panhard après la guerre.

longtemps que le moteur n'a pas atteint la température adéquate.

Pendant des années, les constructeurs français restent fidèles au refroidissement par eau, plus silencieux. C'est à l'initiative de l'ingénieur Jean Albert Grégoire que la petite Panhard Dyna sera équipée, en 1946, d'un moteur refroidi par air. Deux ans plus tard, Citroën adoptera la même solution pour sa 2 CV.

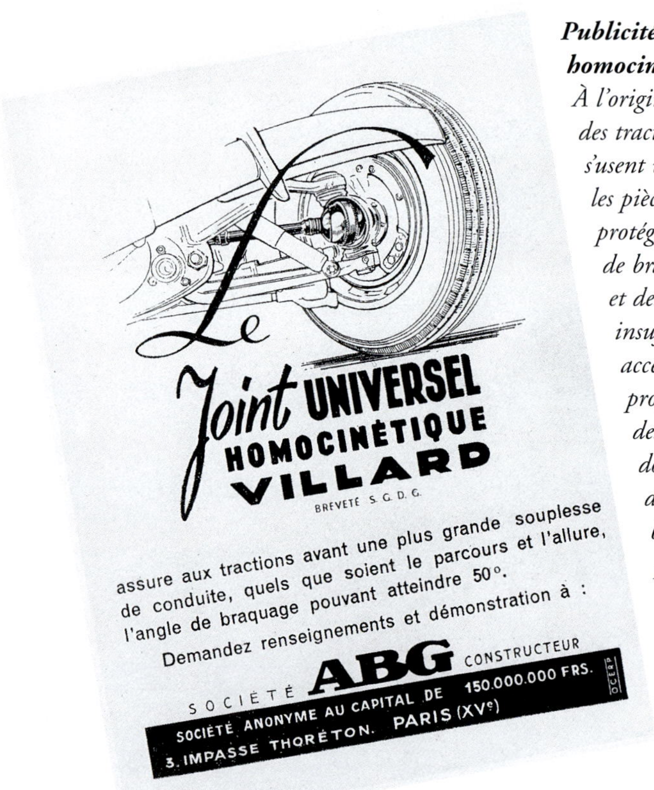

Publicité pour des joints homocinétiques. *À l'origine, les joints des tractions avant s'usent vite, car les pièces sont mal protégées. Le rayon de braquage des TA 7 et des TA 11 est jugé insuffisant. Les accessoiristes proposent donc des modèles dont l'angle d'ouverture au braquage est plus grand.*

Les châssis et les carrosseries

Dans les années 1950, la caisse autoporteuse supplante définitivement le châssis traditionnel. Avant la guerre, seules la Citroën traction avant, la Peugeot 402 et la Renault Juvaquatre en étaient équipées, mais, au Salon de l'automobile de 1946, nombre de nouveaux modèles ont abandonné le châssis : c'est le cas de la Renault 4 CV et de la Panhard Dyna. Durant les années qui suivent, la

L'évolution des phares. *À partir de 1954, Marchal et Cibié proposent des phares antibrouillard et à longue portée, montés sur le pare-chocs avant ou incorporés dans les ailes.*

Peugeot 203 et la Simca Aronde adopteront à leur tour la caisse autoporteuse.

Outre la Ford Vedette de 1949, seules les voitures de luxe et de sport restent fidèles au châssis croisillonné. C'est que ce marché particulier est dominé par les cabriolets et les coupés. Or, la caisse autoporteuse ne permet pas de réaliser de vrais cabriolets, car la tôle du toit et les montants des portières sont nécessaires à la rigidité de l'ensemble. Jusqu'à la cessation de leurs activités, les firmes Delahaye, Hotchkiss et Salmson conserveront le châssis traditionnel.

Dans le domaine de la carrosserie, Panhard lance la carrosserie « tout aluminium » en présentant, en 1953, une voiture d'une conception tout à fait nouvelle. Malheureusement, les grands espoirs que le constructeur d'Ivry place dans le nouveau matériau seront vite déçus. En 1956, Panhard décide de revenir à la carrosserie « tout acier ».

Les nouveaux pneus

À partir des années 1930, les pneus ont commencé à prendre un peu d'embonpoint. Les constructeurs se sont en effet aperçus qu'il était préférable, pour accroître le confort, d'augmenter le volume d'air et de diminuer la pression. Dans le prix d'une voiture, cependant, la part des pneumatiques est importante : c'est ainsi que se répand la dangereuse technique du rechapage, qui sera à l'origine d'un grand nombre d'accidents.

Si les fabricants de pneus sont encore nombreux en 1940, il ne restera plus, en 1960, que trois grandes marques (Dunlop, Michelin, Kléber-Colombes) pour se partager le marché, si l'on excepte les produits d'importation de Goodrich et de Continental.

Michelin, qui a lancé le pneu Pilote à la veille de la guerre, se signale en 1947 par une nouvelle innovation : le pneu à carcasse radiale, qui équipe aussitôt les Citroën 15 TA. Sur les côtés, le pneu à carcasse radiale est plus souple que le pneu à carcasse diagonale, et sa bande de roulement adhère mieux à la route. En 1950, Michelin lance le pneu « superballon » à carcasse diagonale, moins haut et plus large que le pneu « ballon », et, en 1960, le premier pneu « taille large ».

La boîte à quatre vitesses

Si la boîte à trois vitesses est la plus courante, Hotchkiss et Simca adoptent des boîtes à quatre vitesses, dont seules la troisième et la quatrième sont synchronisées. Pour passer de la troisième à la deuxième, il faut procéder à un double débrayage et, pour passer la première, il est presque nécessaire de s'arrêter. Heureusement, la synchronisation fait de gros progrès dans les années 1950 : Simca-Ford équipe la Vendôme Monte-Carlo de 1954 d'une boîte Pont-à-Mousson à quatre rapports parfaitement synchronisés ; sur ses 4 CV et sur ses Dauphine, Renault synchronise aussi la première vitesse.

Les pneus Michelin Pilote. *Jusqu'à la fin des années 1950, ils sont adoptés par Citroën, Renault, Peugeot et Panhard.*

L'évolution du tableau de bord : la Simca Sport de 1948 et la Renault Floride de 1960.
Douze années séparent ces deux modèles. Sur le tableau de bord de la Floride, un emplacement est prévu au centre pour la radio.

Le temps des voitures moyennes

Les premières décennies de l'après-guerre sont une période de grands changements. À partir de 1950, les performances, le confort et la sécurité sont améliorés, alors que les prix, qui ont connu une forte hausse à partir de 1947, finissent par chuter. L'époque confirme aussi le déclin de toutes les marques de prestige.

La Citroën 11 TA légère.

Ce modèle de 1946 est équipé de jantes Pilote rouges, qui seront remplacées, l'année suivante, par des voiles pleins, plus économiques : les roues BM. La teinte grise de la carrosserie cédera la place à la couleur noire, conservée jusqu'en 1953. Son prix atteint 153 000 francs, alors que le même modèle ne coûtait que 28 500 francs en 1940. Les pare-chocs sont les seules pièces chromées.

La Renault Juvaquatre 4 portes.

Cette voiture, qui est apparue en 1939 et dont quelques breaks vitrés sont montés en 1940, est construite en cinq exemplaires en 1945. La production de série commence en 1946. La berline dispose d'un coffre ouvrant ainsi que de freins hydrauliques. La roue de secours est intégrée à la malle. Consommation : 7-8 litres ; vitesse : 100 km/h ; prix : 107 000 francs. Les délais de livraison sont longs car le constructeur privilégie les exportations.

Le break Juvaquatre.

Équipé du moteur de la Dauphine, ce break est particulièrement apprécié par les petits commerçants et, à la fin des années 1950, il est utilisé par la gendarmerie.
En 1953, un test de simulation avait suggéré qu'une Juvaquatre berline se vendrait mieux qu'une 4 CV, pourvu que son prix fût inférieur de 50 000 francs à celui de sa concurrente. La Régie en décida autrement.

Les survivantes de l'avant-guerre

La plupart des voitures présentées entre 1937 et 1939 seront reprises en 1946 et construites, avec plus ou moins de succès, jusqu'en 1949. La traction avant Citroën mérite une place à part, puisque sa seconde carrière se termine en 1957, après une double cure de rajeunissement en 1952 et en 1954. Chez Renault, la Juvaquatre poursuit son essor jusqu'en 1959 : le break est équipé des nouveaux moteurs de la 4 CV, puis de la Dauphine. Au même moment, la Peugeot 202 et la version break de la Simca 8 remportent un grand succès. Jusqu'au début des années 1950, les marques de prestige, comme Hotchkiss et Salmson, tentent de sauver leurs modèles d'avant-guerre, mais elles ne résistent pas à la concurrence de Ford, de Renault et de Citroën. Entre 1946 et 1951, les clients de Citroën restent fidèles à la 15, surnommée la « reine de la route ».

Hotchkiss Cabourg.

En 1939, Hotchkiss proposait encore une large gamme de modèles mais, après la guerre, seule la berline Cabourg est reprise, en version 20 CV puis 13 CV. Les voitures sont livrées en noir ou en teinte métallisée ; elles possèdent encore un essieu avant rigide : les roues indépendantes ne seront adoptées qu'en 1948. Une nouvelle carrosserie apparaîtra en 1950.

La Peugeot 202.

Les modèles de l'après-guerre se distinguent des modèles de 1940 par leurs jantes pleines. Avec la Simca 8, cette 6 CV est l'un des rares cabriolets de l'immédiat après-guerre. Aujourd'hui, ces cabriolets sont devenus des pièces de collection. Doté d'un moteur de 1 100 cm^3 et de 30 ch, le cabriolet n'est construit qu'en 1947-1948. Vitesse : 100 km/h. Prix : 380 000 francs. À partir de 1948, la berline reçoit des amortisseurs hydrauliques.

La Citroën 15 TA.

Les berlines 15 TA ne possèdent qu'un petit coffre : les malles rondes montées en supplément sont appréciées. De nombreux modèles sont équipés d'un correcteur de suspension Grégoire, qui fait grincer les dents des responsables du quai de Javel. La 15 TA monte à 135 km/h, consomme 16 litres, mais donne au conducteur une formidable impression de puissance.

Les Salmson 1948.

Semblables aux modèles d'avant-guerre, les S4-61 (1 730 cm^3) et les S4 E (2 312 cm^3) sont disponibles en berline, en coupé et en cabriolet. Sous leur carrosserie vieillotte, elles cachent un moteur à deux arbres à cames en tête et atteignent entre 130 et 145 km/h. Cinquante ans plus tard, le cabriolet conserve beaucoup de charme. Ci-dessus, au second plan, on peut reconnaître le modèle de 1949.

La Delahaye Figoni.

L'image de la grosse voiture de luxe : un modèle carrossé par Figoni et Falaschi. Aux Salons de 1946 et de 1947, ces voitures de millionnaires sont encore nombreuses, mais les nouveaux riches de l'après-guerre leur préféreront les grandes américaines. Juste retour des choses : cette Delahaye se trouve aujourd'hui aux États-Unis.

1946 : la Renault 4 CV

Conçue avant la fin de la Seconde Guerre mondiale, la Renault 4 CV est présentée au Salon de l'automobile de 1946, mais elle n'est produite en série qu'à partir de 1948. Construite jusqu'en 1961, au moment où Renault présente déjà sa 4 L, elle remporte un immense succès populaire.

À la fin des années 1930, les premiers prototypes de la Volkswagen avaient tellement marqué les esprits que Renault s'était laissé séduire par la solution du moteur à l'arrière, qui permet de supprimer l'arbre de transmission, mais qui présente de nombreux inconvénients : la tenue de route est médiocre, et le coffre à bagages est quasi inexistant. Mais, au début des années 1950, les Français ont besoin de s'évader : cette petite voiture conquiert une vaste clientèle.

La Renault 4 CV se révèle plus robuste qu'il n'y paraît. La résistance à la corrosion de sa carrosserie monocoque est excellente, car elle est montée avec des éléments de qualité. Seuls l'espace exigu de son habitacle et ses formes peu fonctionnelles peuvent susciter quelques réserves. Son moteur de 760 cm^3, réduits à 748 cm^3 en 1951, développe une puissance de 17 ch.

Avant 1950, son prix de lancement varie entre 280 000 et 310 000 francs. Au fil des ans, plusieurs finitions sont proposées. La décapotable est la plus gâtée : elle reçoit une sellerie en cuir beige et des couleurs particulières ; la plus modeste est la 4 CV « service », présentée en 1953 et vite oubliée, car elle ressemble à une voiture dont on aurait pillé les accessoires.

À partir de 1956, les derniers modèles seront dotés d'un chauffage à eau chaude enfin efficace et d'un tableau de bord modernisé.

La 4 CV Grand Luxe de 1953, *équipée d'un antibrouillard Cibié, de clignotants Scintex, de pneus blancs et d'une grille de prise d'air dans les ailes arrière.*

Zut, il n'y a pas de moteur !

Au moment de son lancement, la minuscule 4 CV n'échappe pas aux sarcasmes. La présence du moteur à l'arrière fait beaucoup jaser, et nombreuses sont les plaisanteries qui circulent. Ainsi l'histoire de la dame qui demande à un garagiste de vérifier les niveaux et qui s'écrie, en levant le capot : « Ah zut, il n'y a pas de moteur ! Je vais quand même voir dans le coffre s'il y a un porte-bidon d'huile. » La dame ouvre le coffre et s'écrie : « Ah, ça alors ! Ils avaient prévu un moteur de rechange. »

Les raisons d'un succès

La 4 CV de 1946. *La couleur sable de sa carrosserie contraste avec le rouge bordeaux de ses roues. Pas de clignotants, mais des flèches. La 4 CV est la première voiture équipée de roues à étoiles.*

Le tableau de bord de la 4 CV à partir de 1950. *Le compteur « à oreilles » est réduit à l'essentiel, même s'il s'agit ici d'un modèle d'exportation. On notera les minuscules pédales, qui surprendront toujours. L'antivol est présent, et le démarreur est un petit levier placé entre les deux sièges.*

Des accessoires attrayants. *Dès 1949, la filiale Saprar de Renault proposa de nombreux accessoires pour embellir la 4 CV : joncs, enjoliveurs, capuchons et capotes en métal chromé. Sur le capot, on notera le pare-insectes, qui fit fureur entre 1952 et 1954.*

La 4 CV « pie » de 1955. *Ce modèle noir et blanc, équipé de portes spéciales et de phares orientables, est destiné à la police.*

Une Delahaye recarrossée.

Les quelques modèles montés sur châssis 135 donnent satisfaction à leurs propriétaires, mais la 175 avec moteur à trois carburateurs n'obtient pas de bons résultats : les pannes sont fréquentes. Tous les grands carrossiers ont travaillé sur les châssis Delahaye, mais les prix sont inabordables, et les modèles, peu connus à l'étranger, ne peuvent rivaliser avec les voitures anglaises.

La Talbot Lago 1948.

À la différence des autres marques de prestige, Talbot s'adapte à l'évolution du marché. Les carrossiers améliorent considérablement les châssis de base.

Les Talbot d'usine 1948-1949.

Qu'il s'agisse auusi bien du coupé que de la berline, ces voitures se distinguent par une sobriété de lignes. Le constructeur a prévu un coffre à bagages assez grand. Dotées d'une boîte présélective et d'un excellent moteur de 4 500 cm³ et de 210 ch, les Talbot n'ont rien à envier à leurs concurrentes anglaises.

La Grégoire Hotchkiss.

Ce modèle d'avant-garde, qui eut le tort de ne pas plaire à la clientèle féminine, coûtait en 1951 plus de 2 millions de francs. C'était une bonne voiture mais, pour son prix, on pouvait acquérir des modèles plus prestigieux : une Kaiser américaine ou une Chevrolet. Et les clients fortunés n'hésitèrent pas…

La Bugatti 73, 1947.

Équipée d'un moteur de 1 488 cm³, cette voiture ne fut jamais fabriquée, même en série limitée. Ce prototype est conservé au Musée national de l'Automobile de Mulhouse.

La dernière des Talbot.

Deux versions furent construites : la 4,5 litres en 1953-1954, puis la 2 500. Le moteur BMW qui équipe la Talbot 2 500 lui permet d'atteindre 200 km/h. Ce modèle est une réussite, mais Talbot passe aux mains de Simca, qui abandonne le moteur BMW pour récupérer son vieux V8.

La Salmson 2300.

Première voiture vraiment novatrice de la marque Salmson après la guerre, cette voiture aux lignes surbaissées et sportives est présentée au Salon de 1953. Elle sera modifiée en 1954-1955, afin de rendre l'arrière plus habitable. Elle valait à l'époque plus de 1,8 million de francs. Sa construction fut abandonnée en 1956.

La Delahaye 235.

Présentée au Salon de 1951, cette voiture est rapide (160 km/h), équilibrée, sûre, mais chère. Elle coûtait en 1953 plus de 3 millions de francs. La version présentée ici est carrossée par Chapron. De nombreux autres carrossiers travaillèrent autour de ce modèle, le plus souvent avec succès.

La fin des marques de prestige

Toutes les marques de prestige des années 1930 subissent une chute progressive à partir de 1946.
Au moment où la France traverse un après-guerre difficile, Delahaye ne propose que des voitures énormes et coûteuses. Par le plan ministériel de 1946, la marque est regroupée au sein de la GFA avec Laffly, Simca et Unic. En 1951, Delahaye lance la 235, dont le prix dépasse 3 millions de francs. C'est le chant du cygne : Delahaye disparaît en 1954.
Entre 1945 et 1950, Hotchkiss ne parvient pas non plus à s'adapter au marché. Ses modèles 13 CV et 20 CV sont encore appréciés de la bourgeoisie aisée, mais la marque se lance dans une aventure ruineuse en présentant la Grégoire, une voiture de luxe construite à quelques dizaines d'exemplaires. En 1954, Hotchkiss arrête sa production.
Depuis les années 1930, Salmson équipait ses voitures d'un moteur extraordinaire à deux arbres à cames en tête, mais, après 1946, ses carrosseries ont pris un coup de vieux. En 1953, la marque tente de se remettre à flot en lançant la 2 300. Malgré ses performances, elle ne peut offrir le luxe des modèles anglais : c'est l'échec.

1948 : la Citroën 2 CV

On a tout raconté sur cette voiture singulière : du parapluie à la chaise longue, en passant par l'histoire de la religieuse qui traverse un champ sans casser un seul œuf de son panier. Quand elle fut lancée, en 1948, ses concepteurs la destinaient au milieu rural, mais quarante ans plus tard, la 2 CV finit sa carrière comme une voiture contestataire…

Construit en 1939, le tout premier prototype n'était pas si éloigné du modèle définitif, et son capot tout en courbes était peut-être même plus « moderne ». Au premier moteur bicylindre refroidi par eau succéda, sur le modèle définitif, une version équipée d'une turbine de refroidissement. La première 2 CV reçut donc un moteur de 375 cm³ qui développait une puissance de 9 ch.
En 1955, la cylindrée fut portée à 425 cm³, et la puissance à 12 ch réels : à la différence des premiers modèles, les nouvelles 2 CV ne se traîneraient plus sur la route. La version 375 cm³ resta néanmoins disponible jusqu'en 1959. En 1961, la puissance du moteur fut portée à 13,5 ch, et le capot fut modernisé.
En 1963, la 2 CV fut dotée d'un moteur de 16,5 ch. Peu après, l'adoption de joints homocinétiques améliora considérablement la direction.
Au même moment, la gamme fut élargie par le lancement de la 2 CV AZAM. Une troisième glace apparut à l'arrière, tandis que le capot fut de nouveau modernisé.
Comme la Volkswagen Coccinelle, la 2 CV traversa les époques : commercialisée à partir de 1948, elle fut construite jusqu'au 27 juillet 1990. Les dernières versions furent équipées d'un moteur de 602 cm³, qui développait une puissance comprise entre 26 et 28 ch, soit trois fois supérieure à celle de 1948.

Adoptée par les familles, la 2 CV est le témoin d'un demi-siècle. *Ce modèle date de 1962 : la « deuche » a renoncé à son tablier gris pour les couleurs.*

La 2 CV 4 x 4

La 2 CV est peut-être une voiture passe-partout, mais elle manque de puissance pour affronter les déserts de sable. En 1958, époque où la France est encore implantée en Afrique, Citroën lance la 2 CV Sahara. La roue de secours est logée dans le capot, parce qu'un second moteur est installé à l'arrière. Ces deux mécaniques de 12 ch permettent à la voiture de rouler à 100 km/h. La 2 CV Sahara est la première 4 x 4 civile construite en France. Ce véhicule de 735 kg, qui coûtait 850 000 francs, sera construit jusqu'en 1963-1964 sous l'apellation 4 x 4 et non plus Sahara.

Les raisons d'un succès

Présentation de la première 2 CV au Salon de 1948. *Parmi la foule des curieux, les femmes sont rares : cette voiture ne cherche manifestement pas à les séduire. La petitesse du moteur étonne les visiteurs : outre les cylindres à plat, la seule chose qui se voit, c'est le filtre à air !*

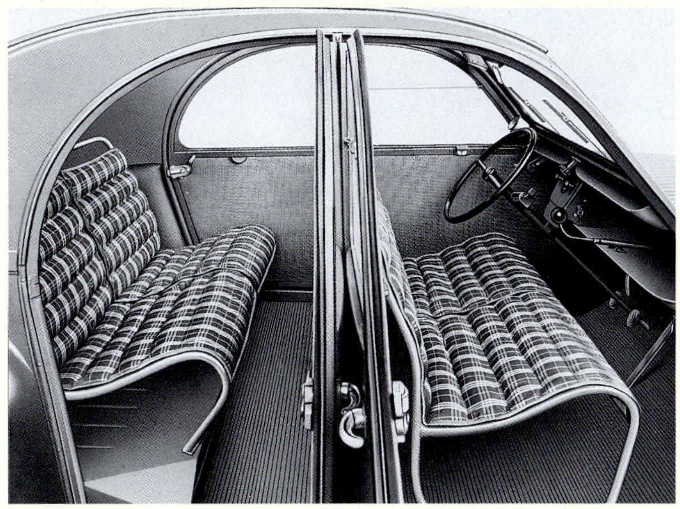

L'intérieur de la 2 CV en 1953. *Au gris des sièges des premières versions de 1950-1952 succèdent des tissus écossais. La peinture gris métallisé, qui présente l'aspect d'un simple apprêt, est remplacée par un gris laqué. Le câble du compteur, qui rappelle celui des cyclomoteurs, sert également à actionner les essuie-glaces. Les deux banquettes, très souples, sont facilement amovibles, et la capote s'ouvre en deux positions.*

La première version (1949-1961) du capot de la 2 CV. *Le chevron inscrit dans un ovale laisse place, dès 1954, à un sigle simplifié.*

La surprenante 2 CV 4 x 4 Sahara : *en levant la porte de coffre arrière, on découvre un second moteur dans le logement de la roue de secours. Une grille de prise d'air est fixée sur la porte de malle, devenue capot. Cette version date de 1959.*

La Citroën 15 TA.

Le temps glorieux de la Citroën 15 TA va de 1949 à 1954. Le bruit sympathique de son moteur, son espace intérieur, ses performances et sa sécurité restent convaincants, mais il ne faut pas trop penser à sa consommation ! Toutefois, en 1953, on attend déjà la future DS. Bizarrement, sa carrosserie, qui « date » au début des années 1950, restera très appréciée et comme hors du temps trente ans plus tard.

La Panhard Dyna.

La première version de la Panhard Dyna est contemporaine de la Renault 4 CV. Cette petite voiture, dont la carrière s'arrêtera en 1953, possède une excellente tenue de route, une direction agréable, mais une boîte de vitesses rétive. Le volume de l'habitacle est aussi réduit que celui de la 4 CV. Équipée successivement d'un moteur de 610 cm³, 750 cm³ et 850 cm³, la Dyna affiche d'excellentes performances. Des versions cabriolet et break seront proposées. La Dyna sera remplacée à l'été 1953 par la Dyna Z.

Tendances d'époque

Après avoir construit de grosses voitures pendant plus de vingt-cinq ans, Panhard travaille, à partir de 1941, à la conception d'un petit modèle. Acheté à Grégoire, le prototype d'une voiture de 350 cm³ est confié à l'ingénieur Louis Bionnier, qui est chargé de moderniser sa ligne. C'est ainsi qu'apparaît, en 1946, la Panhard Dyna quatre-portes. Son moteur à deux cylindres opposés *(flat-twin)* se révèle excellent, mais la carrosserie est insolite : les mauvaises langues la rattachent au style Louis XV...
Chez Renault, de nouveaux modèles sont aussi proposés dès l'immédiat après-guerre. Outre la 4 CV, le constructeur lance un gros break et ses dérivés en mai 1950 : c'est la série Colorale. Son nom, qui sacrifie à la mode américaine de l'époque, est issu de la contraction des mots « coloniale » et « rurale ». Cette voiture très lourde (1 700 kg à vide) est dotée d'un moteur relativement faible, mais elle répond aux attentes d'une certaine clientèle. La Colorale poursuivra une carrière honorable jusqu'en 1954.

La Panhard Dyna Junior.

Cette voiture renonce aux formes tourmentées de son aînée pour adopter la silhouette surbaissée d'une savonnette. Équipée du bicylindre 850 cm³ refroidi par air, elle atteint 125 km/h. La Dyna Junior sera construite de 1952 à 1956.

La Peugeot 203.

Dès la fin de la guerre, la Peugeot 203 a été conçue en de multiples versions, mais elle n'est commercialisée qu'à partir de 1948, en versions berline et familiale (break). Équipée d'un remarquable moteur de 7 CV, elle souffrit, au début, de la médiocre qualité des matières premières de l'après-guerre, en particulier les peintures et les tissus. En 1949, son prix était de 445 000 francs.

La Peugeot 202 break.

Au moment où la Peugeot 203 fait ses débuts, la Peugeot 202 connaît une brillante fin de carrière. La carrosserie en bois dite canadienne offre une belle habitabilité pour une 6 CV. Cette voiture, qui à l'époque vaut 472 000 francs, sera construite jusqu'en 1949.

La Ford Vedette.

Présentée au Salon de 1948, la Vedette est la première Ford de l'après-guerre, mais elle est encore équipée du moteur V8 de 12 CV, hérité des versions d'avant-guerre. Comme la Peugeot 203, elle souffre au début d'une fabrication médiocre, mais ce défaut sera corrigé à partir de 1950. Une fois au point, la Vedette sera une voiture confortable et silencieuse, proposée en versions cabriolet, limousine et coupé. Vitesse : 130 km/h ; consommation : 13-14 litres.

La Peugeot Darlmat.

Entre 1949 et 1953, Darlmat, qui s'était spécialisé dès les années 1930 dans la transformation des Peugeot, propose des 203 gonflées et surbaissées. L'arrière et la calandre sont modifiés, et certaines voitures sont équipées d'un moteur de 1 500 cm^3 et préfigurent la Peugeot 403. Avec leurs 80 ch, certaines Darlmat atteignent 145 km/h.

La Renault Frégate.

Elle est présentée prématurément en 1950, car la Régie craint que la guerre de Corée ne provoque une pénurie de matières premières : élégante, spacieuse et confortable, la Frégate souffre de l'insuffisance de son moteur, dont la puissance n'est pas adaptée à son poids ; sa transmission à 4 roues indépendantes est bruyante, ainsi que son échappement ; enfin, sa boîte de vitesses est mal synchronisée. Il faudra attendre les années 1954-1955 pour qu'elle révèle toutes ses qualités.

Les Renault Colorale.

En 1950, Renault lance une série de véhicules familiaux et commerciaux : les Colorale, dont le modèle le plus connu est la Prairie (ci-contre). Exceptionnellement spacieux, ce modèle est proposé en version taxi. Malheureusement, la Prairie est équipée d'un moteur ancien, le 85 de 46 ch, ce qui est insuffisant. La série Colorale comprend également un modèle Savane (ci-dessous), destiné à remplacer les Dodge 4 x 4 et les Jeep dans les pays africains.

La V8 Wimille.

Cette voiture aux lignes modernes date de 1948. Elle a été conçue par Jean-Pierre Wimille, pilote de course de renom, et dessinée par Charbonneaux. Elle était équipée d'un moteur Ford V8, mais cette marque ne s'intéressa pas au modèle. Elle resta sans suite, car le coureur se tua en course à Buenos Aires en 1949.

La Simca 8 Sport.

En 1948, Simca sort une version sport de la Simca 8, qui sera améliorée jusqu'en 1951. Voici la version coupé de 1951 (ci-dessus). En 1953, la Simca Sport est recarrossée par Facel ; c'est une version luxueuse, donc chère. Dès l'année suivante, Simca ne tarde pas à rectifier le tir : elle supprime les roues à rayons et le compte-tours, tout en baissant le prix de 300 000 francs. Ces modèles porteront désormais les noms de Week-end et de coupé de ville.

La Delahaye VLR.

Présentée pour la première fois à Saumur en 1950, cette voiture sera commandée en 4 000 exemplaires à Delahaye. Le public la découvre en 1951. Équipée d'un moteur de 2 litres de 63 ch, cette voiture « tous chemins » sera construite en 10 000 exemplaires, mais ne laissera pas un souvenir aussi impérissable que la Jeep.

La Ford Comète.

Présentée en 1951, la Ford Comète (1951-1954) est l'une des plus belles voitures du début des années 1950. Construite sur châssis Ford, elle est équipée d'un moteur V8 13 CV, puis d'un V8 21 CV (modèle Monte-Carlo). Sa carrosserie est conçue et montée par Facel, qui se distingue, dès 1955, avec son propre modèle, la splendide Vega.

La Vedette découvrable.

En 1953, Ford renouvelle entièrement sa Vedette en l'allongeant et en lui offrant un coffre spacieux. En même temps, la finition et la présentation sont améliorées. La nouvelle Vedette, qui bénéficie d'une garantie de 50 000 km, est fabriquée en 1953 et 1954, jusqu'à la sortie de la Versailles.

La Peugeot 203 cabriolet.

En 1951, Peugeot complète sa gamme de 203 avec un cabriolet. Très réussi, ce modèle sera construit jusqu'en 1956. Beaucoup moins cher que la Simca Sport, il est aussi plus fiable.

La sortie de la Simca Aronde

En 1951, la sortie de la Simca Aronde est un événement. Malgré des débuts difficiles, cette nouvelle voiture s'imposera après 1955 sous une nouvelle robe. L'Aronde n'est pas la première Simca de l'après-guerre : ses aînées sont la Simca 6, dont la carrière est éphémère, et la Simca 8, devenue Simca 1200, qui est certes modernisée, mais qui ne peut rivaliser avec la Peugeot 203. Après ces vaines tentatives de modernisation, la direction de Simca se lance dans la conception d'un nouveau modèle aux lignes fluides : un trois-volumes doté d'une caisse autoporteuse.

Vendue 720 000 francs, l'Aronde est plus chère que la Peugeot 203 mais, si l'on excepte la Comète 13 CV, c'est la première voiture française équipée d'un pare-brise bombé. Elle est aussi la première voiture qui possède une lunette arrière courbe.

Conformément à la mode de l'époque, le levier de vitesses est au volant. En 1952, la berline est complétée par une commerciale, qui connaîtra un remarquable succès. Tout le monde s'était moqué de son optimisme quand Simca avait annoncé la sortie de 300 voitures par jour, mais les ventes finiront par exaucer les attentes du constructeur.

La Simca 9 est plus connue sous le nom d'Aronde, qui désignait, en ancien français, l'hirondelle. Cette 7 CV est d'abord proposée en berline 4-places, puis viendra le break, deux ans plus tard.

La Rosengart Ariette.

Lancé en 1951, ce coupé 4 CV bien dessiné et spacieux ne sera construit qu'en 1952-1953. Vendu 600 000 francs (le prix d'une Peugeot 203), il est monté sur un châssis vieillot et doté d'un moteur dépassé.

Été 1953 : la nouvelle Dyna Z

Avec la Dyna Z, Louis Bionnier, qui n'avait pu décider lui-même des lignes de la première Dyna, montre toute l'étendue de son talent. La nouvelle Panhard est probablement la 5 CV la plus spacieuse qui fût jamais construite. Si le moteur est encore le 850 cm³ de l'ancien modèle, légèrement amélioré, tout le reste est nouveau et révolutionnaire : la clarté et la visibilité de l'habitacle, le vaste coffre, l'accessibilité aux organes mécaniques, le confort de la suspension, la tenue de route, l'agrément de la direction. La voiture atteint 130 km/h et consomme moins de 8 litres aux 100 km, ce qui est exceptionnel à l'époque. L'accélération est encore plus étonnante : la Dyna Z atteint 80 km/h en 15,8 secondes, alors que la Frégate met 17,7 secondes et l'Aronde 17,9 secondes pour atteindre la même vitesse. Pourtant, le succès reste modeste, car la finition mécanique et la robustesse du véhicule se révèlent insuffisantes ; de plus, l'aluminium de la carrosserie est fragile et difficile à réparer. Heureusement, la Dyna Z sera sans cesse améliorée : en 1959, elle est dotée du moteur Tigre ; plus tard, elle deviendra la PL17.

Le tableau de bord de la Dyna Z. Une certaine fantaisie succède à la sobriété des premiers modèles. La position des organes, autour du volant, et la planche de bord antichoc sont avant-gardistes. La montre de bord au volant n'est pas un accessoire d'origine.

Cette belle voiture en aluminium, présentée comme une 6-places, n'est en fait qu'une quatre-places offrant beaucoup d'espace aux passagers avant. Les deux premières années, l'antibrouillard est au centre, solution qui sera ensuite interdite par le code.

Une Peugeot sans lendemain.

Cette voiture légère tout terrain ne sera construite qu'en quelques exemplaires, car Peugeot a absorbé la firme Hotchkiss, dont les Jeep Willys montées en France sous licence auraient fait double emploi. Ce modèle était encore essayé par l'armée américaine en 1960.

La Peugeot 203.

Détail du tableau de bord d'une version de luxe. L'intérieur cuir est caractéristique des découvrables des années 1954-1955. L'installation radio, au boîtier réduit, occupe la partie inférieure du tableau de bord.

La Peugeot 203 coupé.

En 1953-1954, la Peugeot 203 remporte un immense succès. Dotée d'une belle finition et d'une nouvelle boîte de vitesses, elle séduit les grands rouleurs. Pourtant, le coupé de ville de couleur noire, exposé au Salon de 1952, ne sera fabriqué que jusqu'en avril 1954. C'est le seul échec de la gamme.

Les Simca de 1955.

Au fond, les camions produits par Ford depuis 1951 et, à droite, les camions Unic. À gauche, le coupé de ville et, derrière, les Aronde surbaissées : la Grand Large, les berlines, le break et les autres utilitaires. À droite, la Comète Monte-Carlo, la Régence, la Versailles, la Trianon et le tracteur Someca.

1955 : la Citroën DS

Présentée au Salon de 1955, la Citroën DS séduit par de nombreuses qualités : une extraordinaire visibilité, un intérieur d'une rare finition, un système de ventilation-chauffage avec ouïes au tableau de bord, un vaste coffre d'où la roue de secours est évacuée et, surtout, une suspension hydropneumatique qui oblige les concurrents à revoir leur copie…

Dès le lendemain de la guerre, l'ingénieur Magès poursuit des recherches sur la suspension hydropneumatique, tandis que le styliste Bertone imagine la ligne d'une carrosserie tout à fait originale. André Lefebvre, qui a déjà travaillé sur la traction, est le maître d'œuvre du projet. Tout est tenu secret jusqu'à ce que *l'Auto-Journal* décrive, en mars 1952, les principales caractéristiques de la future DS. Pendant trois ans, le public attendra avec impatience le lancement de la nouvelle Citroën.

Au départ, le moteur adopté est un six-cylindres à plat refroidi par air, mais les essais ne sont pas concluants, et comme le projet a déjà coûté beaucoup d'argent, Citroën préfère récupérer le vieux 1 911 cm^3, qui reçoit un coup de jeunesse pour arriver à développer une puissance de 75 ch.

Comme le capot n'a pas été conçu pour ce moteur, le constructeur disposera d'un bel espace à l'avant, qui sera pour la première fois utilisé pour loger la roue de secours.

Reste la question du prix, que beaucoup jugent élevé. Pour conserver sa clientèle moins fortunée, Citroën lance l'ID, au prix plus accessible. Entre 1957 et 1960, la DS et l'ID seront sans cesse améliorées : équipées d'un moteur de 83 ch, elles seront dotées d'une boîte à commande traditionnelle, réclamée par beaucoup d'usagers. En 1957, le prix de la berline dépasse le million de francs.

Le cabriolet DS.
Il est proposé en version usine et en version « carrossier » de Chapron. L'ID sera aussi proposée en version cabriolet.

L'époque faste des DS

Après la DS 19, Citroën lance la Prestige, de couleur noire, équipée d'un téléphone de bord et d'une séparation passagers-chauffeur. La gamme s'enrichit ensuite d'un gigantesque break, présenté en 1961, et d'un cabriolet. Les modèles DS et ID se multiplient. La DS 21 apparaît en 1966. Dans le domaine des finitions et des performances, c'est le temps de la surenchère. La production des DS et des ID, de 67 000 exemplaires en 1959, passera à près de 100 000 en 1966.

Les raisons d'un succès

Un croquis de Bertone, datant de 1954.
Si les projets présentent la future DS sous le nom de VGD (Voiture Grande Diffusion), ceux qui sont dans le secret l'appellent l'hippopotame. La voiture se signale en effet par un énorme capot, car le moteur doit être placé en avant de l'essieu.

La DS 1960 : *une allure et un profil à nuls autres pareils.*

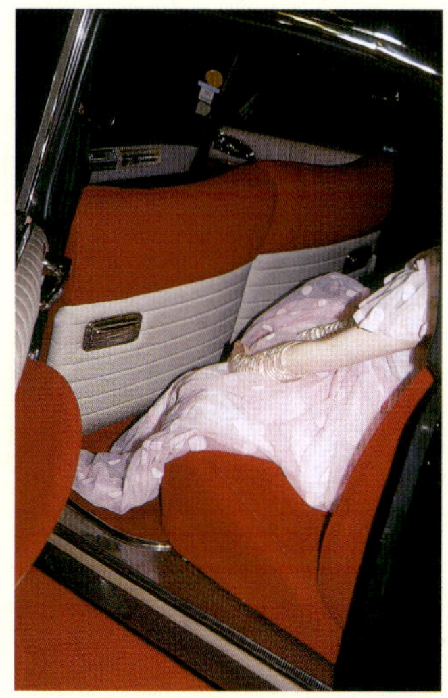

La remarquable finition de l'intérieur de la DS Pallas.
Présenté en 1965, ce modèle sera proposé jusqu'en 1973 dans différentes motorisations. À l'extérieur, les DS Pallas se distinguent par leurs phares additifs à iode.

Le tableau de bord de la première DS. *On notera les aérateurs latéraux, la grande boîte à gants et le levier de vitesses, qui sert également de commande de démarreur. Les sièges, de couleur gaie, séduisent d'emblée le public.*

Le moteur 1 700 cm³ qui devait équiper la future DS.
René Bellu en avait décrit tous les détails dans un numéro de l'Auto-Journal *de 1952. Comme le moteur de la 2 CV, il devait être monté en porte à faux, d'où la forme bizarre des prototypes.*

L'Aronde Monthléry, ici, présentée au Salon de Paris en 1957. L'Aronde, qui récolte d'abord un modeste succès entre 1952 et 1955, s'impose sur le marché de la voiture moyenne à partir de 1956. Sa nouvelle carrosserie, son intérieur séduisant, son coffre agrandi et sa calandre « à moustache » conquièrent le public. Équipée d'un moteur de 1 300 cm^3, elle est proposée à partir de 580 000 francs et disponible en versions Luxe, Élysée et coach Grand Large.

La Simca Plein Ciel. En 1956, la Simca Sport s'américanise en adoptant un pare-brise panoramique.

La Facel Vega

Présentée au Salon de l'automobile de 1954, la Facel Vega est équipée d'un gros moteur De Soto. Elle surprit le public par la qualité de sa mise au point et de ses performances.

D'allure imposante, la Facel Vega se distingue également par sa puissance, calquée sur les modèles américains.

Une calandre soignée et équilibrée, à l'image de la marque Simca.

Un coffre spacieux à l'enseigne de Facel Vega.

La Panhard DB.

Depuis la fin de la guerre, Deutsch et Bonnet produisent des voitures de sport qui sont présentes dans les rallyes. Ce coach DB est équipé d'un moteur Panhard de 850 cm^3, qui développe une puissance de 48 ch à 5 700 t/min et qui lui permet d'atteindre une vitesse de 160 km/h.

L'Alpine Renault.

Présentée au Salon de l'automobile de 1955, l'Alpine Renault est construite sur les bases d'une 4 CV. Sa carrosserie en polyester stratifié permet de réduire son poids. Le moteur de base, équipé d'un nouveau carburateur, développe une puissance de 40 ch. L'Alpine Renault se distinguera en particulier dans l'épreuve italienne des Mille Miles.

La Peugeot 403.

Apparue en 1955, elle a connu immédiatement un immense succès. C'est la première familiale moyenne qui associe performances, économie, confort et habitabilité. Deux ans plus tard, elle se pare d'une nouvelle sellerie. Après avoir été équipée de flèches archaïques, elle reçoit enfin des clignotants.

L'Étoile filante

Au printemps 1956, à Montlhéry, Renault présente l'Étoile filante, prototype à turbine de haute performance, aux lignes élégantes, modèle d'aérodynamisme.
Le 5 septembre de la même année, le pilote-ingénieur Jean Hébert atteint presque 310 km/h à Salt Lake City, seul endroit qui offre un espace suffisant pour un record de ce type. Cet exploit est réalisé au moment où Renault s'apprête à lancer sa Dauphine.
L'expérience démontre cependant qu'il reste un certain nombre de problèmes à résoudre, comme les changements d'allure et le ralentissement.

Le cabriolet 403.

Il est construit à partir d'une 403 berline, qui est découpée puis à nouveau assemblée. Le véhicule de l'inspecteur Columbo était donc particulièrement cher : 1 250 000 francs contre 750 000 francs pour la berline.

La Simca Ariane.

La Versailles de 1954 est complétée par l'Ariane en 1956. La carrosserie est identique, mais le moteur 1 300 est emprunté à l'Aronde : sous le capot, l'espace laissé vide est impressionnant. L'Ariane tient la même allure qu'une Dauphine (110-115 km/h), mais elle possède un grand coffre et de larges banquettes. Après en avoir tiré une version économique en 1957-1958, Simca en fera une berline confortable et soignée au début des années 1960.

Renault pense déjà à la traction avant…

À la fin des années 1950, Renault travaille à la conception de la 3-4 CV qui, pendant trente ans, sera connue sous le nom de Renault 4 L. Dès le printemps 1958, *l'Auto-Journal*, qui s'est fait le spécialiste des informations en avant-première, est allé photographier en Afrique les prototypes de la nouvelle voiture. Au départ, Renault la conçoit comme une voiture passe-partout et populaire, dans l'esprit de la 2 CV. D'emblée se pose le problème de la position du moteur : Renault décidera finalement de conserver le moteur de la 4 CV, qui a fait ses preuves. Pouvait-on le placer en travers comme sur la Mini-Morris, qui sera la première à adopter cette solution ? Les ingénieurs de Renault sont sceptiques : les projets conservent l'implantation adoptée par Citroën vingt-cinq ans plus tôt.

Entre 1956 et 1962, la Simca Ariane est sans cesse améliorée. À mesure que les moteurs prennent de la puissance, le modeste modèle de 1956 devient une honnête familiale. Si l'Ariane conserve la carrosserie de l'ancienne Versailles, elle emprunte, à partir de 1958, les grandes jantes de la Beaulieu. Simca proposera aussi une version Ariane 8, mais les ventes ne répondront pas aux attentes.

La Frégate Manoir.

La gamme de la Frégate, qui se présente de moins en moins comme une voiture de sport, s'enrichit d'un break qui porte le nom de Manoir. Cette voiture, dont la ligne est très réussie, remplacera la Prairie. Entre 1956 et 1960, elle sera plusieurs fois remaniée.

La modernisation des Panhard.

En 1957, la Dyna Z est dotée d'une carrosserie en acier. La version cabriolet, d'abord présentée en Belgique, est ensuite lancée en France. À l'automne de la même année, la Dyna est équipée d'un tout nouveau moteur avec turbine de refroidissement. La puissance de ce bicylindre de 850 cm^3 reste inchangée (42 ch), mais le moteur Tigre, qui en est la version remaniée, développe une puissance de 50 ch, mieux adaptée au poids de la carrosserie en acier.

La Panhard PL 17.

Présentée en 1961, cette voiture est issue de la Panhard Z de 1953. Si la PL 17 rappelle la Dyna, cependant, son coffre est plus accessible, le capot est remanié et les portes s'ouvrent dans le bon sens.

La tentative Vespa.

La marque ACMA, qui s'est spécialisée avec la Vespa dans la construction de scooters sous licence Piaggio, essaie de se diversifier en 1957 et présente une toute petite deux-places, bien proportionnée, découvrable, aux performances correctes. Conçue comme la Simca 5 vingt ans plus tôt, elle souffre néanmoins d'une consommation élevée, de l'ordre de 9 litres. Sa fabrication s'arrêtera en 1961.

1956 : la Renault Dauphine

Après la déflation de 1952 et la reprise des affaires en 1953, Renault redouble d'efforts pour épauler la 4 CV avec une voiture d'une qualité supérieure. Lancée en 1956, la Dauphine connaît un succès immédiat, car elle remédie aux défauts de la 4 CV : le volume réduit de l'habitacle et le manque d'espace réservé aux bagages.

Après la mort de Pierre Lefaucheux dans un accident, la direction la Régie est confiée à Pierre Dreyfus, qui entreprend de renouveler la gamme des voitures.
Les essais de la Dauphine commencent en 1954, au moment où Volkswagen sort 1 000 voitures par jour, alors que la production quotidienne des 4 CV ne dépasse pas 525 véhicules.
La nouvelle Renault est présentée le 5 mars 1956, lors d'une gigantesque manifestation qui rassemble des milliers d'invités.
La Dauphine est une 5 CV équipée d'un moteur arrière de 845 cm^3 et de 30 ch, dérivé du moteur de la 4 CV. Elle séduit par ses couleurs gaies : le fameux bleu Dauphine, un jaune, un vert pâle et un rouge groseille. Son prix (554 000 francs) est raisonnable. Consommant 7 litres, roulant à 115 km/h, elle ne présente pas de défauts de jeunesse rédhibitoires. C'est une voiture équilibrée, plus spacieuse que la 4 CV et qui offre une bonne visibilité. Seuls quelques défauts hérités de son aînée sont encore à corriger : la tendance à survirer, due au moteur arrière, l'insuffisance de la suspension, qui n'est pas un modèle de confort.
En une année, la Dauphine s'impose comme le meilleur modèle de la Régie, qui peine depuis six ans à assurer le succès de la Frégate.
En 1957, les deux tiers des voitures de tourisme qui sortent des usines Renault sont des Dauphine.
Ce succès permettra à Renault de se lancer sur le marché américain.

L'Ondine. *Après 1960, Renault donne à la Dauphine une compagne plus élégante, l'Ondine.*

Un modèle unique

Proposée en berline à quatre portes, la Dauphine ne possède qu'une boîte à trois vitesses. Avant le lancement de la Floride, les modèles de série n'offrent ni cabriolet ni version découvrable. En revanche, la Dauphine profitera, jusqu'à la fin de sa carrière, en 1968, de motorisations particulières : Renault lancera successivement la Dauphine Gordini en 1958, équipée d'un moteur de 55 ch, et l'Ondine, dotée d'une boîte à quatre vitesses et d'une finition soignée, puis la Dauphine 1093, une version sportive équipée d'un moteur de 55 ch.

Les raisons d'un succès

Une voiture de compétition. *Comme la 4 CV, la Dauphine se distingue dans les compétitions pendant plusieurs années, avant que les 1 093 ne prennent le relais. En 1958 (ci-contre) et en 1962 (ci-dessus), les Dauphine brilleront dans le Tour de Corse.*

125 km/h pour la Gordini. *Issue d'une collaboration entre Amédée Gordini – le Sorcier de la mécanique – et la Régie Renault, la Dauphine Gordini ne tarde pas à se distinguer : en 1958, pilotée par Monraisse et Féret, elle triomphe à Monte-Carlo. Lancées la même année, les premières Gordini sont vendues 674 000 francs ; elles portent la signature de leur concepteur sur le capot arrière et sur les ailes, disposent d'une boîte à quatre vitesses. Leurs 37 ch leur permettent d'atteindre 125 km/h.*

Un tableau de bord de choix. *Avec le temps, la Dauphine doit redoubler d'arguments pour séduire la clientèle. Après 1960, elle adopte une finition mixte, qui la situe entre le modèle normal et l'Ondine. Renault fait appel à un joaillier pour dessiner le motif du tableau de bord, qui adopte une teinte granitée noire.*

Élégance : l'Ondine. *tapisserie soignée, roues ajourées, boîte à quatre vitesses, peinture métallisée. Son prix dépasse 6300 « nouveaux » francs. Renault produira l'Ondine pendant deux ans, avant de revenir au modèle Gordini.*

La Simca Chambord.

Cette voiture est la nouvelle version de la Simca V8 13 CV. Les performances et la sécurité sont grandement améliorées. Elle est en effet équipée de jantes plus grandes, qui ont permis de la doter de nouveaux tambours de freins.

Le constructeur la proposa d'abord en version bicolore, mais la clientèle se lassa de ces fantaisies, et Simca finit par l'offrir en uni. À la fin de sa carrière, la Chambord fut équipée d'un système de transmission qui permettait une conduite rapide ou économique. Voiture cossue, elle bénéficiait de sièges confortables et d'une finition soignée. Seule note discordante : les enjoliveurs imitant les roues à rayons.

À la différence de la Versailles, son aînée, la Présidence exhibe fièrement le nom de la marque sur son capot.

La Simca Présidence.

Dérivée de la Chambord, la berline Présidence était pourvue d'une roue de secours extérieure. Pour la présidence de la République, Simca en tira un cabriolet carrossé par Chapron, qui ne possédait que deux portes. Un phaéton de toute beauté, surtout destiné aux chefs d'État africains, fut présenté en 1960.

Simca et Renault à l'heure américaine

Dès la sortie de la Ford Versailles, à l'automne 1954, personne n'ignore que cette voiture va porter le nom de Simca. Cette année-là, Ford France est en effet cédé à Simca. À la manière de General Motors, le constructeur français se lance dans une stratégie de groupe, en créant différents départements (Aronde, Vedette, Versailles, Ariane). Entre 1956 et 1960, le groupe Simca réussit à étendre sensiblement ses réseaux, placés sous l'emblème de l'hirondelle bleu et rouge. En 1957, la Versailles et la Régence, dont la qualité de fabrication n'était pas à la hauteur de la clientèle visée, sont remplacées par la Beaulieu et la Chambord, nettement plus cossues.
De son côté, Renault tente, à la fin des années 1950, de conquérir le marché américain. Alors qu'une campagne de vente des Renault Dauphine est organisée aux États-Unis, la Floride est lancée en 1959. Ce cabriolet 5 CV, équipé d'un moteur à l'arrière, est surtout destiné au marché américain. En France, la formule du « hard-top » (pavillon fermé amovible) est une grande première, qui sera appréciée de la clientèle féminine.

Le break Marly.

Le bas de caisse est emprunté à la Simca Beaulieu. Il s'agit davantage d'une familiale confortable que d'un véritable utilitaire : en quelque sorte, le break Marly préfigurait, avec trente ans d'avance, ce qu'il est aujourd'hui convenu d'appeler la « voiture de loisirs ».

SIMCA

La dernière version de l'Aronde : la P 60

Dotée d'une carrosserie et entièrement remaniée, la Simca Aronde devient en 1958 la P 60 (P pour « personnalisée ») : la gamme des teintes ainsi que l'assortiment des sièges permettent à chacun de personnaliser sa voiture. La Grand Large en version Élysée ou Montlhéry, appréciée pour son exceptionnelle visibilité, connaît un franc succès. La puissance du moteur est passée de 48 ch en 1953 à 70 ch en 1960. En 1962, cette remarquable série sera remplacée par les Simca 1300.

SIMCA

La calandre des Simca P 60.

Dans leurs dernières versions de 1961-1962, les Aronde bénéficient d'un intérieur clair et d'un moteur de plus de 60 ch. Simca propose de multiples versions, de la P 60 Étoile aux modèles les plus luxueux. Entre 1960 et 1962, la gamme perd ses décors superflus (les patches dorés) et mise sur son aspect cossu.

La Renault Transfluide.

À la fin de sa carrière, la Renault Frégate devient la Transfluide. Cette voiture est pourvue d'une boîte à convertisseur, qui ne convient guère à son tempérament. Cette dernière « amélioration » accélérera sa chute. À la différence de Simca, Renault ne cherche pas à séduire par les couleurs et la fantaisie : le tableau de bord est assez traditionnel.

La Renault Floride.

La ligne et la finition sont particulièrement réussies : les peintures mordorées et métallisées possèdent un grand pouvoir de séduction. Montée avec de forts porte-à-faux avant et arrière, la Floride fait oublier qu'elle est montée sur une plate-forme de Dauphine.

Présenté en 1959, ce nouveau modèle de la Floride comporte un intérieur séduisant : les matières riches et mates se substituent aux peintures laquées.

Maquette de la Renault 4 L.

Cette maquette reproduit un des prototypes que les reporters de *l'Auto-Journal* photographièrent en Afrique en juin 1958. Sur le modèle définitif, la calandre, les ailes, la partie arrière et le capot seront modifiés.

La Peugeot 404.

Présentée au printemps 1960, elle est disponible en gris tourterelle, bleu marine ou noir. La série promotionnelle adopte l'orange corail. Les intérieurs sont grèges ou rouges ; le tableau de bord est assorti ou noir. La Peugeot 404, qui part en guerre contre la DS, est agréable à conduire et plus nerveuse, mais son freinage est moins puissant.

La nouvelle génération des Peugeot

La présentation des 403 Diesel est déjà un grand pas en avant, mais la presse automobile ne croit qu'à moitié à l'avenir des moteurs Diesel, sur lesquels Peugeot construira, durant les quarante années suivantes, une partie de son succès.

La marque de Sochaux innove aussi en lançant les premiers exemplaires de couleurs vives : des 404 orange. Même si les tissus sont différents, la sellerie unie rappelle l'intérieur des Citroën DS, qui ont séduit le public cinq ans plus tôt. La 404 reste fidèle au pont arrière à vis : c'est une technique ancienne que Peugeot utilise depuis plus d'un quart de siècle. Enfin, la carrosserie, dessinée par Pininfarina, associe les formes angulaires et arrondies, à la manière de la Lancia Flaminia de 1957. C'est une ligne qui caractérise de nombreux modèles européens des années 1959-1960 et qui fera école pendant près de dix ans.

La Panhard DB.

Entre 1954 et 1960, les Panhard DB participent à de nombreuses épreuves sur piste et sur route. De 1956 à 1959, elles se distinguent dans le Tour de France. Par l'audace de leur ligne, ces voitures sont en avance sur leur temps.

1961-1980

De la prospérité au doute

La période s'ouvre par une formidable croissance. L'industrie automobile profite de l'élévation du niveau de vie et de la chute du prix des voitures d'occasion. Accessible à tous, l'automobile est désormais un des symboles de la société de consommation : on change de voiture tous les deux ans, on part en vacances aux quatre coins de la France. Durant ces années de prospérité, les constructeurs lancent des modèles à succès : les Renault 4 L, 5, 16, la Peugeot 104. Mais à l'automne 1973, l'orage éclate : la flambée des prix du pétrole porte un rude coup à l'industrie automobile. Après le second choc pétrolier en 1979, plus rien ne sera comme avant.

La place de la Concorde dans les années 1960.

En haut : la DS 21, 1958, aux phares oblongs.

1961-1980

Durant cette période, l'automobile évolue plus vite et à plus grande échelle que les structures qui l'accueillent. C'est le temps des embouteillages géants et des hécatombes sur les routes…

La fin d'une transition

En 1960, les modèles de l'immédiat après-guerre sont arrivés en fin de carrière : la Renault 4 CV cède la place à la pimpante Dauphine ; la traction avant n'est plus que la voiture de papa ; la Peugeot 404 est destinée à remplacer la 403, âgée seulement de cinq ans. Dans le haut de la gamme, la Chambord et la DS se partagent le marché de la clientèle aisée.

Le temps des voitures d'occasion surcotées est révolu : par exemple, le prix d'occasion d'une Simca, qui valait 300 000 anciens francs encore en 1956, est de 5 000 nouveaux francs. Ainsi, l'acheteur peu fortuné n'a-t-il que l'embarras du choix.

1 RÉVOLUTION CHEZ SIMCA : nouvelle 5 cv à moteur arrière

2 FIAT ATTAQUE 404 ET TAUNUS AVEC UNE NOUVELLE 1300

l'auto-journal

LE JOURNAL DU XXe SIÈCLE

NOUVEAU CONCOURS

ATTENTION DERNIÈRE SÉRIE DE QUESTIONS PAGE 10

EXCLUSIVITÉ MONDIALE

1

MOTEUR 950 cm³ A L'ARRIÈRE

4 PLACES 4 PORTES

LIGNES CARRÉES A L'ITALIENNE

VOIR PAGE 5

Une « accroche » de* l'Auto-Journal *présentant la nouvelle Simca : la Simca 1000. *Visiblement, l'illustrateur ne sait pas grand-chose du modèle, si ce n'est que la voiture aura une ligne cubique et des feux arrière ronds ! la Dauphine avait rendu jaloux M. Pigozzi, le patron de Simca, en 1961.*

Quelques dates

1961 Youri Gagarine est le premier homme propulsé dans l'espace. Sortie de la Renault 4 L et de sa version R3 : à l'occasion de la campagne de promotion, les passants sont invités à essayer des R4 qui circulent en ville. La millionième Dauphine sort d'usine. La 4 CV achève sa carrière : 105 000 exemplaires ont été construits en quinze ans. Citroën lance l'Ami 6 et le cabriolet DS 19. Peugeot développe la gamme des 403 Diesel. Les grosses Facel sont épaulées par la gamme Facellia.

1962 Lancement de la Renault 8, le dernier modèle à moteur arrière. Renault équipe la Renault 8 Major et la Floride d'un moteur 1 100 cm³. Présentation de la Renault Alpine A110. Conséquence imprévue de l'indépendance de l'Algérie : la 2 CV Sahara devient la 2 CV 4 × 4. Attentat du Petit-Clamart contre la DS du général de Gaulle.

1963 Le lancement de la 4 L Parisienne est soutenu par une campagne publicitaire dans la presse féminine. Panhard présente un splendide coupé : la 24 CT. Naissance des premières Peugeot 404 équipées d'un moteur à injection. Lancement de la nouvelle gamme des Simca 1300 et 1500. Construction en série de la Simca 1000 à moteur arrière. Facel lance son modèle Facel III. Le président Kennedy est assassiné dans sa Lincoln découverte.

1964 Naissance du calendrier Pirelli, qui présente des photographies de mannequins en tenue légère.

Les grèves surprises à Paris. *On prend sa voiture au lieu des transports en commun et on découvre la saturation. Les taxis sont pris d'assaut. Vitesse : 5,2 km/h rue Royale.*

Les vacances en camping

À partir de 1960, les Français ont la bougeotte. Pour des millions d'entre eux, les vacances d'été sont sacrées, mais, au moment du départ, les coffres des voitures se révèlent exigus, et les galeries de toit surchargées suscitent quelques inquiétudes. Nombreux sont donc les estivants qui adoptent la « cinquième roue », cette petite remorque à une seule roue qui permet d'emporter le surcroît de bagages. Toutefois, il ne faut pas rouler trop vite, car la petite roue porteuse atteint des vitesses angulaires étonnantes : si elle crève, tous les bagages se répandent sur la route.

Quand toute la famille part en camping, c'est une lourde contribution qui est demandée à la voiture, quelle que soit sa puissance, d'autant qu'avec trois puis quatre semaines officielles de congés payés, ce n'est plus seulement la mer qui attire les vacanciers. Les voitures partent aussi à la conquête des routes de montagne en

***La DS du général de Gaulle après l'attentat du Petit-Clamart,** dans la banlieue sud de Paris, en 1962. Sans doute, le Général avait-il raison de faire confiance à la DS, car la voiture, en dépit du pneu crevé, ne fit pas d'embardée. Réflexion du président : « Cette fois-ci, on a eu chaud. »*

***Affiche publicitaire de Raymond Savignac pour la R 4.** Un style épuré, une pointe d'humour.*

L'automobile et le cinéma

Tout le monde se souvient du film *le Corniaud* (1964), de Gérard Oury, dans lequel Louis de Funès, au volant de sa Rolls, emboutit la 2 CV de Bourvil, et remplace une roue de sa Cadillac rose sur la musique de *la Danza*. Dans d'autres films, Louis de Funès apparaît en compagnie d'une DS : dans *les Grandes Vacances* (1967), de Jean Girault, il conduit une DS 19, et dans *Fantômas* (1964), d'André Hunebelle, où il est le commissaire Juve, c'est Jean Marais, *alias* Fantômas, qui s'envole dans une DS blanche transformée. Les trouvailles les plus subtiles appartiennent néanmoins à Jacques Tati, qui raille, dans *Trafic* (1970), les travers de l'automobile tout en défendant l'idée de son utilisation à échelle « humaine » : le camping-car aux multiples gadgets de M. Hulot.

Dans la série des Gendarme, c'est la 2 CV qui est encore en vedette, le plus souvent associée à des religieuses très alertes.

hiver. Sur la neige, les conducteurs devront s'habituer à l'usage des chaînes et des pneus à clous, qui seront tolérés sans restriction pendant des années, malgré les dégradations occasionnées aux revêtements.

Affiche du Salon de l'auto de 1968. *L'automobile devient un concept.*

Gare aux gendarmes !

Après la crise du pétrole de 1973, le pilote Henri Pescarolo lance cette boutade : « En France, on n'a pas de pétrole, mais on a des gendarmes. » Il est vrai que de sévères mesures de répression sont prises, dès le milieu des années 1960, contre les chauffards. Les gendarmes peuvent leur retirer sur-le-champ leur permis de conduire et les obliger à rentrer en auto-stop.

Dans les villes, le sabot de Denver réserve une autre surprise aux contrevenants : le conducteur qui a mal garé son véhicule le retrouve immobilisé par cette invention diabolique. Ses victimes se consoleront auprès de Jean Yanne, qui leur expliquera, un peu plus tard, comment l'ouvrir avec une épingle à nourrice.

Avec les nouvelles réglementations, le conducteur ne manque pas de raisons de se plaindre. La vignette automobile, créée en 1956 pour alimenter le Fonds national de solidarité en faveur des personnes âgées, entretiendra pour longtemps les rancœurs des automobilistes, qui ont le sentiment d'être une « pompe à

Quelques dates

1965 Présentation de la Renault 16. La Panhard 24 CT est épaulée par une version plus longue, la 24 BT : ces deux voitures seront les derniers modèles construits par Panhard. Citroën lance la gamme des DS Pallas. Apparition de la première Peugeot à traction avant : la 204. Record du monde de vitesse automobile : Craig Breedlove atteint 966,57 km/h sur le Spirit of America.

1966 Sortie de la Renault 10, version allongée de la Renault 8.

1967 Présentation de la sportive bleue : la Renault 8 Gordini. Peugeot lance les cabriolets et les coupés 204. La conduite automobile passe à droite en Suède. Présentation de la première Matra au Salon de Genève. Apparition des premières japonaises, qui sont encore réservées au marché intérieur. Sortie de la première Simca à traction avant : la Simca 1100, aussi avant-gardiste que la Renault 16 et première voiture française à moteur transversal.

1968 Présentation de la petite sœur modernisée de la 2 CV : la Dyane, dessinée par Louis Bionnier, l'ancien styliste de Panhard. Un nouveau concept de voiture de vacances apparaît : la Citroën Méhari 3 CV.

Mai 1968, à Paris, entre Denfert-Rochereau et le Quartier latin.
« Les Français s'ennuient », titrait un éditorialiste d'un célèbre journal du soir, quelques jours avant Mai 68. Une explosion sociale dont les voitures sont les premières victimes.

finance ». En 1970, la ceinture de sécurité, qui n'est pas encore au point et qui tire-bouchonne dans les habitacles, sera rendue obligatoire sur les voitures neuves.

Enfin, les limitations de vitesse constituent un autre sujet de récriminations. Les automobilistes se plaignent que la vitesse soit limitée à 90 km/h sur les routes ordinaires, quel que soit leur état, et à 130 km/h sur autoroute, quelle que soit la catégorie du véhicule. À l'entrée des villages, bien des conducteurs regretteront de ne pas avoir aperçu les gendarmes, dissimulés à quelque distance du panneau qui limite la vitesse à 45 km/h…

Les balbutiements de la sécurité

Au début des années 1960, les constructeurs ne pratiquent pas encore les « crash tests », qui sont devenus communs aujourd'hui, et le public croit encore à des solutions simplistes pour améliorer la sécurité des voitures. Aux États-Unis, le designer Raymond Loewy se fait le chantre de ces voitures presque blindées dont il dessine les carrosseries. Seule la presse spécialisée se hasarde timidement à suggérer d'autres solutions, comme les tableaux de bord souples ou les hauts de pare-brise rembourrés. Avec la Dyna Z, Panhard est le premier constructeur qui s'engage dans cette direction.

*Le président Bercot, patron de Citroën, en couverture de l'*Express*, à l'automne 1965. La DS, âgée de dix ans, est maintenant une voiture de classe : en arrière-plan, la Pallas.*

Entre 1965 et 1970, le nombre et la gravité des accidents alertent cependant le monde médical, qui met les constructeurs devant leurs responsabilités. Avec le développement de la recherche, le mythe de la grosse voiture blindée s'effondre. Toutes les études le montrent : ce sont les colonnes de direction d'un seul tenant qui défoncent les poitrines ; ce sont les moteurs qui rentrent dans l'habitacle et qui cassent les jambes ; c'est le pavillon qui s'écrase sur les passagers. La nécessité s'impose de concevoir des voitures à déformabilité programmée, qui épargnent les passagers, et non la tôle : vingt ans de travail en perspective.

À Albi, un ingénieur…

Maurice Pezous réalise une petite voiture de course, la MEP X2, sur les bases d'une mécanique Citroën Ami 6 et d'une Panhard 24, après avoir conçu les plans d'un premier modèle en 1965. La voiture proto est essayée aux 24 Heures du Mans, en 1966. L'année suivante, une vingtaine de modèles pourront être montés grâce à Citroën, et courront à Albi à l'automne de la même année. Elles sont homologuées en 1969, pour participer aux courses dites « formule bleue ». Citroën crée une compétition spéciale pour ces modèles qui seront proposés au prix exceptionnel de 12 000 F. Près de 80 voitures seront construites de 1965 à 1969.

Le président Giscard d'Estaing n'hésitait pas à se montrer en public dans des situations peu habituelles. Le voici au volant d'une MEP, construite par Maurice Émile Pezous (le nom de la voiture correspond à ses initiales).

***1967, c'est la montée vers la gloire de Johnny Hallyday** (ici accompagné de Sylvie Vartan, au volant). Personne à l'époque ne pensait que la célébrité du chanteur durerait des décennies. Coup de pub, il est même question qu'il participe au rallye de Monte-Carlo.*

1961-1980

La fin du moteur arrière

C'est peut-être une question de technique, c'est aussi une question de style de vie. Si le succès de la Volkswagen Coccinelle puis de la Renault 4 CV avait consacré la solution du moteur à l'arrière, la tenue de route de ces voitures était insuffisante. Pour que les voitures à moteur arrière soient tout à fait sûres, il fallait le talent de conducteurs exceptionnels. Renault avait bien amélioré la tenue de route de la Dauphine, mais la voiture continuait de chasser de l'arrière. Avec la Simca 1000, lancée en 1961, le problème avait été aggravé par la présence d'un train avant à ressort à lames et d'un train arrière ondulant. Au début des années 1960, Renault prend conscience des inconvénients du moteur à l'arrière. La marque de Billancourt présente en 1961 la R4, une traction avant à suspension souple, puis améliore le guidage du train roulant sur la R8, la R10 et la R9 Gordini, qui seront les plus sûres des voitures à moteur arrière. En 1965, quand sort la Renault 16, on peut considérer que l'ère du « tout à l'arrière » est définitivement révolue.

Quelques dates

1969 Présentation de la Renault 6, fruit du mariage « consanguin » entre la R16 et la R4.
Citroën renouvelle la carrosserie de l'Ami 6, qui devient l'Ami 8. Peugeot lance la 504 10 CV, proposée en versions berline, coupé et cabriolet. Pour les poursuites sur autoroute, la gendarmerie est équipée de bolides Matra Djet VS.

1970 Lancement de la Renault 12. Présentation de la grosse Citroën SM, équipée d'un moteur Maserati. La Peugeot 204 est complétée par une version longue : la 304. Les Simca 1100 et 1300 sont commercialisées sous la marque Simca-Chrysler, alors que les modèles 160, 180 et 2 litres portent le label Chrysler. Apparition des premiers parcmètres. La vitesse est limitée à 120 km/h sur les routes nationales. La ceinture de sécurité est rendue obligatoire sur les voitures neuves.

1971 Apparition de la Renault 12 Gordini, une sportive aux deux bandes blanches qui s'inscrit dans la lignée de la Renault 8. Citroën lance sa première voiture moyenne depuis 1953 : la GS 6 CV. Première crise pétrolière entre Paris et Alger : Boumediene fixe le prix du baril à 3,62 dollars.

1972 Présentation des Renault 15 et 17, des nouveaux coupés construits sur la plate-forme de la Renault 12. Lancement de la Renault 5, concept révolutionnaire, qui fera école pendant plus de dix ans.
Le 22 avril, 5 000 cyclistes contestataires défilent dans Paris.

1973 Lancement de la Matra-Talbot Bagheera. Une Alpine Renault est championne des rallyes. Chez Citroën, la gamme DS s'enrichit d'une version haut de gamme : la DS 23. Présentation de la Peugeot 104. Filiale de Chrysler, Simca lance la Chrysler 160-180. Pescarolo et Larousse remportent les Vingt-Quatre Heures du Mans sur Matra-Simca. La vitesse est limitée à 100 km/h sur les routes ordinaires.

L'avènement du sport populaire

Dans les années 1960, la baisse du prix des voitures de course offre aux moins fortunés la possibilité d'accéder aux compétitions. Les jeunes pilotes sauront gré à la firme Renault de proposer des voitures qui, sans être bon marché, ne sont pas hors de prix : la Dauphine 1093, puis la Renault 8 Gordini, qui est vendue 11 500 F en 1966, soit quasiment le prix d'une R16.

De son côté, Citroën permet aux pilotes de s'initier aux rallyes au volant d'une 2 CV. Dès les années

1950, des compétitions sont organisées : la liaison Le Cap-Alger en 1953 (c'est encore la mécanique 375 cm³ qui est montée), puis l'année suivante, le Tour d'Afrique, l'expédition Canada-Terre de Feu et le Paris-Tokyo. Jusqu'en 1975, la marque au double chevron mettra sur pied de nombreuses compétitions. Au début des années 1970, les initiatives de Jacques Wolgensinger, qui a pris en main les relations publiques de la firme, assurent le succès des raids Citroën. Le Paris-Kaboul, qui emmène les concurrents sur les traces de la Croisière jaune des années 1920, sera le plus prestigieux.

***Ce modèle de 2 CV** a participé à divers raids et croisières entre 1960 et 1975.*

***Second raid Paris-Persépolis, en 1971, avec RTL.** 1 300 jeunes y participent.*

Les raids

Le raid Paris-Kaboul de 1970 avait été si populaire que Jacques Wolgensinger organisa, en 1970-1971, avec l'accord de l'Iran, un Paris-Persépolis.
Celui-ci sera suivi, en 1973, d'une opération 100 % africaine : un itinéraire Abidjan-Haute-Volta avec arrivée à Marseille et traversée du Hoggar et du Ténéré. Le nombre des participants était limité à 100.

Le sigle « croisière jeune » retrouvé sur une 2 CV.

Ballade pour une 2 CV. Affiche humoristique de Guy Téteau sur le thème du raid Afrique de 1973, organisé en collaboration avec RTL et Total.

Devant le succès des raids, le service des relations publiques de Citroën imagine d'organiser des épreuves plus populaires. À partir de 1972, le constructeur met sur pied les courses « 2 CV cross », qui durent deux jours. Tout a été pensé pour que ces épreuves, qui se déroulent sur des pistes en terre battue, ne ressemblent pas à des courses de stock-cars.

Le renouveau des sportives populaires

Durant les *golden sixties*, le sport automobile se démocratise. Les Austin-Healey et les Triumph sont oubliées : Renault impose l'image de ses voitures bleues, qui incarnent une nouvelle conception du sport automobile. La Renault 8

La Panhard 24 CT, lors d'une course de montagne, en 1965. *Cette voiture avait tout pour réussir, mais sa carrière s'arrêta prématurément, par volonté des patrons de Citroën.*

Gordini, qui fait rêver la jeune génération, contribuera pour beaucoup au succès des nouvelles compétitions. Le « magicien » Amédée Gordini a réussi à transfigurer la Renault 8, qui, tout en étant proposée à un prix raisonnable, a des performances convaincantes. En hommage au célèbre constructeur, la Coupe Gordini est créée en 1965.

De son côté, Panhard présente en 1964 une routière qui est une parfaite réussite esthétique : la 24 CT. L'absorption de Panhard par Citroën écourte la carrière de cette voiture, mais les ingénieurs des deux firmes travaillent un moment à la conception d'une nouvelle sportive, qui associe la plateforme de la DS et la carrosserie de la Panhard 24. Néanmoins, le projet ne dépassera pas le stade du prototype.

Une Renault 1093 Dauphine dans le Tour de Corse 1962. *Ces modèles disposent d'un moteur de 55 ch. La voiture n° 30 va gagner ce Tour, entre les mains des pilotes Orsini et Canonicci. Un modèle identique remporte la même année la Coupe des dames au rallye « Neige et glace ».*

La DS de Neyret et Terrarrossi dans l'East African Safari de 1965. *Son entretien ne peut être confié qu'à des spécialistes.*

Les débuts du karting

En 1960, de petits engins bas, à quatre roues, font une apparition discrète sur les pistes d'entraînement du bois de Vincennes, là où sera construite l'université.
Pendant quelques mois, *l'Auto-Journal* consacre de nombreux articles à ce nouveau sport : le go-kart, qui est à la fois un amusement et une pépinière de futurs pilotes. Le kart présente la particularité de ne posséder ni suspension, ni carrosserie, ni boîte de vitesses : l'essentiel du travail de sécurité est confié aux pneus. Quarante ans après, le karting est devenu un sport populaire qui a su conserver sa personnalité. Les pistes, comme celle de la N 19, à 40 km de Paris, en Seine-et-Marne, attirent toujours un grand nombre d'amateurs.

Les berlinettes Alpine

Entre 1955 et 1958, les premières Alpine sont montées sur des plates-formes de Renault 4 CV. À ces premiers modèles succèdent les coupés deux places, présentés au Salon de 1959 : la ligne avant présente déjà un profil plongeant. Puis vient la première berlinette, la « Tour de France » A 110, qui selon les versions sera équipée de quatre moteurs différents. Cette sportive indémodable se distinguera dans les compétitions, mais sera également utilisée par les gendarmes. Équipée de moteurs aussi divers que le 850 de la Dauphine ou l'excellent 1600 de la R 16 TX, elle sera construite jusqu'en 1976. En 1971, Renault lancera la A 310, dotée d'un moteur à l'arrière en porte à faux.

Cette Peugeot 404 Spéciale bat 40 records mondiaux du 4 au 14 juin 1965, sur l'autodrome de Montlhéry. *Elle parcourt 3 878,17 km à la moyenne de 161,6 km/h. Équipée d'un moteur à essence puis, dans un second temps, d'un diesel, de 2,2 litres, elle s'adjuge 22 records en 3 jours. Cinq pilotes se relaient aux commandes.*

Quelques dates

1974 Ballon d'essai sans suite : Citroën lance la GS birotor, équipée du moteur Wankel. Une Matra Simca 670 s'adjuge le titre mondial. La dix-millionième VW sort d'usine : c'est la première Golf. La vitesse est limitée à 90 km/h sur les routes ordinaires. Le prix du litre de carburant passe de 1,10 F à 1,75 F.

1975 Lancement de la Renault 30, équipée d'un moteur 6-cylindres. Citroën joue son va-tout : la CX 2000 remplace la DS, dont le dernier modèle sort le 24 avril. En pleine crise pétrolière, Peugeot lance la 604, une grosse V6. Simca sort une nouvelle voiture moyenne : la 1308, élue voiture de l'année. Niki Lauda est champion du monde.

1976 Lancement d'une Renault 5 en tenue sportive : l'Alpine. La grosse Renault 30 est épaulée par la Renault 20. Niki Lauda est victime d'un grave accident sur le circuit du Nürburgring.

1977 La Renault 12 est remplacée par la Renault 18. Lancement de la LN, qui associe la plate-forme de la Peugeot 104 coupé et le moteur de 602 cm^3 de la 2 CV Citroën. Présentation de la Matra Rancho, premier break de loisir, dérivé de la Simca 1100, qui sera construit jusqu'en 1984.

1978 Peugeot lance la 305, qui remplace la 204 et la 304. Le groupe PSA, qui avait réuni Peugeot et Citroën en 1975, rachète Chrysler France et ses filiales : la marque Simca est abandonnée et reprend le nom de Talbot. Lancement des Talbot 1300 et 1600.
La Renault Alpine remporte les Vingt-Quatre Heures du Mans.

1979 Lancement de la Renault 14. Citroën sort la Visa 4 CV, destinée à concurrencer la Peugeot 104. Peugeot présente la nouvelle version de la 104 : la 104 S. Sortie de la Peugeot 505 : une nouvelle carrosserie sur une plate-forme de 504.
Second choc pétrolier : le prix du pétrole double au cours de l'année. Premiers essais de ceinture gonflable aux États-Unis. Stan Barrett atteint la vitesse de 1 027 km/h sur la Budweiser Rocket.

1980 La Renault 5 est proposée dans une version cinq portes. La Citroën GS devient la GSA. Talbot-Matra lance la Murena, qui succède à la Bagheera. La guerre entre l'Iran et l'Irak accroît les incertitudes sur l'approvisionnement pétrolier.

Au même moment, le goût de la performance et de la technologie de pointe suscite la naissance d'une nouvelle marque : Matra, qui produira une sportive atypique. La firme, spécialisée par ailleurs dans la fabrication de missiles et de satellites, se donnera les moyens que des constructeurs sportifs comme Talbot ne pouvaient pas s'offrir dix ans plus tôt.

À quand les vraies autoroutes ?

Au début des années 1960 courait une plaisanterie : « En France, on n'a pas d'autoroutes, mais on a les plus belles bretelles. » En effet, de petits travaux étaient bien entrepris, mais en matière de réseaux, aucune politique d'envergure

n’était envisagée. Le seul tronçon d’autoroute datait d’avant-guerre : il partait de Saint-Cloud et aboutissait à la « route de Quarante Sous », qui menait vers Mantes-la-Jolie. Voté en 1960, le décret autorisant les péages allait pourtant débloquer la situation. En 1967, le tronçon Paris-Avallon est ouvert : c’est le début de l’autoroute A6. La France conserve néanmoins un énorme retard sur l’Allemagne et l’Italie. En 1969, le seuil des 1 000 km d’autoroutes est atteint, mais il faudra attendre 1975 pour que le réseau français soit à peu près à la hauteur de l’équipement européen.

Les feux tricolores *sont dotés depuis les années 1970 d’une signalétique lumineuse destinée aux piétons. Ici un modèle de 1980.*

Enfin les autoroutes existent… *Nous sommes en 1975, mais il reste encore à faire. La mauvaise habitude de délaisser la voie de droite est déjà prise. Une erreur sera commise par les concepteurs durant trente années : les retours de trois à deux voies, parfois à une seule comme sous les tunnels, dispositifs toujours générateurs de bouchons.*

Le président Georges Pompidou. *Il disait : « Les Français aiment la bagnole », et il l’adorait aussi. Le voici au volant d’une R 16 TS, allant inaugurer le tronçon d’autoroute Pouilly-en-Auxois-Mâcon. C’est sous sa présidence que les grands chantiers seront enfin ouverts, et que la France rattrapera son retard routier.*

L'ère de l'opulence

En 1960, le public regarde encore les voitures étrangères avec une certaine curiosité mais, cinq ans plus tard, plus personne ne trouve anormal de rouler en Ford Taunus ou en Opel Rekord. Petit à petit, la Coccinelle trouve aussi sa clientèle sur le marché européen, après avoir réussi une percée spectaculaire aux États-Unis.

Le succès des marques européennes

Durant les années 1960 et 1970, Fiat consolide ses positions en Europe. Aux deux extrémités de la gamme, le constructeur italien propose des valeurs sûres : la petite Fiat 500, nouvelle héritière de la Topolino, et la Fiat 124 Sport, un modèle qui n'a pas d'équivalent en France. Fiat s'implante alors solidement sur le marché français, où ses modèles viennent compléter les gammes nationales, sans battre en brèche leur suprématie.

En Allemagne, Ford, BMW, Opel, Volkswagen et Mercedes Benz tiennent le haut du pavé. Alors que Ford dote sa nouvelle Taunus d'une ligne « coup de vent », Volkswagen confirme le succès de la Coccinelle. De son côté, BMW renouvelle complètement sa gamme en lançant la 1 500 en 1962, puis la 2 500 en 1968.

En Grande-Bretagne, le phénomène de concentration, qui s'est manifesté dès les années 1950, s'accélère. En 1968, le groupe British Leyland réunit British Motor (Austin, Morris, Wolseley, Austin Healey), Rover et Leyland. La Mini d'Alec Issigonis, lancée en 1959, s'impose comme un des modèles les plus appréciés du groupe : malgré l'inconfort de sa suspension, cette petite voiture se taille une place exceptionnelle sur le marché des voitures de ville. Qu'il s'agisse des

__La Ford Edsel.__ Délire de chromes et de couleurs : c'est l'automobile américaine des années 1957-1958. Mais elle ne tarda pas à connaître un échec commercial.

__La Fiat 500.__ Lancée en 1957, elle est la seule petite voiture qui s'impose, durant les deux décennies suivantes, sans rencontrer de véritable concurrence. Avec la Topolino, la 600 et la 500, Fiat sera, pendant un demi-siècle, le champion de la catégorie inférieure à 4 CV.

Les Porsche. *Au fil des ans, Porsche est devenu une marque de référence sur le marché des voitures de sport. Si la première 356 A n'est qu'une Volkswagen surbaissée en tenue de sport, la 356 B de 1959 et la 911 de 1964 imposent la silhouette caractéristique des Porsche. Seule la 914, construite sous la marque Porsche-Volkswagen entre 1970 et 1975, ne connaît qu'un modeste succès.*

L'affaire de la Chevrolet Corvair

Aux États-Unis, le début des années 1960 coïncide avec un changement de cap : les voitures de classe moyenne, comme la Ford Falcon ou la Chrysler Valiant Compact, remplacent les monstres aux formes agressives de la fin des années 1950. En 1960, Chevrolet lance la Corvair, équipée d'un six-cylindres à plat de 80 ch, d'une coque autoporteuse et d'une suspension à roues indépendantes. Sans doute influencé par les petites européennes (Renault, Fiat, Volkswagen), le constructeur américain opte pour le moteur arrière à refroidissement par air, mais déclenche aussitôt une vive controverse. Grand défenseur des consommateurs américains, l'avocat Ralph Nader dénonce les dangers du moteur à l'arrière et condamne la Chevrolet Corvair. Malgré le retentissement de l'affaire, la voiture obtient un immense succès international.

Le tableau de bord de la Ford Mustang. *Il est représentatif du style qui prévaut outre-Atlantique. Présentée en 1964, la Mustang succède à la célèbre Thunderbird. Malgré ses allures sportives, la voiture américaine a renoncé depuis longtemps au changement de vitesses : la boîte est automatique.*

La Citroën Mehari, présentée à Fidel Castro. *Cette voiture de loisirs, intelligente et pratique, ne réussira pas à s'imposer en Amérique centrale, car sa structure et sa carrosserie de plastique ne sont pas assez robustes.*

L'Excalibur. *Cette énorme voiture qui s'inspire des Mercedes Kompressor des années 1930-1940 est destinée, dans les années 1970, à un public soucieux de se distinguer par l'originalité de son véhicule.*

Une Tatra. *Équipé d'un moteur à l'arrière, ce modèle du constructeur tchèque est destiné aux dignitaires du régime. En Tchécoslovaquie, seules les Skoda sont exportées : elles sont vendues dans les pays d'Europe occidentale à des prix particulièrement bas.*

modèles courants ou des voitures de luxe, le public français continue d'apprécier la finition des voitures anglaises et ne leur tient pas rigueur des faiblesses de leurs circuits électriques.

L'arrivée des voitures japonaises

Au début des années 1960, Honda prend pied sur le marché automobile. Le public français découvre les petites Honda à partir de 1964 : présentées au Salon de l'automobile de Genève, la N 600 et la S 600 suscitent d'abord des réserves. Les premières Honda se révèlent fragiles : comme les motos, elles exigent un entretien soigné et régulier, auquel l'usager français n'est pas habitué.

Dans le courant des années 1970, le constructeur japonais modifie sa stratégie : la Honda Civic, présentée en 1972, puis la Honda Accord, lancée en 1976, réussissent à convaincre le public. Après 1975, les firmes Mazda et Nissan-Datsun parviennent, en dépit du contingentement, à s'implanter sur le marché français, en présentant des modèles de moyenne gamme.

Au même moment, l'Afrique, l'Asie et l'Amérique du Sud sont les marchés de prédilection des constructeurs japonais. Plus particulièrement, dans les pays chauds d'Asie et d'Afrique, les firmes nipponnes

La Coccinelle. *En France, la petite Volkswagen connaît d'abord un succès timide, avant de séduire, dans les années 1960, une clientèle soucieuse de robustesse. En Allemagne, la production sera arrêtée en 1975, année du lancement de la Golf.*

La Honda S 300. *Présentée en 1968, cette petite voiture est équipée d'un moteur de 600 cm^3 et de 57 ch qui lui permet d'atteindre 150 km/h. À l'époque, les spécialistes restent interloqués, et la voiture asiatique n'est pas encore prise au sérieux. Quelques années plus tard, les voitures japonaises s'imposeront comme de nouvelles concurrentes pour les européennes.*

La Ford Taunus 12 M. *C'est la première traction avant de grande série à être construite en Allemagne après la guerre. Fabriquée entre 1962 et 1966, cette voiture sous-motorisée sera remplacée par le modèle 15 M, plus puissant. Durant des années, Ford Allemagne et Ford Angleterre resteront fidèles à propulsion arrière.*

Quelques statistiques

Avant 1965, la production mondiale tourne autour de 12,5 millions d'automobiles. En 1962, l'Allemagne en produit déjà 2 millions. Au total, 104 millions de voitures particulières sillonnent les routes et les pistes du monde. Plus de 72 millions de voitures roulent sur le territoire américain, et 28 millions en Europe occidentale. Les pays du bloc soviétique, qui s'étend de Berlin à Vladivostok, ne comptent que 1,3 million de voitures particulières.

Dans les années 1960, l'habitude se répand d'estimer le prix du kilo d'automobile roulante : si la Renault 4 coûte 8,50 F le kilo et la 404 Peugeot 8,70 F, le prix au kilo d'une Simca Étoile est seulement de 6,80 F. En s'appuyant sur ces résultats, on peut montrer que l'automobile est le produit manufacturé le plus compétitif : le prix au kilo d'une bicyclette est en effet de 20 F, celui d'une paire de chaussures de 80 F.

prennent une longueur d'avance sur les constructeurs européens en proposant pour la première fois des climatisations à des prix raisonnables.

La fin des personnalités nationales

Au début des années 1960, la conception sur ordinateur balbutie encore, mais vingt ans plus tard, elle se généralise : les voitures de la planète finissent toutes par se ressembler. Confrontés à l'obligation de réduire leurs coûts de production, les constructeurs automobiles sont également soumis à des normes de sécurité internationales : tout contribue à rapprocher les modèles des différentes marques.

Si les constructeurs américains renouent avec le style des grands « paquebots » de la route, Ford, Chrysler et General Motors s'efforcent également de concevoir pour le marché européen des voitures moyennes, dont s'inspirent aussi les constructeurs japonais. C'est en Allemagne et en Grande-Bretagne que sont montés, au début des années 1970, les premiers modèles préfigurant les voitures de la mondialisation : la Plymouth Cricket ou la Chrysler Rapier, identique à la Chrysler Simca 1301-1501.

Les années 1970-1980 consacrent le succès des lignes tendues, tout à l'opposé des formes fluides et arrondies qui s'imposeront dans les années 1990. Quelques marques résistent néanmoins au mouvement d'uniformisation : Citroën en France, Mercedes Benz et BMW en Allemagne, et Jaguar en Grande-Bretagne continuent d'innover sans adhérer aux canons internationaux.

La Mercedes 300. *Dès 1953, Mercedes s'est imposé comme une référence sur le marché des berlines de luxe. Dans la série 300, le constructeur allemand propose des coupés sportifs, des cabriolets et les splendides limousines « Adenauer », très appréciées par le premier chancelier de la République fédérale.*

La Volga. *À partir de 1955, l'Union soviétique commence à exporter des voitures vers l'Europe occidentale. Vendue en Belgique et aux Pays-Bas, la Volga s'inspire des américaines de l'époque : cette version rappelle la Ford 52.*

L'Opel Rekord. *Filiale allemande de General Motors, Opel produit, entre 1963 et 1973, des modèles qui connaîtront un beau succès en France. Lancée en 1963, l'Opel Rekord succède à l'Olympia en prenant du volume et de la puissance.*

La BMW 507. *Alors que le marché de la voiture de luxe s'effondrait en France, Mercedes et BMW s'imposent en Allemagne comme les spécialistes du haut de gamme. La 507 est un des premiers modèles sportifs construits par BMW après la guerre.*

L'intensification du trafic

La circulation s'intensifie et progresse plus vite que l'état d'esprit des usagers et que l'équipement. C'est pourtant l'époque de la véritable construction d'un réseau routier qui soit enfin moderne.

Le calvaire des embouteillages

Dans la seconde moitié des années 1960, les plaisirs de la conduite sont de plus en plus diminués par l'intensification du trafic et par l'insuffisance du réseau routier, qui reste dangereux. Le soir, les embouteillages immobilisent la circulation dans le centre des villes. Devant l'indiscipline persistante des conducteurs, le service d'ordre est souvent désemparé et se contente de verbaliser. La génération des automobilistes qui ont connu la route « avant la guerre » continue de pratiquer la conduite à l'invective et aux avertisseurs : c'est par l'intimidation qu'ils s'attribuent la priorité. À Paris, le problème des embouteillages est de plus en plus préoccupant : ainsi, à l'approche des fêtes de Noël, il vaut mieux ne pas s'aventurer dans le quartier de l'Opéra.

Le chantier d'une autoroute. *Le programme autoroutier des années 1965-1975 se heurte à de nombreuses difficultés : les travaux, en particulier dans le Sud, sont plus longs et plus onéreux que prévu. En 1978, les chantiers ne sont pas encore terminés, mais l'ampleur des travaux force l'admiration.*

au volant...

Les municipalités apportent de timides solutions à l'inconfort de la circulation. Malgré les campagnes de protestation de la presse spécialisée, les horodateurs fleurissent comme perce-neige en fin d'hiver. La multiplication des feux tricolores et la matérialisation des voies de circulation sont d'autres améliorations, mais les villes manquent encore de parkings souterrains.

Le développement du réseau des autoroutes permettra de soulager le trafic, mais quand un tronçon inachevé débouche sur un rétrécissement, l'automobiliste se retrouve prisonnier des embouteillages. Bref, tout n'est pas rose au pays de l'automobile. Après la crise du pétrole de 1974, c'est le prix du carburant qui s'ajoutera aux préoccupations des conducteurs.

Un serveur sur patins à roulettes. *Entre 1965 et 1970, les grandes marques de carburants se disputent le marché à coups de campagnes publicitaires. Entre les marques, les différences de prix sont dérisoires : ce sont les distributions de cadeaux qui serviront à appâter le client.*

La route en chansons

Les temps ont bien changé depuis que Jo Dassin observait sa voisine dans les embouteillages parisiens de la place de la Concorde. En 1968, au moment où les usagers font la queue devant les pompes à essence, Yves Montand chante *À bicyclette*. On se souvient aussi de la musique lancinante du film *Un homme et une femme* (1966), de Claude Lelouch, dans lequel Jean-Louis Trintignant conduit une Ford Mustang.

Paris à la fin des années 1960. *Le trafic est plus fluide : la voie sur berges est ouverte, et la voie ouest-est relie, sans feu rouge, la place de Varsovie à la place de la Concorde.*

La circulation dans Paris au milieu des années 1960. *Les taxis Peugeot 403, les Renault 8 et les Peugeot 204 se disputent l'avenue des Champs-Élysées. L'amélioration du réseau routier n'a pas été aussi rapide que l'extension du parc automobile, mais on travaille d'arrache-pied à la construction des voies sur berge, qui permettront d'améliorer la circulation dans le sens est-ouest.*

Points forts et points faibles

Le moteur de la Renault 8 Gordini *dans sa version 1100 cm³ de 1965. Dotée de quatre carburateurs, cette version « gonflée » développe néanmoins 90 ch.*

Alors que les mécaniques sont de plus en plus fiables, les carrosseries de cette période laissent souvent à désirer quant à leur résistance et même à la qualité des matières employées. À partir de 1980, une nouvelle ère de séduction commencera…

Moteurs à injection et freins à disque

Dans le domaine des moteurs, c'est l'introduction du système à injection qui constitue la principale innovation de la période. Les carburateurs abandonnent du terrain aux injecteurs, dont la firme Bosch s'est fait une spécialité. La Peugeot 404 est la première voiture française à être équipée d'un moteur à injection, qui démontre aussitôt sa supériorité. L'arrivée du système à injection électronique, qui équipe la DS 23, constituera une nouvelle amélioration.

En 1955, le lancement de la DS consacre l'avènement des freins à disque de série. Moins sensibles aux dilatations provoquées par l'échauffement, les freins à disque rendent le freinage plus efficace à grande vitesse. Leur inconvénient réside dans l'absence d'effet d'engagement : à la différence des freins à tambour, les freins à disque n'aident pas le conducteur dans son geste.

Entre 1960 et 1968, tous les constructeurs finiront par les adopter. Après la Renault 8, équipée de quatre freins à disque, Simca et Panhard optent pour cette solution. Peugeot, qui monte des freins à disque sur la 404, sera le dernier constructeur à se laisser convaincre. Si la plupart des constructeurs conservent les freins à tambour à l'arrière, presque toutes les voitures seront équipées, à la fin des années 1970, de freins à disque à l'avant.

Les nouveaux phares

Si les voitures françaises conservent encore et pour longtemps leurs phares jaunes, l'arrivée des lampes à halogène améliore considérablement l'éclairage.
D'abord réservées aux phares additionnels, les lampes à halogène finiront par équiper aussi les phares principaux. Au même moment, les phares ronds sont remplacés par des phares rectangulaires ou trapézoïdaux, qui permettent un éclairage latéral et frontal, sans qu'une partie de la lumière ne se perde vers le haut. Ces nouveaux phares apparaissent sur la Peugeot 204, sur la 2 CV et sur les Renault 5, 12 et 16.

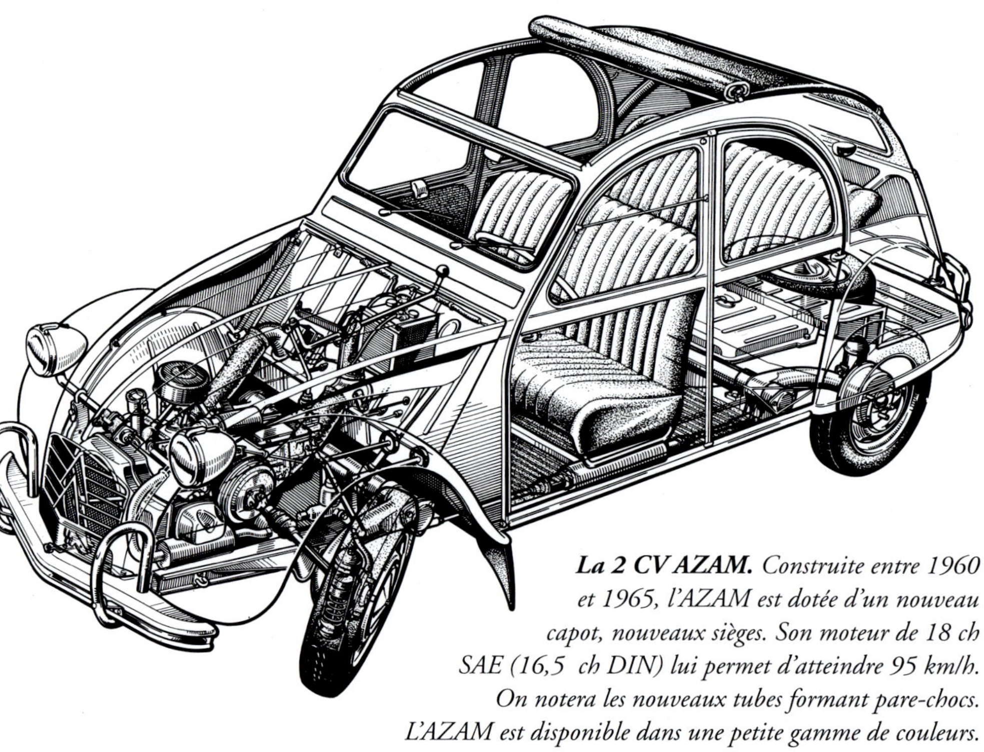

La 2 CV AZAM. *Construite entre 1960 et 1965, l'AZAM est dotée d'un nouveau capot, nouveaux sièges. Son moteur de 18 ch SAE (16,5 ch DIN) lui permet d'atteindre 95 km/h. On notera les nouveaux tubes formant pare-chocs. L'AZAM est disponible dans une petite gamme de couleurs.*

levez les capots !

La Renault Floride **1100.** *Son caractère transformable est apprécié de la clientèle : cabriolet l'été, coupé l'hiver, ce type de voiture a vite fait de disparaître des catalogues quand des normes de sécurité plus sévères seront imposées.*

Les constructeurs ont eu le tort de chercher à réaliser des économies au moment où les usagers, subissant les conséquences de la crise, ne sont plus disposés à changer de voiture tous les deux ans. Dans le courant des années 1970, des mesures draconiennes, comme le trempage au bain de zinc, permettront néanmoins de limiter les dégâts. À ce moment, les « caisses » sont de plus en plus banalisées : les accessoires plastiques des sièges et des tableaux de bord, qui sombrent dans la grisaille, leur enlèvent toute séduction.

Les carrosseries qui se « piquent »

Entre 1970 et 1980, les constructeurs traversent une mauvaise passe, car les carrosseries se corrodent rapidement. Rares sont les marques qui échappent à ce défaut : la corrosion atteint même les meilleurs modèles. Le magazine *l'Automobile* en dresse un bilan préoccupant : la suspension arrière des vieilles Renault 16 bâille, et les ailes des Renault 4 sont complètement rouillées à l'intérieur ; le même phénomène se retrouve chez Peugeot et chez presque tous les fabricants étrangers.

La plus grosse Citroën jamais construite. *Lancée en 1970, la Citroën SM est l'une des plus prestigieuses voitures de la décennie. Dotée d'une direction assistée, d'excellentes performances et d'un capot conquérant, elle est néanmoins trop coûteuse (vignette 15 CV, 14 litres aux 100 km) ; sa production sera arrêtée en 1975.*

La DS 21

Présentée en 1966, la DS 21 succède à la DS 19 de 1955. Les mauvais esprits la considèrent comme une usine à gaz. Toujours disponible, la commande hydraulique de vitesses est délaissée par la clientèle, qui lui préfère le levier de vitesses au volant. De la DS 21 à la DS 23 à injection électronique, les performances seront sensiblement améliorées : la vitesse de pointe passera de 145 km/h en 1960 à près de 200 km/h en 1975. Les phares orientables apparaîtront en 1968.

On va de plus en plus vite : les signaux d'alerte se multiplient sur les tableaux de bord de la DS. Le témoin lumineux rouge, qui synthétise les alertes allumage et circuit d'huile, impose un arrêt absolu. Sur le compteur de vitesse, à droite, les distances d'arrêt sont indiquées, de façon à tempérer l'ardeur des conducteurs.

L'accélération de la production

Si la période de croissance des années 1960 est interrompue par le choc pétrolier de 1974, la crise n'a pas tué l'automobile : elle a simplement changé l'esprit des conducteurs. Au cours de cette période, la production automobile s'accélère : les gammes n'ont jamais été aussi riches.

La Simca Ariane 1962.

Lorsqu'en 1956 il lança l'Ariane, en pleine crise de Suez, le constructeur n'imaginait pas qu'elle finirait aussi bien sa carrière. Des améliorations en ont fait une familiale équilibrée : la puissance du dernier moteur 1300 a été augmentée, et le confort intérieur a été amélioré. Le sigle Miramas rappelle les records auxquels Simca vient d'attacher son nom.

La Citroën Dyane.
Cette 2 CV modernisée est équipée de phares intégrés aux ailes, mais ses portes en creux lui donnent une silhouette un peu étriquée. Vendue 1 000 F de plus qu'une 2 CV, la Dyane est destinée à une clientèle dont l'esthétique n'est pas la première préoccupation. À la fin de sa carrière, elle sera proposée dans une version caban.

Le break AMI 6.
Pratique et accessible, il offre une très bonne habitabilité pour des 3 CV, et son comportement est excellent sur toutes les routes et sur tous les chemins.
Ce modèle sera construit jusqu'en 1978. Seule la position de la lunette distingue le break Ami 8 de la version berline.

Les nouvelles Citroën : l'Ami 6 et la Dyane

Le souci du confort et de l'économie caractérise les héritières de la 2 CV : l'Ami 6 et la Dyane, qui renouvellent la gamme Citroën dans le courant des années 1960.
Présentée en avril 1961 dans un coloris bleu clair, l'Ami 6 est une berline qui se distingue par des sièges extraordinairement moelleux et par une suspension améliorée, mais qui subira, dès l'année suivante, la concurrence de la Renault 4 L.
Disponible dans une version break à partir de 1965, l'Ami 6 sera remplacée en 1969 par l'Ami 8, dotée d'une nouvelle carrosserie.
Parallèlement, Louis Bionnier, le créateur de la Panhard 24, dessine en un temps record la Dyane, sœur cadette de la 2 CV. Les premiers travaux de Bionnier remontent à 1921 : quand il travaille sur la version modernisée de la 2 CV, il a donc près de quarante-cinq années d'expérience. Construite entre 1968 et 1979, la Dyane connaîtra une carrière éphémère, à laquelle mettra fin le lancement de la Visa, fille du mariage Peugeot-Citroën.

La Citroën M 35.

Ce coupé aux allures d'Ami 6 appartient à une série limitée de modèles expérimentaux lancés en 1970. Son moteur Wankel rotatif de 49 ch lui permet d'atteindre 145 km/h. Des clients cobayes triés sur le volet participent aux essais : leur voiture est numérotée de façon bien visible. Vendu 14000 F, ce laboratoire roulant restera sans suite.

La Simca 1000.

Destinée à concurrencer la Dauphine, la Simca 1000 subira la concurrence d'une autre Renault : la R 8, dotée d'un nouveau moteur.
En ces années de grand renouveau, la Simca 1000 présente pourtant de sérieux atouts : un prix raisonnable, une bonne visibilité, une excellence boîte de vitesses et une direction légère.

La Simca 1000 coupé.

La silhouette effilée de ce coupé, dessiné et construit par Bertone, contraste avec les formes cubiques de la Simca 1000. Destinée à concurrencer la Renault Floride 1100, cette voiture est vendue 12000 F, mais n'est pas transformable comme la Renault. Son succès restera donc plutôt modeste.

La Simca 1300.

Sobre, sans faute de goût, sans défaut majeur, spacieuse, fiable et assez économique, cette voiture fera une belle carrière et sera construite jusqu'à ce que Simca soit absorbé par Chrysler. Lancée en 1963, elle sera épaulée l'année suivante par la 1500, plus brillante mais plus gourmande.

1960 : la Peugeot 404

Au printemps 1960, le lancement de cette berline 9 CV étonne une partie du public. Pourquoi remplacer la séduisante 403, qui n'a que cinq ans d'existence ? C'est que Peugeot ne veut pas rester cantonné dans la gamme des voitures moyennes : avec la 404, il entend accéder à la catégorie supérieure.

Si la Peugeot 404 se distingue de son aînée par certaines innovations, ses lignes dégagent une impression de déjà-vu : dessinée par Pininfarina, la nouvelle Peugeot rappelle certaines berlines anglaises de l'époque. Équipée d'un moteur de 1 618 cm^3 de 72 ch, la Peugeot 404 pèse 1 070 kg et atteint 140 km/h. Dans sa première version, elle reste fidèle aux freins à tambour. Au cours de sa belle carrière, la Peugeot 404 connaîtra de nombreuses déclinaisons. Le cabriolet, ainsi que la version Super Luxe de la berline, avec intérieur cuir et peinture métallisée, sont présentés en 1962. Le moteur à injection, qui permet d'améliorer considérablement les performances, sera proposé sur les versions berline et cabriolet. En 1963, Peugeot présente le break, qui sera aussi disponible en version Super Luxe. Une version du break sera équipée du moteur Diesel 7 CV.
En 1964, la Peugeot 404 est proposée en huit modèles différents, dont une berline Diesel 8 CV, plus puissante que le break, qui fera le bonheur des chauffeurs de taxis. En 1967, de nouveaux aménagements offrent une cure de jouvence à la gamme des Peugeot 404 : les freins à disque sont montés sur le modèle de base, alors que les autres versions sont équipées de tambours « thermostables ». En 1969, le lancement de la 504 n'interrompt pas la carrière de la 404, qui se poursuivra jusqu'en 1971.

La première version de la Peugeot 404. *Ce modèle est équipé de phares antibrouillard additionnels et d'une galerie de toit. Outre la version orange qui servit au lancement de la voiture, Peugeot proposa des versions noire, bleue, gris tourterelle et vert pistache clair.*

La 404, rivale de la DS ?

En 1959, la 203 est encore fabriquée, et la 403 connaît un très beau succès commercial, mais Peugeot se sent dominé, dans la gamme supérieure, par l'ID et la DS de la firme au double chevron. C'est dans ce contexte qu'est présentée, au printemps 1960, la 404. Vendue 9 000 F, cette nouvelle Peugeot roule à 140 km/h.

Les raisons d'un succès

Un cabriolet discret et élégant. *Dessiné par Pininfarina, il est bien proportionné, discret et élégant. Dès le printemps 1962, une version équipée d'un moteur à injection est disponible : vendue 18 000 F, elle frôle les 160 km/h. On notera la qualité de la finition intérieure, le tableau de bord, qui diffère de celui de la berline, ainsi que le levier au volant. Dès 1964, la gamme est complété par un coupé.*

La Peugeot 404 break, *dans sa version de 1967, équipée des nouveaux freins. Le break existera en plusieurs finitions, dont la version Super Luxe. À l'arrière, la voiture offre des places supplémentaires (sept personnes au total) ou un vaste espace à bagages.*

La Peugeot 404 berline. *Elle est proposée à partir de 1967 en deux mécanisations : la 9 CV, et la 8 CV, qui offre à la clientèle une version plus économique. À la fin de leur carrière, ces modèles sont vendus 12 700 F, prix qui les rapprochent de la Renault 16.*

L'intérieur soigné de la Peugeot 404 berline de 1969. *Volant, sellerie, tableau de bord : tout a été renouvelé. La finition est particulièrement soignée. Les poignées ont disparu, et les manivelles des lève-glaces sont en matériaux souples. Spécialité de Peugeot, le toit ouvrant est toujours disponible.*

La 204, première Peugeot à traction avant

En 1965, Peugeot crée l'événement en présentant son premier modèle à traction avant : cette nouvelle 6 CV porte le nom de Peugeot 204. Le modèle, qui se situe dans la catégorie des Simca P60 et des Peugeot 203, répond aux attentes du public. Si le tableau de bord et les feux arrière, qui sont trop centrés, ne sont guère esthétiques, ces petits défauts seront corrigés dès 1967. Malgré ces légères imperfections, la Peugeot 204 présente de nombreuses qualités : au volant, on n'a pas l'impression de conduire une 1 100 cm³. Enrichie de modèles complémentaires (break, cabriolet, coupé), la gamme poursuivra sa carrière jusqu'en 1977. La réussite de cette voiture incitera le constructeur à en dériver un nouveau modèle : la Peugeot 304, présentée en 1969, qui connaîtra également un joli succès.

La toute nouvelle Peugeot 6 CV n'est pas exactement la cadette de la 203. On la rangerait plutôt dans une catégorie inférieure, mais le nombre des innovations est impressionnant. Dans la catégorie des 6 CV fiscaux, elle se distingue par sa remarquable habitabilité et par son excellente plate-forme.

Le cabriolet hard-top de 1968. Rassuré par les débuts prometteurs de la 204, Peugeot lance des versions « jeunes » et un peu sportives : un cabriolet hard-top transformable en coupé et un authentique coupé, qui peut aussi se transformer en petit break. Deux modèles assurés d'un beau succès.

La Simca Abarth. Suivant l'exemple de Renault et de Gordini, Simca et Abarth travaillent ensemble à la conception de quelques beaux modèles : ce coupé de 1965 est créé sur la plate-forme de la Simca 1300. Abarth a tiré le meilleur du moteur de 1 300 cm³, qui développe 125 ch à 7 000 tours/min.

La Panhard 24 BT.

Plus spacieuse que la 24 CT de 1963, la BT de 1965 est une version longue : l'empattement est allongé de 25 cm. Appréciée des représentants de commerce parce que peu gourmande et spacieuse, cette voiture présente une série de nouveautés : lignes tendues, commandes rationnelles, climatisation élaborée, doubles phares sous capote transparente, montants de glaces renforçant la caisse.
La BT est équipée de quatre freins à disque et du moteur Tigre.

La Panhard CD. Vedette des Salons de 1962 et 1963, la Panhard CD, qui porte les initiales de son constructeur, Charles Deutsch, est bâtie sur la plate-forme de la Panhard PL 17. Doté d'une carrosserie avant-gardiste, ce coupé se distingue par son aérodynamisme : le coefficient de pénétration dans l'air est de 0,13. Le châssis a disparu : c'est une poutre centrale qui le remplace. Sur une CD équipée d'un petit moteur de 702 cm^3, Charles Deutsch atteignit la vitesse de 206 km/h.

La Facel 1964.

La berline Excellence, présentée pour la première fois en 1962, est la plus luxueuse des voitures françaises de l'époque, mais sa production se limitera à quelques rares exemplaires, particulièrement coûteux. Le moteur, un Chrysler de 36 CV fiscaux, emmène cette voiture de 2 tonnes à 200 km/h.

La R8 et la R10. Lancée en 1965, la R10 (au premier plan) est la version allongée de la R8 (au second plan), mais l'empattement est resté le même, ce qui explique le fort porte-à-faux avant et arrière. Les portes restent étroites, et l'habitabilité n'est guère améliorée. La finition coquette de la Renault 10 ne suffira pas à compenser les défauts de son habitacle et à faire face à la concurrence de la Peugeot 204. Dernière voiture française à moteur arrière, la Renault 10 sera construite jusqu'en 1971.

La Citroën DS. Dans le courant des années 1960, beaucoup de carrossiers travaillent sur les bases de la Citroën DS. Le premier coupé est réalisé par Chapron ; le second est signé Bossaert. Ce modèle, qui porte le nom flatteur de GT 19, est une des plus belles transformations de la DS. Le dessin est dû à Pietro Frua.

1961 : la Renault 4

La Renault 4 fut sans doute l'une des voitures les plus pratiques qui furent construites au cours des cinquante dernières années. Si la petite Renault ne présente pas le caractère mythique de la 2 CV, elle n'en a pas moins rendu les mêmes services, durant trois générations. Aujourd'hui, aucun modèle ne l'a réellement remplacée.

L'histoire de la Renault 4 commence à la fin des années 1950. Dès l'été 1958, les lecteurs de *l'Auto-Journal* découvrent les photographies du prototype expérimental. La voiture sort à l'automne 1961 : comme en 1956, au moment du lancement de la Dauphine, de nombreux modèles sont déjà fabriqués et peuvent être essayés par les clients. Héritant du moteur de la 4 CV, qui donnera toute satisfaction sur cette voiture légère, la 4 L, nom du modèle le plus courant, récolte un succès immédiat. Renault propose aussi une version 3 CV, ainsi qu'une version utilitaire, privée de glaces latérales à l'arrière. Néanmoins, seuls les modèles familiaux à six glaces emporteront un réel succès. Lancée en 1962, une version de luxe, équipée d'un hayon rabattable vers le bas, connaîtra une carrière éphémère. La plateforme de la Renault 4 est simple et nette, et la suspension à barres de torsion offre un confort jamais obtenu sur une petite voiture. La tenue de route, l'habitabilité, l'accessibilité, la souplesse de la direction et le caractère transformable de la voiture seront également très appréciés. Cependant, la volonté d'imiter la 2 CV est à l'origine de quelques défauts : la visibilité est moyenne, la boîte à trois vitesses est un peu décevante quand la voiture est chargée, et l'aération est insuffisante par temps très chaud.

La R4 Parisienne : une jolie version avec habillage peint, façon tissu écossais ou cannage. Son moteur 5 CV de 850 cm³ la distingue aussi des modèles ordinaires. Elle sera produite jusqu'en 1968.

Une voiture jeune

Avec le temps, la Renault 4 devient de plus en plus une voiture de jeunes car son prix baisse. En 1968, elle est dotée d'une nouvelle calandre, d'un tableau de bord plus soigné et, surtout, d'une boîte à 4 vitesses. En 1972, la cylindrée est légèrement augmentée : 782 cm³. En 1975, la calandre est renouvelée. Au même moment, Renault lance le modèle Safari, qui mise autant sur l'aventure que sur les avantages d'une voiture utilitaire. Présentée en 1978, la version GTL est équipée du moteur 1 100 cm³, qui avait fait les beaux jours de la R8.

Quelques modèles historiques

La Renault 4 Super. *Lancée en 1962, elle dispose de banquettes soignées et, à l'arrière, d'une grande glace rétractable. Son moteur de 32 ch en fait une voiture plus puissante que la R3 (22,5 ch) et la R4 (27 ch).*

La 4 L de la gendarmerie. *Ce modèle des années 1976-1980 ne possède que deux glaces coulissantes : en été, c'est un véritable four.*

La petite Renault et les manifestations routières : *ici, une concurrente du Paris-Madrid-Paris de 1964.*

La Renault 4 Plein Air, version décapotée. *Construite par Sinpar sur la plateforme de la 4 L, la Renault 4 Plein Air est lancée en 1968. La sortie de la Rodéo, elle-même construite sur la plateforme de la 4 L, mettra fin à sa carrière.*

Le luxe sportif et abordable

Aux grosses voitures de sport des années 1950 et 1960, réservées à une clientèle très fortunée, succèdent des sportives plus abordables : les Facellia et, dans une certaine mesure, les Matra.
Dotée d'une ligne originale, la Facellia est une sportive à deux-trois places. Sortie des usines de Pont-à-Mousson en 1960, elle sera fabriquée jusqu'en 1964. Hélas, la marque créée par Jean Daninos est en proie à de graves difficultés financières. Présenté en 1963 sous le nom de Facel III, le dernier modèle sera proposé dans des versions cabriolet hard-top et coupé quatre places.

Les Matra. Proposées en jaune puis en orange, les premières Matra se distinguent par l'originalité de leur ligne : les publicités de l'époque s'extasient devant leur « gueule de pirate ». Équipées d'un moteur placé au centre, ces voitures profiteront de l'excellente réputation que Matra s'est forgée dans la compétition automobile. Les premiers moteurs, construits par Renault, seront remplacés par des mécaniques fabriquées par Simca-Chrysler.

Les Facel. La Facellia, dont le nom rappelle une plante des champs, n'a pourtant rien d'une voiture champêtre. Équipée d'un moteur Pont-à-Mousson de 9 CV qui développe une puissance de 115 ch, la Facellia F 2B vient compléter la gamme des grosses Facel. Son tableau de bord sera proposé en version bois et en version métal. À la Facellia succède la Facel III, équipée d'un moteur Volvo 10 CV de 1 780 cm³, qui aligne 108 ch. Cette voiture est aussi dotée d'une boîte Volvo à cinquième surmultipliée.

La DS 23 Pallas. Dès ses débuts, la Citroën DS s'était signalée par la séduction de son intérieur. Avec la DS 23 Pallas à injection électronique, l'équipement atteint des sommets de raffinement : les sièges, encore mieux dessinés, et la qualité de la tapisserie font de ce modèle une référence.

La Renault 8 Gordini

Dans l'essor du sport automobile accessible, sinon à tous, du moins à un large public, la Renault 8 Gordini et les 2 CV de raid jouent un rôle déterminant : en 1969, le prix de la Gordini 1 300 cm³ ne dépasse pas 15 000 F. Disponible en couleur bleu de France, la Gordini est épaulée par la 8 S, modèle intermédiaire entre la voiture normale et la vraie sportive, qui est proposé en jaune.

Entre 1970 et 1980, les Renault 8 Gordini connaissent une grande popularité. Aujourd'hui, de nombreux modèles sont parfaitement conservés par leurs jeunes propriétaires : cette photo a été prise en 1995.

La Renault 8 Gordini de Vinatier et Offmann au rallye Lyon-Charbonnières de 1965. On ne compte plus les compétitions auxquelles participèrent les Gordini bleues.

La 2 CV Léman. Cette 2 CV spéciale est une version découvrable à deux portes. Dans la seconde moitié de sa carrière, la 2 CV est l'objet de nombreuses modifications artisanales, qui lui donnent des couleurs gaies et perfectionnent le détail de sa finition.

L'avant de la Méhari 4 x 4. Un peu légère au départ, la Méhari s'étoffe avec les années. En 1978, elle est dotée d'une calandre amovible ; l'année suivante, elle est proposée dans une version 4 x 4. La roue de secours est placée sur le capot. Sur les dernières versions, la puissance du moteur est portée à 29 ch. Ce modèle participa au Paris-Dakar de 1980.

La Citroën Méhari. Ce véhicule, où tout est en matière synthétique, est la première voiture de vacances, grâce à son caractère transformable, à sa capote qui se monte comme une tente, à sa carrosserie qui ne rouille pas. Les moulages sont particulièrement bien étudiés.

1965 : la Renault 16

Avec la Renault 16, la marque de Billancourt sort des sentiers battus et ouvre de nouveaux horizons. Présentée en 1965, la nouvelle Renault est la première des berlines à deux volumes transformables. Comme tous les modèles d'avant-garde, elle mettra du temps à se faire accepter, mais servira d'exemple à la génération suivante.

La R16 n'innove pas complètement : la suspension à barres de torsion, à l'avant et à l'arrière, les roues avant motrices, ainsi que le placement du moteur en arrière de l'essieu sont des idées qui avaient été lancées par Citroën dès 1934. Mais la force de cette limousine cinq places à la banquette arrière voyageuse est d'offrir toutes les options possibles : dotée d'un vaste hayon, la R 16 est la première familiale qui peut servir de break. Les caractéristiques qui avaient constitué les atouts de la R4 sont ainsi améliorées. C'est aussi la première voiture française équipée de lève-vitres électriques avant et de phares antibrouillard à iode (sur les versions TS).
Le constructeur saura vite corriger les défauts de la première version. Jugé un peu triste, le tableau de bord de 1965 est enrichi dès 1967, et l'arrière de la voiture, avec ses feux « en forme de cercueil », est renouvelé en 1971.
Si le moteur de 1 500 cm³ de la première version affiche une puissance assez modeste de 63 ch, le moteur de la 16 TS, lancée en 1969, a une puissance de 87 ch : la vitesse passe de 145 à 160 km/h. La gamme est ensuite enrichie par la 16 TX, à l'équipement luxueux et au moteur puissant de 93 ch.
La calandre est renouvelée, les roues sont empruntées à la Gordini. La boîte de vitesses à cinq rapports rend la conduite sur autoroute moins fatigante. La R 16 terminera sa carrière en 1976.

Dès son lancement, la R 16 se distingue par son confort, son excellente tenue de route, la souplesse de sa conduite et le silence de son moteur.

Voiture particulière, clientèle particulière

À ses débuts, la Renault 16 alimente les conversations de comptoir. Les plus traditionalistes, qui restent fidèles à Simca et à Peugeot, la boudent. On lui reproche ses arêtes de pavillon et son dos à pan incliné, qui est en avance sur son temps : à l'époque, seule la Citroën DS présente la même caractéristique. Mais la nouvelle Renault trouve aussi d'ardents défenseurs. Pour convaincre les sceptiques, il suffit de les emmener sur les mauvais chemins. La conclusion est toujours la même : « C'est vrai qu'elle est laide, mais qu'on est bien à l'intérieur ! »

Les raisons d'un succès

La version de 1967, capot levé. *L'idée de placer la roue de secours sous le capot est reprise à Citroën. Le circuit électrique est ravitaillé par un alternateur qui, à bas régime, est plus efficace qu'une dynamo. Le moteur de 8 CV est tout en aluminium.*

Les deux versions des feux arrière. *La seconde version (ci-dessus) remplace la première en 1971 (en haut). Comme la plaque de malle arrière, également remaniée, les nouveaux feux sont mieux dessinés. Après la sortie des modèles TS et TX, cette voiture est aussi disponible en peinture métallisée.*

Le tableau de bord si moderne des Renault 16 TX. *Beau et rationnel, il offrait déjà tous les équipements des voitures d'aujourd'hui : le compte-tours, les lève-glaces électriques, la commande d'essuie-glaces arrière. Le levier de vitesses reste au volant, mais la boîte possède déjà cinq rapports.*

Les atouts de la R 16 TX. *Publicité du début des années 1970 : c'est le caractère innovateur de la voiture qui est mis en avant.*

La Citroën GS.

Comme la plupart des Citroën, la GS se distingue par des équipements élaborés : les portes sont pourvues de boutons tournants ; le tableau de bord, d'un compteur de vitesses à loupe lumineuse. Le lancement de la GS va causer la perte de la Panhard 24. Au moment où Panhard s'apprête à lancer la 24 BT quatre portes, la marque est en effet rachetée par Citroën, qui a déjà investi beaucoup d'argent dans le projet de la GS.

La GS Basalte.

Cette série limitée, lancée en 1978, est équipée d'un moteur de 1 220 cm^3. Cette nouvelle motorisation améliore nettement les performances routières de la voiture. En 1979, l'avant et l'arrière seront modifiés : la GS sera dotée d'une cinquième porte. La même année, Citroën lance le moteur GX 3 de 1 300 cm^3.

La Simca 1100 et la Peugeot 504

En 1967, les idées bouillonnent. Alors que la Renault 16, après deux années d'existence, recueille un immense succès, Simca change son fusil d'épaule en lançant la 1100, la première Simca à traction avant. Cette berline confortable dotée d'un hayon arrière rabattable offre, dans la catégorie des 6 CV, les atouts de la Renault 16. C'est aussi la première Simca qui est équipée d'un moteur transversal, comme la Peugeot 204. D'abord considérée comme une petite familiale, la Simca 1100 sera ensuite proposée dans une version break, et son hayon sera renouvelé.

En 1969, Peugeot lance la 504, qui s'adresse à une clientèle variée : la version à carburateur, la moins chère, est la voiture des familles, alors que la version à injection est une redoutable autoroutière. Dotée d'une excellente finition et d'une bonne suspension, la Peugeot 504 sera proposée dans des versions break, coupé et cabriolet.

La Simca 1100. Pendant plusieurs années, la première Simca à traction avant répond aux attentes d'une vaste clientèle, avant d'être remplacée par la Chrysler Horizon, un modèle adapté au goût du jour mais beaucoup moins novateur.

La Peugeot 504. Lancée en 1969, elle est dotée d'un moteur de 10 CV, puis de 11 CV. La version à carburateur sera complétée par une version à injection, plus rapide que la 404 à injection (172 km/h). Les défauts de sa direction disparaîtront avec l'apparition de la direction assistée. En 1971, la gamme s'enrichira d'une version Diesel. Peugeot arrêtera la production en 1979.

La Peugeot 304.

La nouvelle Peugeot, qui vient épauler la 204, est présentée au Salon de 1969. Dotée d'une ligne équilibrée, elle possède un avantage sur la 204 : son coffre est plus grand. Malgré l'excellence de la finition, le tableau de bord reste particulièrement austère.

La Dyane Caban. Elle est destinée à compléter la 2 CV. Sa carrière fut menacée par la sortie de la petite hybride de 104 et de 2 CV. Cette Caban correspond à une série limitée de 1 500 exemplaires lancée en 1977. Dans la même lignée, en 1976, Citroën avait lancé la 2 CV Spot. Toutes ces séries limitées se vendent bien et permettent de diffuser des modèles anciens personnalisés.

Le break 504. Comme tous les breaks Peugeot, il est particulièrement spacieux. Lancé en 1971, il est proposé en version essence ou en version Diesel. Sa production est arrêtée en 1979.

Les Simca 160 et 180. Présentés en 1967, les modèles 1 600 et 1 800 cm³, baptisés Simca 160 et Simca 180, sont destinés à concurrencer la nouvelle 504. Lancé en 1973, le modèle 2 litres est pourvu de freins à disque et d'une boîte automatique. Bien finie, cette voiture est proposée à un prix compétitif.

La Renault 15 TS. Lancée en 1970, la Renault 12 est tout à l'opposé de la Renault 16 : cette berline simple, qui ne possède même pas de roues arrière indépendantes, ne propose que des solutions sages. C'est pourtant sur la plateforme de la R 12 que seront élaborées, en 1972, la R 15 et la R 17, une toute nouvelle gamme de coupés qui sera construite jusqu'en 1978. Dans sa version TS de 108 ch, la R 17 est une remarquable sportive.

L'Alpine, une sportive indémodable. Née en 1965, elle dispose alors d'un moteur de 1 100 cm³. Sa carrosserie est dite berlinette A110. En 1967, l'une de ses versions est équipée du 1 500 cm³ R 16 amélioré ou du 1 300 Gordini. Par la suite, elle recevra le 1 600 doté de deux carburateurs double corps. En 1973, c'est une Alpine avec moteur 180 ch qui est première au championnat du monde ; les conducteurs ont nom Darniche, Andruet, Nicolas et Therier. Cette voiture enchantera les amateurs jusqu'en juillet 1977, date de sortie du dernier exemplaire : longévité flatteuse pour une voiture de sport !

La Peugeot 104. En 1972, l'opération de lancement de la petite 104 renouvelle l'expérience tentée douze ans plus tôt avec la 404 : la voiture est présentée au public dans une surprenante couleur vive. Hormis ce détail, rien ne singularise vraiment la nouvelle Peugeot. C'est une impression de déjà-vu qui domine : on entre dans l'ère de la voiture banale. Sous le capot, le public découvre un moteur de 954 cm^3, incliné à 72°.

Le cabriolet 504. Lancé en 1969, le nouveau cabriolet Peugeot est aussi séduisant que les précédents. D'abord proposé dans une version 2 litres et injection, il sera équipé en 1975 du moteur V6 PRV, que Peugeot, Renault et Volvo ont mis au point ensemble. Cette mécanisation lui permettra d'atteindre une vitesse de 186 km/h.

La Citroën SM

Lancée en 1970, la Citroën SM est équipée d'un moteur Maserati. La marque du quai de Javel vient en effet de racheter la firme italienne et mise sur une opération de prestige. Le V6 qui équipe la SM est un moteur à double arbre à cames en tête. Les trois carburateurs de la première version sont ensuite remplacés par un système à injection. Cette mécanique développe une puissance de 170 ch, mais la SM est particulièrement lourde à l'avant et trop délestée à l'arrière : ses performances ne répondront pas aux attentes, même si la cinquième vitesse longue lui permet d'atteindre 225 km/h. À l'époque où Renault est en train de se tailler la part du lion sur d'autres créneaux, le lancement de la SM se révèle particulièrement coûteux. Les ventes déçoivent les prévisions du constructeur, d'autant que la crise pétrolière de 1974 incitera la clientèle à se détourner des voitures haut de gamme, réputées fortes consommatrices de carburant. Le carrossier Chapron construisit sur les bases du coupé de longues berlines, dont le coffre arrière formait un décrochement.

La Citroën SM de la gendarmerie.

Comme de nombreuses voitures du début des années 1970, la SM était pourvue d'un tableau de bord particulièrement austère. Le volant minuscule équipait une direction superassistée qu'il s'agissait de mener du bout des doigts.

Le gigantesque capot de la SM dissimule un moteur Maserati V6 qui, malgré la célébrité de cette marque, n'est pas le premier atout de la voiture. C'est le couple suspension-direction qui est sa caractéristique la plus intéressante. La Citroën SM, qui était sans doute en avance sur son temps, arriva sur le marché au mauvais moment, à la veille de la crise pétrolière. Un magazine spécialisé de l'époque ne jugeait-il pas qu'elle était « trop intelligente pour survivre » ?

La Renault 12 Gordini. Digne héritière des Renault 8 sportives, la Renault 12 Gordini possède une tenue de route exceptionnelle, qui permet de la mettre entre toutes les mains. La recette est simple : le fameux moteur 1 565 cm³ de la Renault 16 TX est poussé à 125 ch. Proposée à l'origine dans une version unique, un modèle bleu à bandes blanches, la Renault 12 Gordini est disponible dans une version privée de pare-chocs.

La Renault 17 Gordini. Elle change plusieurs fois d'aspect. Sa calandre correspond à la version sportive de la R 15. Dès le début des années 1970, les modèles Renault se distinguent par la qualité de leurs sièges, bien étudiés et très confortables, dotés de formes qui soutiennent parfaitement le corps. ils réalisent un juste équilibre entre le ferme et le moelleux.

La Simca 1100 LX. Entre 1968 et 1970, la Simca 1100, dont les qualités sont reconnues par le public, s'impose sur le marché. Le constructeur propose différentes mécanisations, dont les cylindrées dépassent souvent 1 100 cm³. Le moteur 1 300 permet aux modèles haut de gamme de rouler à plus de 160 km/h. Dans cette catégorie, la Simca 1100 TI est le modèle le plus puissant.

La Simca CG. Ce coupé aux lignes harmonieuses est à Simca ce que l'Alpine est à Renault. Construit entre 1975 et 1980, il est équipé du moteur de la Simca 1100. En dépit de ses qualités esthétiques, il ne connaîtra qu'un modeste succès.

Le prototype Citroën CX. Après 1973, la DS arrive en fin de carrière. Pour Citroën, il est temps de mettre au point sa remplaçante (ici, son prototype un peu balourd, dont certains détails rappellent la GS). Elle sera équipée d'un 4-cylindres en ligne, en travers.

1973 : la Renault 5

Quand elle fut lancée, au début des années 1970, la Renault 5 était une voiture d'avant-garde sans le savoir. Elle fut le moule qui allait servir pour les petites voitures des vingt années à venir. Certaines solutions étaient héritées de la R4 et de la R16, mais la ligne était tout à fait nouvelle.

Dès le lancement de la Renault 5, en 1973, les slogans de la campagne publicitaire mettent en avant le confort de cette petite voiture.
La Renault 5 reprend en effet la plateforme qui a assuré le succès de la Renault 4 depuis plus de dix années, et adopte les mêmes suspensions, qui sont raccourcies.
Le moteur de 782 cm³, qui équipe aussi la Renault 4, est accompagné du 1 000 cm³ que Renault a lancé il y a quelques années. À l'avant, la voiture est dotée de freins à disque.
Outre sa mécanique, ce petit coupé possède de nombreux atouts : une ligne 2 volumes, fluide et bien proportionnée, un caractère transformable.
Durant sa longue carrière, cette voiture évoluera constamment dans le bon sens.
En 1976 apparaît l'Alpine, de couleur noire, équipée d'antibrouillards et de jantes qui rappellent les bobines d'ordinateur.
L'Alpine, qui doit jouer le rôle dévolu à la R 8 Gordini, est dotée de la boîte de la 16 TX et d'un moteur de 1 400 cm³, qui développe une puissance de 93 ch. Résultat : une très grande vélocité associée à une bonne sécurité.
La R 5 est économique, tient bien la route, mais elle a néanmoins des points faibles. Comme toutes les voitures de l'époque, elle est mal protégée contre la corrosion. Son train avant s'affaisse avec l'âge.
Ce défaut sera éliminé sur la Super 5.

La Renault 5, dans sa version deux portes, disponible avec diverses finitions.

Les raisons d'un succès

La première R5. *Les sièges sont en plastique vernissé. Cette première version est proposée dans une couleur destinée à la rendre facilement repérable dans la circulation. Comme la R4, la voiture est équipée d'un moteur longitudinal et de freins à disque.*

L'intérieur de la première R5. *La sellerie brillante est assortie à la carrosserie. Comme la 2 CV, la voiture est équipée d'un levier de vitesses à tirage longitudinal, qui sera ensuite remplacé par un levier au plancher. Si la présentation d'ensemble est soignée, les bruits de roulements et les vibrations sont insuffisamment filtrés.*

La Renault 5 Automatic de 1978. *Alors que la gamme des couleurs est renouvelée, la R5 reçoit de nouvelles jantes et des boucliers de protection latéraux. La R5 Automatic de 1978 est la première version équipée de boucliers. L'année suivante, les autres modèles GTL en sont pourvus à leur tour.*

La R5 de 1981. *Le tableau de bord est remanié : en plastique beige, il est pourvu d'une rigole vide-poches ; à l'exception de la commande de chauffage-aération, toutes les commandes sont à gauche ; un emplacement est réservé pour la radio ; le levier de vitesses est au plancher.*

L'élargissement de la gamme

En 1977, il existe déjà cinq versions de la Renault 5. En 1979, la gamme est complétée par le modèle Le Car, reprise de celui destiné au marché américain : cette série limitée sera produite à 6 000 exemplaires. Entre-temps sont apparues la TS et la Turbo, monstres destinés à la compétition. Sept ans après le lancement de la première R5, le constructeur lance la berline quatre portes, proposée dans les versions L, TL, TS, Automatic et Alpine. La gamme est particulièrement diversifiée : rien de commun entre une TL de 1973 et une GTL de 1983.

La Peugeot 304.

Les critères d'économie dictent l'évolution des modèles : les chromes et les enjoliveurs sont en voie de disparition. La Peugeot 304 achève sa carrière en 1978. Sa remplaçante, la Peugeot 309, recevra des motorisations variées, essence et Diesel.

La Renault 30.

C'est à croire que le constructeur s'est trompé d'époque, mais il faut bien amortir le V6 construit avec Volvo et Peugeot. Équipée, comme la Renault 16, de confortables banquettes transformables, cette nouvelle limousine paraît hériter de la carrosserie de sa sœur aînée, mais passée au polissoir pour en supprimer les aspérités. Malgré de nombreuses qualités, la R30 déçoit donc par la banalité de sa ligne. Autre inconvénient : son prix est supérieur à celui des Peugeot correspondantes.

La Matra Bagheera.

Lancée en 1973, cette voiture tout en polyester est plus agréable et plus fine que le modèle précédent. Son moteur 1 300 cm^3 de 84 ch est placé derrière les passagers. L'habitacle se signale par l'originalité de ses trois places frontales, de ses matières et de ses couleurs.

La Chrysler Horizon.

Ce modèle international, qui est proposé aux États-Unis sous la marque Plymouth, est une 2-volumes offerte à un prix compétitif. Proposée dans des versions 5, 6 et 7 CV, elle remplace la Simca 1100, dont elle ne possède pas l'originalité. Lancée en 1977, elle sera construite jusqu'en 1985.

La Matra Rancho.

Construite à un peu plus de 50 000 exemplaires, la Matra Rancho est la première voiture de loisirs. Prenant de vitesse la plupart des grands constructeurs, Matra prouve sa capacité à anticiper les attentes du public. Quelques années plus tard, la marque lancera d'ailleurs les premiers monospaces.

La Simca 1300 et la Simca Solara.

Dans la gamme Simca, ces berlines se distinguent par la nouveauté de leur conception. D'abord construites dans une version deux corps, dotée d'un hayon et d'un arrière transformable, elles sont ensuite proposées, sous la marque Chrysler, dans une élégante version trois corps. Malheureusement, les moteurs 1300 et 1500 tournent très vite et sont difficiles à mettre au point. Lancée en 1983 dans des versions 1400 et 1600, la Solara (en haut à droite) est pourvue d'une belle finition intérieure, mais elle ne pourra résister à la concurrence de la Citroën BX.

La Citroën CX

Pour avoir longtemps misé sur les petites cylindrées et les modèles haut de gamme, Citroën voit lui échapper le marché des voitures moyennes, que se partagent Renault, Peugeot et Simca. (Lancée en 1970, la GS devra attendre la version 1300 pour recueillir un succès satisfaisant.) C'est pour reprendre position dans cette catégorie que Citroën présente la CX au Salon de l'automobile de 1974. Destinée à remplacer la DS ainsi que les séries D, la CX est proposée en deux versions : la 2000 et la 2000 économique. Dotée d'une ligne fluide et d'un capot imposant, elle est couronnée voiture de l'année 1975 par la presse européenne. L'année suivante, le constructeur lance la CX Pallas et la CX Prestige, au châssis allongé de 25 cm. Comme la DS, la CX est proposée dans une version break. En parallèle, la mécanisation de 2 litres est épaulée par un moteur de 2 400 cm³, qui donnera du tonus à cette grosse limousine. Construite pendant onze ans, la CX sera remplacée en 1989 par la XM.

La CX 2000. Ce modèle se distingue par la sobriété de sa présentation. Lancées en 1976, les versions Confort, Super et Pallas renonceront à l'austérité des premiers modèles.

Le tableau de bord de la CX joue la carte de l'originalité. Une batterie de témoins apparaît dans la partie haute de la visière. Dès que le moteur tourne, le compte-tours et le tachymètre présentent la forme d'une loupe éclairée : ce gadget sera repris sur les premières BX en 1983.

La CX Pallas 2500. C'est le modèle de luxe de la gamme. L'intérieur est très soigné. Les enjoliveurs de roues sont reconnaissables. Ce modèle sera souvent livré dans un élégant gris métallisé. La finition Pallas est proposée sur les modèles 2000, 2200, 2400 et Diesel.

1981-2004

Des années de changements

Si les années 1980 consacrent le retour des voitures sportives et la généralisation de l'injection et du turbocompresseur, la décennie suivante est dominée par l'avènement de modèles plus sages. Avec la génération du cocooning, repliée dans l'intimité confortable du foyer, la voiture acquiert une vocation surtout familiale : le départ en vacances ne doit pas exiger sa transformation. Outre le confort, la lutte contre la pollution et l'amélioration de la sécurité s'imposent à tous les constructeurs comme les principales exigences du marché.

La place de la Concorde dans les années 1980. *Le trafic est toujours dense, mais la circulation est maintenant contrôlée et guidée. (Photo de nuit, en pose : les phares laissent des traces lumineuses.)*

En haut : l'avant de la 2 CV Cocorico.

1981-2004

Est-on encore dans l'histoire ou en pleine période contemporaine ? Les opinions divergent sans doute selon l'âge de chacun. Toujours est-il que, le temps passant, le spectateur tend souvent à avoir une lecture accélérée du déroulement des événements, fussent-ils automobiles.

***La 2 CV Charleston.** En 1981, trente-cinq ans après son lancement, la 2 CV est proposée dans une version dotée d'une carrosserie en deux tons, aux accents nostalgiques.*

Les valeurs sûres...

Qu'on nous pardonne de résumer rapidement la carrière de voitures que tout le monde connaît et qui roulent encore tous les jours, bien qu'elles ne soient plus dans leur première jeunesse. Construites en masse, présentes dans toutes les familles, elles ont partagé la vie de chacun un

***La Citroën Visa.** Dans les années 1980, le lancement de la seconde version de la Visa s'appuya sur une campagne publicitaire qui vantait ses performances : ici, on la voit en train de rivaliser avec un Super-Étendard sur le pont d'un porte-avions...*

Quelques dates

1980 Lancement de la Renault 4 camionnette, fonctionnant au GPL.
1981 Renault équipe la R5 et la R18 d'un turbo. Talbot lance la Tagora. Citroën lance son programme Éco 2000.
1982 Renault lance un projet de voiture économique : la Vesta. Une Renault 20 TS gagne le Paris-Dakar. Citroën présente la BX14 et la BX16.
1983 Quelques modèles de Renault 11 sont équipés d'innovations révolutionnaires : le tableau de bord digital ; les messages à synthétiseur de parole.
1984 Commercialisation de la Renault 25 : réglages radio au volant, volume bicorps-tricorps, télécommande d'ouverture des portes. Renault et Matra présentent un nouveau concept de véhicule : l'Espace. Apparition des premiers moteurs multisoupapes, qui réduisent la pollution et améliorent les rendements.

***La Renault 25 de François Mitterrand devant le perron de l'Élysée.** Commercialisée à partir de 1984, cette voiture prit place au sommet de la gamme. Destinée à concurrencer les grosses Mercedes et BMW, elle remporta un immense succès et connut une longue carrière.*

jour ou l'autre. Alors que les ventes de la Renault 14, en avance sur son temps et à laquelle manquait peut-être un brin de fantaisie, ne répondent pas aux attentes, la R 9 (trois volumes) et la R 11 (deux volumes) conquièrent le public. La R 21 s'impose comme une solide familiale : le constructeur la propose dans une élégante version break, la Nevada, et dans une version berline en deux volumes, qui offre les mêmes avantages que l'ancienne R 16. Outre la très homogène R 25, les usagers apprécient la R 19, première voiture de cette catégorie à être proposée en deux et trois volumes (Chamade).

Citroën poursuit la fabrication de la LNA et de la Visa, tout en apportant des améliorations à la dernière version de la GS. Lancée à l'automne 1982, la BX remporte un immense succès. Le constructeur la propose dans de multiples versions : Sport, Diesel, GTI (cette dernière est la première voiture française équipée d'un moteur à 16 soupapes). En 1986, l'AX remplace la Visa. Le succès est rapide : quatre ans plus tard, la millionième AX sort d'usine. Dans la catégorie supérieure, la XM remplace la CX à partir de 1990, mais elle ne recueille pas le même succès que son aînée.

Chez Peugeot, les ventes sont assurées par des voitures de conception classique mais soignée : la 505 de 1979, puis la 405 de 1987. Si la première dérive de la plate-forme de la 504, la seconde partage des caractéristiques techniques avec la Citroën BX mais reste fidèle à la silhouette traditionnelle des trois-volumes. En 1983, le lancement de la 205 est salué comme un événement. Le succès est immédiat : dès ses débuts, la nouvelle petite Peugeot est produite à 1 300 exemplaires par jour. À cette époque, la gamme Peugeot est particulièrement étoffée : en 1981, il n'existe pas moins de trente versions différentes des cinq modèles de base.

Les « plus » techniques

Dans les années 1980, les principales innovations techniques visent à améliorer la sécurité des véhicules et à lutter contre la pollution. Ces préoccupations relèguent à l'arrière-plan la question des performances.

Dans le domaine de la sécurité, c'est l'introduction d'un nouveau dispositif de freinage qui est l'innovation la plus importante : le système antiblocage (ABS), mis au point par Bosch. Monté sur BMW et Mercedes-Benz, le dispositif sera adopté par Peugeot, Citroën et Renault, d'abord sur les modèles haut de

La 205 GTI et la 205 Turbo 16

Quand elle fut lancée, en 1986, la Peugeot 205 GTI apparut dans un spot publicitaire audacieux : comme dans un film de James Bond, elle échappait aux attaques d'un bombardier ! À la suite de la Volkswagen Golf, la nouvelle Peugeot se ralliait à la mode des versions GTI (Grand Tourisme Injection), qui associaient une carrosserie normale à une mécanique extrêmement puissante. La Peugeot 205 fut aussi proposée dans une version Turbo 16. C'est avec cette voiture que Jean Todt participa au championnat du monde des rallyes : la Turbo 16 remporta le titre en 1985 et 1986. C'est au volant d'une Turbo 16 que le pilote finlandais Vatanen participa également à de nombreuses courses de rallyes-raids.

Une Peugeot 205 dans le Paris-Dakar de 1988. *Cette compétition mythique, qui fut endeuillée par de nombreux accidents, continue de passionner les amateurs de sport automobile. L'épreuve servit également de banc d'essai aux nouveaux modèles Citroën.*

Le Dakar

Cette course, née au milieu des années 1980 sous le nom de Paris-Dakar, se déroule en hiver, à un moment de l'année où la vie quotidienne manque un peu de relief. Véritable retour vers la grande aventure, en dehors des circuits, le raid part de France et traverse le nord-ouest de l'Afrique. Il est ouvert aux camions, motos et autos. Son créateur, Thierry Sabine, par sa volonté et son charisme, a transformé cette course en un événement de notoriété mondiale. On y croise d'anciens pilotes de formule 1 et des célébrités ; la sélection se fait d'elle-même sur les pistes, sous l'œil des hélicoptères. C'est en partie grâce au rêve que suscite le Dakar que le marché du 4 x 4 a connu un essor dépassant toutes les prévisions.

gamme. L'intérêt de l'ABS est d'éviter le dérapage et d'optimiser les distances de freinage mais, comme toutes les techniques nouvelles, elle est chère et pèse lourd sur le prix des modèles.

Le pot d'échappement catalytique, qui permet de réduire la pollution, fut une autre innovation technique des années 1980. Introduit aux États-Unis au début des années 1970, il est d'abord adopté par les constructeurs allemands. Dès l'été 1988, les marques françaises en équiperont leurs gros modèles, et en 1993 toutes les voitures neuves en seront dotées.

L'avènement du monospace

Matra, dont le nom est lié à quantité d'innovations, n'a pas toujours eu la chance de pouvoir faire aboutir ses projets. Ainsi la Rancho aurait-elle pu devenir le premier 4 x 4 français de loisirs, mais Simca-Chrysler n'avait pas de plate-forme 4 x 4 ! Le pre-

Quelques dates

1985 Citroën présente le prototype de l'Éole, construit sur la plate-forme de la XM. Alain Prost remporte pour la première fois le championnat du monde de formule 1.

1986 Après l'assassinat de Georges Besse par le groupe Action directe, Raymond Lévy prend la tête de Renault. Sortie de la Peugeot 205 GTI. Lancement de la Citroën AX. Peugeot présente la Proxima, un coupé Grand Sport équipé d'un moteur V6 de 600 ch à 24 soupapes et deux turbos.

1987 Commercialisation de la Renault 21 trois volumes ; une version haut de gamme est équipée d'un 2-litres turbo à calculateur électronique. Sortie de la Citroën AX Sport. Lancement de la Peugeot 405.

1988 Présentation de la Renault Mégane. Lancement de la Citroën BX GTI, dotée d'une nouvelle carrosserie. Présentation de la Peugeot 405 automatique.

1989 Après la chute du mur de Berlin, les Trabant d'Allemagne de l'Est apparaissent sur les routes d'Europe occidentale. Mercedes-Benz remporte les Vingt-Quatre Heures du Mans. Citroën met fin à la fabrication des CX.

1990 Opération Tempête du désert au Moyen-Orient : nouvelles menaces de crise pétrolière. Renault présente la Clio et la Laguna. Citroën lance la XM.

1991 Renault présente la Scenic. Citroën présente la ZX, équipée d'un essieu arrière autodirectionnel. Peugeot se lance dans la compétition avec la 905.

1992 Renault lance la Twingo et, dans la catégorie supérieure, la Safrane. La Peugeot 905 remporte les Vingt-Quatre Heures du Mans et le championnat du monde des voitures de sport.

1993 Chez Citroën, la Xantia remplace la BX.

1994 Apparition des sièges de sécurité pour enfants. Présentation du véhicule urbain Ludo. Fiat, BMW et Renault signent un accord de collaboration sur le recyclage.

1995 Présentation du spider Renault Sport et de la Next, un concept – car doté d'un cerveau électronique de pilotage, d'un moteur thermique et de deux moteurs électriques intégrés aux roues arrière. Présentation des véhicules électriques Clio et Express.

La Citroën AX. *En 1985, le lancement de la Citroën AX s'appuie sur une campagne publicitaire qui joue sur le thème « révolutionnaire ». Un spot télévisé montre la voiture en train de dévaler les chemins de garde de la Grande Muraille de Chine. Depuis la sortie de la Méhari, l'AX est le premier petit modèle authentiquement Citroën. (Les LN et les Visa étaient des hybrides Peugeot-Citroën.)*

Chaîne de montage de voitures électriques sur bases 106, AX et Saxo. *En dépit d'efforts réitérés, la voiture électrique reste marginale à l'aube du nouveau siècle, et exclusivement citadine.*

mier Espace voit le jour en mai 1984. Il faillit ne jamais être construit. Ce véhicule novateur avait été proposé à Peugeot, qui ne voulut pas prendre le risque de se lancer dans ce modèle hors du commun. Né d'une observation du marché américain, où ces voitures familiales connaissent une progression constante, l'Espace est une grande familiale modulable : un monospace. Le succès est immédiat : de nouvelles versions sont présentées en 1991 et en 1996. Au total, un demi-million d'exemplaires sont fabriqués entre 1984 et 1996. Cette voiture est en matériaux de synthèse, ce qui coûte cher en fabrication unitaire mais limite les investissements, d'où la possibilité de moderniser le modèle au fil des ans.

Présentée en 1992, la Twingo est le premier monospace mini. Lancée en 1995, la Scenic est construite sur la plate-forme de la Mégane. Le succès de ces modèles est indiscutable : aujourd'hui, Twingo, Mégane et Espace représentent une production journalière de 3000 véhicules. Avec le Kangoo, présenté en 1997, Renault prend de nouveau quelques longueurs d'avance sur ses concurrents : renouant avec la formule économique et spacieuse, cette familiale utilitaire s'adresse aux jeunes, peu soucieux de performances, mais régulièrement amenés à transporter des objets encombrants.

Le temps du « bio-design »

Au début des années 1990, les nouvelles carrosseries abandonnent les lignes anguleuses auxquelles étaient restées fidèles les Renault 9 et 21, la Citroën AX ou la Talbot Tagora : les formes droites cèdent maintenant la place aux rondeurs. Le lancement de la Renault Clio, en juin 1990, est significatif de la nouvelle tendance : la volonté des stylistes de renouer avec des formes organiques s'exprime dans la campagne publicitaire, qui présente la voiture comme une « matière vivante ».

Après la petite Clio, nombreux sont les modèles qui adopteront des silhouettes ovoïdes, à l'exemple de la Ford Ka, lancée en 1996. Les carrosseries ne sont pas les seules à s'inspirer de ce « bio-design » : les volants et les tableaux de bord, qui incorporent désormais des coussins gonflables, témoignent également du goût des formes rondes.

Dans les années 1990, l'idée d'une toute petite voiture de ville gagne du terrain. En 1995, Peugeot présente une voiture-test : la Tulip, véhicule électrique de 2,20 m de long.

Quelques dates

1996 Privatisation de Renault. Lancement de la Renault Mégane. Présentation de la Peugeot 406 et de la Touareg. Lancement de la Citroën Saxo, qui remplace l'AX. Les véhicules de plus de quatre ans sont soumis à un contrôle technique plus sévère. Développement d'un dispositif destiné à éviter l'endormissement au volant.
1997 Présentation du Renault Kangoo. Création d'une boîte de vitesses adaptative entre PSA et Renault : la DPO.
1998 Centenaire des usines Renault.
1999 La millionième Citroën Saxo sort d'usine.
2000 Présentation de la Peugeot 607. La version roadster, équipée de roues de grand diamètre, est lancée sous le nom de Féline. En Angleterre, un concours de voitures tractrices (caravanes) accorde la première place à la Citroën Xsara.

Publicité pour le monospace Citroën Picasso. *Citroën a organisé une campagne autour des robots des chaînes de peinture, qui se sont mis à jouer les Picasso.*

Vents d'est

En vingt-cinq ans, tout a changé sur la planète, avec l'émergence de pays asiatiques qui se sont équipés de façon étonnante. Les dix dernières années du siècle ont été marquées aussi par la réunification de l'Allemagne. Moins glorieuse, la réapparition de guerres ancestrales dans les Balkans nous rappelle que les techniques progressent mais que les haines humaines perdurent.

Une Europe déstabilisée

La petite Trabant restera l'image d'un des grands changements de cette dernière décennie. Véhicule presque populaire en Allemagne de l'Est, elle fut là pour nous rappeler que des populations entières se contentent encore à notre époque de véhicules d'un autre âge. Ainsi, la Fiat 124 de 1965-1967, construite en Russie par Lada, était encore la voiture moyenne majoritaire, il n'y a pas dix ans, utilisée d'ailleurs par la police. Un peu comme si la nôtre utilisait encore des 404 Peugeot.

En Allemagne, les grands groupes Daimler-Benz, Volkswagen et BMW se sont tous taillé une réputation de construction fiable, de qualité, et n'adoptent les techniques novatrices que si elles se révèlent utiles. Il est vrai que l'entreprise d'équipements Bosch est souvent cachée derrière des nouveautés allant du moteur au freinage, en passant par les boîtes de vitesses. En Europe, bien des grandes marques doivent beaucoup à cet industriel qu'on ne peut plus désigner comme accessoiriste…

Les marques allemandes, ces dernières années, se sont installées en Grande-Bretagne, en Espagne, en Europe centrale et se sont appliquées à transfigurer des marques comme Skoda ou à faire de Seat la plus germanique des méditerranéennes. D'ailleurs, tous les constructeurs européens regardent aujourd'hui vers l'Espagne comme le fit Renault déjà au temps de la R5. Ford Allemagne est devenu le représentant des modèles américains « internationalisables » et le berceau de voitures qu'on peut qualifier d'originales, comme la Ka ou la Focus, images de la tendance qui s'efforce de frapper l'œil ou l'opinion.

Deux images d'un empire aux pieds d'argile. *Mikhaïl Gorbatchev en visite à Paris (1989) dans une des immenses berlines russes qui portaient le nom de ZIL (ZIS autrefois : Zavod Imjeni Stalinia). Le moteur de cette voiture inspirée de l'Amérique des années 1960 est un V8 de 7,7 litres de cylindrée. À gauche, la petite Trabant, voiture populaire d'Allemagne de l'Est : un monstre de consommation et de pollution construit depuis 1963.*

Les rues de Shanghai aujourd'hui. *Si la Chine s'équipait en automobiles autant que les États-Unis dans les quinze prochaines années, les moyens de lutte contre le CO_2 atmosphérique seraient inopérants. Au moins, le problème des piétons semble ici correctement résolu.*

De l'Europe au grand large

Les vingt dernières années du XXe siècle sont marquées par l'amplification de phénomènes déjà soupçonnés dans les années 1970-1980. C'est en 1968 qu'on avait vu en Grande-Bretagne la fusion de British Motor et de Leyland, qui devint la British Leyland. Son effondrement amène sa nationalisation en 1975. À partir de ce moment, la collaboration avec Honda deviendra de plus en plus étroite et les anglaises vont commencer à avoir un air de famille japonisant. En 1998, en dépit du passage de Rover sous le contrôle de BMW (juste pour deux ans), les modèles de la série 400 sont des copies conformes des Honda Civic. Depuis 1990, Nissan, Honda et Toyota sont installés en Angleterre.

En passant par le Japon

Au Japon, c'est l'explosion de l'industrie automobile qui, dans les années 1980-1990, effraie certains patrons français comme Jacques Calvet, qui souhaite des mesures de rétorsion. La production auto japonaise a dépassé celle de l'Allemagne en 1971, puis celle des États-Unis en 1980. En 1988, le Japon produisait 8 200 000 voitures et en exportait 4 430 000. Les principes de l'industrie japonaise dans tous les domaines sont simples : elle importe des matières premières et crée des produits transformés de haute technicité, avec une énorme valeur ajoutée. L'époque où les voitures japonaises faisaient sourire a laissé la place au temps où l'on regarde d'abord ce que font les Japonais… Seules quelques firmes allemandes et Renault en France semblent prendre des décisions innovantes qui peuvent encore inspirer les Japonais. Il est vrai qu'au cours de ces vingt dernières années ce pays a concentré ses activités sur des secteurs en expansion sans chercher à sauvegarder des industries qui en parallèle s'implantent dans les pays en développement. L'Histoire se répète ou balbutie, mais le phénomène japonais a failli se reproduire en Corée avec la naissance d'une industrie automobile se voulant d'abord compétitive plutôt qu'innovatrice. la crise asiatique a quelque peu ralenti cette expansion.

Il semble à l'heure actuelle que les États-Unis et l'Europe aient repris la main ou soient en train de le faire : pour preuve les accords entre Renault et Nissan auxquels aucun patron français n'aurait osé penser il y a dix ans.

Les recherches sur les véhicules électriques continuent : *à gauche, la Carbon et, ci-dessus, un modèle mixte anglo-helvétique réussi, signés Horlacher. Outre la recherche de véhicules non polluants, on se dirige aussi vers des matériaux plus légers, comme les fibres, ou mieux dessinés et consommant l'équivalent de moins de 3 litres de carburant traditionnel pétrolier.*

Hier, aujourd'hui, demain…

L'automobile et plus généralement les véhicules routiers sont un phénomène irréversible. Reste à en limiter les dégâts grâce à des réflexions nouvelles.

La sécurité des routes et des voitures

Après les hécatombes routières des années 1970-1980, on s'est aperçu que la répression et l'organisation méthodique de la circulation n'étaient pas suffisantes pour sauver plus de vies humaines. Il est vrai que le nombre d'accidentés morts sur la route est très inférieur aujourd'hui à ce qu'il était dans les années 1960, en dépit de la montée en flèche du volume de la circulation. Les recherches tendant à protéger conducteurs et passagers dans le véhicule lui-même se sont développées activement ces dix dernières années. Le coussin gonflable connu de façon générique sous l'une de ses versions, l'Airbag, est une méthode de protection frontale, puis latérale, généralisée depuis 1999-2000. C'est une protection parfois critiquée mais qui a sauvé plus de vies qu'elle n'en a altéré. Le concept du coussin gonflable n'a pu être envisageable que le jour où l'on a confirmé la nécessité de carrosseries déformables programmées, avec un habitacle qui ne bouge pas, que les chocs soient frontaux ou latéraux. Cette sécurité passive des voitures d'aujourd'hui se paie en poids mort supplémentaire. Une berline actuelle pèse aussi lourd qu'un modèle des années 1950 en dépit de l'emploi des composites et des alliages légers.

L'accident qui se produisit dans le tunnel du Mont-Blanc en 1999 a eu des conséquences en cascade : *le tunnel du Fréjus est surchargé, et les habitants de la région demandent le développement du transport route-voie ferrée.*

L'évolution des autoroutes

En 1959, la France ne possédait encore qu'une petite bretelle de sortie, située entre Saint-Cloud et Rocquencourt, mais, dès 1965, le seuil des 1 000 km d'autoroutes était atteint. En 1970, le pays comptait près de 2 000 km d'autoroutes, dont la plupart étaient situées dans sa partie septentrionale. En 1975, le seuil des 3 000 km était franchi. Vingt et un ans plus tard, le réseau autoroutier atteignait 8 500 km. Le schéma directeur de 1993 prévoyait 2 600 km supplémentaires sur dix ans. Depuis 1994, 284 km d'autoroutes sont construits chaque année.

Barrage de routiers sur l'A 43. *Les routes rapides d'aujourd'hui présentent parfois des verrous : les barrages de manifestants.*

Dans les années à venir, la généralisation de la climatisation, qui réduit le risque de somnolence en plein été, contribuera aussi aux progrès de la sécurité. On estime en effet qu'au-delà de 30 °C la chaleur exerce sur les réflexes le même effet qu'un demi-gramme d'alcool dans le sang.

Le prix de l'automobile a grimpé beaucoup plus vite que les revenus moyens au cours des vingt dernières années. L'ABS, l'électronique embarquée, les coussins gonflables, les renforts de carrosserie, les automatismes de plus en plus nombreux se paient et s'additionnent, même si leur prix unitaire est de plus en plus compétitif. Le budget automobile moyen pour un ménage est passé de 11 % des revenus en 1960 à 16 % en 1995. Depuis, il n'a cessé d'augmenter et les petits revenus ne peuvent guère s'équiper qu'en ayant recours à l'occasion ou en s'endettant lourdement.

La Peugeot 4002 *rappelle sa sœur aînée, la 402 (1935-36). La maquette, à l'échelle 1, dont le projet est signé Stephan Schulze, fut réalisée en septembre 2003, alliant sécurité et fantaisie. Selon un procédé souvent utilisé par BMW et Mercedes, la ligne futuriste intègre l'ancienne calandre dans sa conception.*

Halte à la somnolence

La défaillance humaine est à l'origine de 90 % des accidents graves : pour améliorer la sécurité, il importe donc de s'occuper du conducteur autant que de la voiture. Depuis plusieurs années, des recherches sont menées pour prévenir les risques d'endormissement et de perte d'attention. Le système « suivi de voie » mis en place par Renault se présente comme un instrument de contrôle de la trajectoire : il avertit le conducteur en cas de dérive et de sortie de route. Le programme européen Prometheus finance la mise au point de systèmes de prévention.

Les modèles à gonflement à deux niveaux *constituent déjà la deuxième génération des coussins gonflables.*

Les contrôles d'alcoolémie *effectués entre 20 heures et 22 heures donnent les résultats les plus inquiétants.*

Le contrôle radar : *des gendarmes visibles avec un dispositif contrôleur non camouflé.*

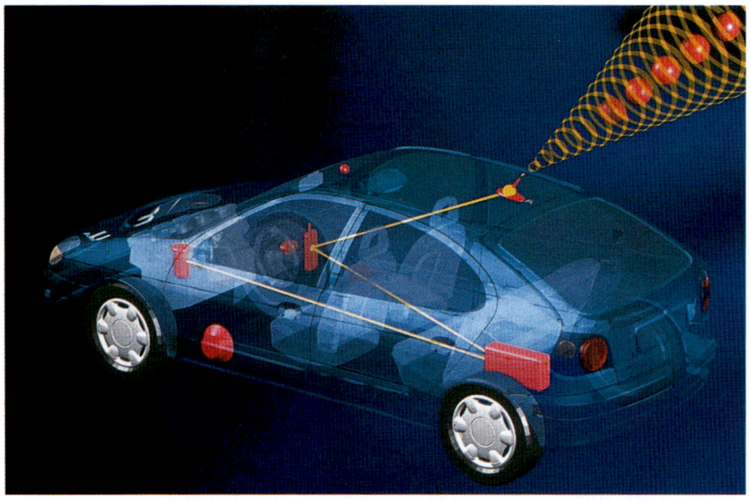

La télénavigation n'en est qu'à ses débuts, *mais elle offre déjà de multiples services, comme la localisation des véhicules ou la demande d'assistance dépannage.*

Les nouveaux équipements

Depuis une dizaine d'années, les multiples applications de l'informatique ont bouleversé l'équipement des voitures. Et les recherches actuelles préludent à la diffusion d'innovations de plus en plus surprenantes. Dans les années à venir, il est probable que des informations aujourd'hui

Le projet Praxitèle

En 1960, lors de sa visite officielle en France, Nikita Khrouchtchev avait jugé que l'étendue de notre parc automobile était un gâchis. Il est vrai que les véhicules sont souvent utilisés à mauvais escient : presque toutes les voitures disposent de quatre places mais, en moyenne, une ou deux places seulement sont occupées. En l'an 2000, la France compte une voiture pour deux personnes. Par an, il se vend autant de voitures que le parc national en comprenait dans les années 1950. Le projet Praxitèle a été lancé pour remédier à ces gaspillages : il s'agit d'optimiser l'emploi des véhicules en associant des voitures particulières à des transports collectifs. Les premières expériences ont consisté à proposer aux usagers des Renault Clio électriques sur des trajets de proximité et à leur réserver, comme aux taxis, des espaces de stationnement.

La Citroën Berlingo, version coupé de plage. *Recette : on part d'un modèle dont la mécanique et la plate-forme sont assurées, et on laisse aller son imagination. Ainsi le Berlingo Citroën est-il au départ un break familial dans l'esprit de ce que fut autrefois la 4 L Renault. On crée alors un proto beaucoup plus séduisant que l'original. L'avenir est probablement à la transformabilité avec carrosseries multiples.*

La Citroën C3. Cette petite berline à haute logeabilité se signale par de multiples astuces, dont les vide-poches, qui servent de paniers à courses. Cette voiture offre une habitabilité verticale unique pour les passagers de grande taille. Certains détails des prototypes, tels que les portes s'ouvrant vers l'arrière ou le toit transparent, n'ont pas été retenus en série. Son succès s'est affirmé en 2002-03.

***La Renault Avantime.** Pour Renault et Matra, elle a été un échec. Proposer un véhicule d'avant-garde et de luxe qui choque, ni BMW ni Mercedes ne s'y sont aventurés ! Ford et Renault ont vécu un cas similaire avec la Ka et la Velsatis.*

communiquées par le tableau de bord seront affichées sur le pare-brise. Le nouveau système permettra de gagner du temps dans la détection des informations : l'affichage de la vitesse, des températures et des niveaux sur le pare-brise présente en effet le grand avantage d'éviter la dispersion du regard.

De nombreuses innovations sont également annoncées dans le domaine de l'équipement ménager. L'interaction maison-voiture sera bientôt à l'ordre du jour : un système de télécommande permettra de réchauffer l'habitacle ou le siège de la voiture tout en prenant son petit déjeuner à domicile. Certains ont

Le téléguidage

Dans les grandes villes, tous les usagers seraient heureux de bénéficier d'un téléguidage qui leur permettrait d'éviter les embouteillages.
Nombreuses sont déjà les stations de radio qui interrompent leurs programmes pour signaler les encombrements, mais les systèmes de téléguidage seront beaucoup plus efficaces. Lancé en 1997, le système Carminat permet au conducteur de s'orienter dans la circulation au moyen d'un écran placé sur le tableau de bord. Adam (Automatic Debiting Application for New Motorway Service) est un autre système de téléguidage qui signale à l'avance la présence de nappes de brouillard et toute forme d'obstacles imprévus. Ici, c'est le véhicule qui émet des messages et qui reçoit des informations en retour.

***La Peugeot 307 CC.** Dans les années 1960, Renault s'était distingué avec sa Floride à carrosserie transformable coupé et cabriolet. Puis le marché des « silhouettes plaisir » fut abandonné aux modèles étrangers. Un nouveau souffle est venu avec la Peugeot 206 décapotable et avec la 307 CC, en 2004.*

La Renault Be Bop. *C'est une approche de plus au niveau du monospace compact, avec une version sportive et une tous chemins. Parmi les détails qui peuvent surprendre, une importante rampe centrale sépare les sièges, qui sont d'une minceur à laquelle on n'est plus accoutumé.*

La Citroën C3 Pluriel. *Comme la Renault Twingo à l'époque de son lancement, la Citroën C3 Pluriel fait penser à un gros jouet. Elle est trop chère et pas assez simple pour être considérée comme l'héritière de la légendaire 2 CV.*

aussi imaginé des systèmes qui répandent des odeurs agréables à l'intérieur de la voiture : si le XXe siècle fut le siècle de l'image et du son, le XXIe siècle sera peut-être celui des parfums.

Les systèmes de reconnaissance vocale constituent également un domaine de recherche particulièrement prometteur : l'objectif est de remplacer les commandes manuelles par des commandes vocales. En Europe, le projet Vodis associe Volkswagen, Peugeot-Citroën et Renault : des essais ont été effectués sur la Renault Safrane. Les techniques informatiques ont aussi suscité la mise au point de multiples dispositifs d'assistance à la conduite : Peugeot devrait bientôt équiper ses voitures de systèmes qui permettent l'allumage automatique des feux à l'approche des zones sombres (parkings souterrains, tunnels) et la mise en route des essuie-glaces dès les premières gouttes de pluie.

L'évolution des carburants

Aujourd'hui, le parc automobile est divisé pour moitié entre les véhicules à essence et ceux à gazole, car le nombre de véhicules équipés d'un moteur Diesel s'est considérablement accru. Cette progression s'explique par la généralisation de l'alimentation à rampe commune (Common Rail) et du turbocompresseur : ces nouvelles techniques ont permis à la fois de réduire la consommation des

Les pompes d'aujourd'hui indiquent l'indice d'octane des carburants : 95, 97 ou 98. *Les fabricants ont retiré des carburants le plomb qui lubrifiait les sièges de soupapes mais qui empoisonnait les sols. Néanmoins, les carburants contemporains continuent de dégager des vapeurs toxiques.*

La lutte contre la pollution des véhicules routiers est aujourd'hui une priorité. *L'imposition du pot catalytique a permis de réduire la pollution des gaz d'échappement.*

La collection des F1, *dont les premiers modèles (prototype A 440) remontent à 1973. En quelques années, Renault réussit à se tailler une place de premier plan dans la compétition. En 1979, la RS II fut la première voiture à turbocompresseur qui remporta un grand prix de formule 1.*

moteurs Diesel et d'obtenir des performances comparables à celles des meilleurs moteurs à essence. Aujourd'hui, le moteur Diesel d'une voiture familiale consomme environ entre 5,5 et 7 litres aux 100 km, et ses performances correspondent à celles des voitures à essence haut de gamme des années 1990, consommant entre 9 et 11 litres de super. En outre, le jeu des taxes et l'évolution récente du prix des carburants tendent à rapprocher artificiellement les prix du gazole et de l'essence.

En matière de pollution, chacun des carburants présente des inconvénients. La suppression du plomb dans l'essence réduit la pollution à la sortie des échappements, mais pose à l'industrie un problème délicat d'élimination des déchets. De plus, les carbures aromatiques des essences constituent une source de pollution atmosphérique. Aujourd'hui, les constructeurs travaillent à la mise au point du moteur à mélange pauvre, beaucoup moins polluant. On peut aussi espérer que les nouveaux filtres permettront, d'ici quelques années, de résoudre le problème posé par l'émission des oxydes d'azote. Il faudra néanmoins que les producteurs pétroliers trouvent le moyen d'éliminer complètement le soufre de leurs carburants.

De leur côté, les moteurs Diesel sont responsables d'émissions de particules, même si les dernières méca-

Le gaz de pétrole liquéfié

À l'heure actuelle, le gaz de pétrole liquéfié (GPL) reste le carburant le plus économique et le moins polluant (il ne contient pas de benzène). Néanmoins, des accidents meurtriers ont récemment jeté le doute sur sa sécurité : certains parkings publics refusent de recevoir des véhicules ainsi équipés. En France, les véhicules fonctionnant au GPL restent rares : sur 31 millions de véhicules routiers, on en compte seulement 100 000, alors que la Pologne, par exemple, dénombre 300 000 véhicules équipés en GPL. Il est vrai qu'à la sortie de la raffinerie le gazole est moins cher : seules de fortes incitations fiscales peuvent imposer le GPL. En outre, la consommation est de 15 % supérieure à celle d'un moteur à essence normale : il faudrait donc réduire de moitié le prix du GPL pour le rendre compétitif.

Dans les villes, les cyclistes ne sont pas les mieux lotis. *La création de pistes cyclables isolées de la voie automobile, comme ici, paraît la meilleure solution. L'exposition des cyclistes à la pollution urbaine est une autre question…*

Le problème de la pollution

Même si les véhicules du début du XXIe siècle polluent cent fois moins que les voitures de 1970, le niveau de la pollution atmosphérique reste inquiétant. Des mesures draconiennes paraissent indispensables : si l'accroissement de la population mondiale se poursuit au rythme actuel, il faudra impérativement mettre au point, dans les trente années à venir, des moteurs qui ne polluent plus du tout. On ne pourra en effet empêcher les pays en développement de se doter, comme les pays industrialisés, d'un parc automobile de plus en plus étendu.

nisations bénéficient depuis 1998 de la pastille verte : les améliorations apportées aux procédés de remplissage et de combustion ainsi que l'imposition des pots catalytiques ont contribué à réduire la nature polluante des émissions. Par ailleurs, les nouveaux filtres à particules permettront bientôt de limiter les résidus physiques émis par les moteurs Diesel.

Le véhicule hybride essence-électricité

Dans l'état actuel des techniques, la solution du véhicule électrique reste réservée à la circulation urbaine : seules des batteries relativement lourdes et coûteuses permettent en effet d'emmagasiner suffisamment d'énergie. C'est l'obstacle principal à la percée de la voiture électrique. L'idéal serait de disposer de deux batteries dont chacune présenterait le volume d'une valise et ne pèserait pas plus de 50 kg : l'une serait en charge pendant que l'autre serait utilisée. Ce dispositif permettrait d'assurer une autonomie de 300 km et d'atteindre une vitesse comprise entre 90 et 110 km/h. Dans le cas où ce cahier des charges serait respecté, la bataille du « tout électrique » serait gagnée.

Un prototype de voiture électrique : *la Peugeot Ion, dotée d'une carrosserie originale.*

Sans doute, pour les dix à quinze premières années du XXIe siècle, la solution réside dans la mise au point d'un véhicule hybride, électrique et thermique : le moteur électrique serait utilisé en ville et le moteur thermique, sur route ; dans le cas de fortes accélérations, les deux moteurs fonctionneraient simultanément. Aujourd'hui, tous les pays travaillent à ce projet, et un premier modèle est déjà commercialisé au Japon. Le véhicule est au point, mais la double mécanisation restera encore, pour quelques années, une solution coûteuse. En France, Renault a mis au point le prototype Next, qui consomme 3,4 litres aux 100 km et atteint une vitesse de 147 km/h. La pollution du moteur est ramenée à son taux le plus bas.

La pile à combustible

Depuis que l'Europe est obligée d'importer ses carburants, elle rêve de moins dépendre des producteurs de pétrole. L'issue du conflit de 1940-1945 fut largement liée à l'énergie ; ensuite, les alertes de 1974 et 1979 sensibilisèrent un temps chercheurs et hommes politiques en quête d'énergies nouvelles. Il y a quelques décennies, on évoquait régulièrement la mise au point du moteur à eau par un professeur Tournesol un peu idéaliste, puis l'affaire capota ; on dit alors que les pétroliers avaient racheté les brevets pour éviter l'avènement de la mécanique qui, elle, ne coûtait rien !

La pile à combustible, qui porte le nom de code PAC, suscite aujourd'hui de grands espoirs. L'électrolyte est un polymère. L'humidité additionnelle permet d'améliorer la réaction chimique, laquelle est provoquée par l'électricité. L'eau ainsi produite est en partie recyclée grâce à un condenseur. La mécanique n'envoie que de la vapeur d'eau dans l'atmosphère.

Le recyclage des matériaux

Personne n'est très heureux d'avoir une « casse-auto » à proximité de chez lui. La lutte contre la pollution passe aussi par le recyclage des déchets. L'objectif est aujourd'hui de mettre au point des matériaux qui ne laissent plus aucun déchet. Si l'aluminium ou l'acier sont aujourd'hui faciles à recycler, la déstructuration des matériaux synthétiques reste particulièrement polluante. On estime qu'en 2002 les matériaux entrant dans la constitution des véhicules routiers seront recyclables à 85 %. L'objectif est de porter ce taux à 95 % en 2015, tout en valorisant le recyclage.

Le boîtier d'appel d'assistance routière, *placé dans la partie inférieure de la planche de bord : une innovation présentée par Renault en 1997.*

La Peugeot 407 Elixir. *Ce modèle avancé de la 407 semble arriver à un équilibre entre les lignes rondes et les lignes acérées.*

La Peugeot 607 Féline. *Présentée en 2000, en même temps que la version berline-limousine 607, la Féline est destinée à une clientèle fortunée. Ce beau modèle renoue avec les rêves des années 1950. On redécouvre aujourd'hui les qualités des très grandes roues…*

Les acquis et les rêves

L'évolution des phares *a contribué à transformer l'avant des voitures : l'utilisation des lampes halogènes puissantes autorise des formes audacieuses.*

L'application des techniques informatiques à l'automobile consacre l'avènement de la « voiture intelligente ». Les dispositifs d'assistance à la conduite permettent à l'automobiliste de s'appuyer sur de multiples automatismes.

La voiture intelligente

Le système d'antiblocage des roues permet d'éviter le patinage et le dérapage : la force de freinage est répartie automatiquement sur chacune des roues.

Bientôt, les coussins gonflables seront capables de mesurer le poids du passager : en cas de choc, la réaction du dispositif sera adaptée à sa morphologie. Selon les experts, les systèmes d'assistance à la conduite, de plus en plus intelligents, devraient réduire les accidents de moitié d'ici 2015-2020.

Des systèmes de plus en plus perfectionnés protègent aussi la voiture et l'automobiliste contre le vol et l'agression. Depuis que les dispositifs d'alarme et de sécurité sont devenus inviolables, les voleurs se sont attaqués aux conducteurs : la parade réside alors dans un système de blocage à retardement ou de balisage, qui crée l'insécurité chez le voleur lui-même.

Bientôt, la clef de contact sera remplacée par une carte intelligente, qui réglera d'avance le siège, la direction et le rétroviseur en fonction du conducteur. Au Japon, un million de véhicules sont déjà équipés d'une carte-contact. Mais une carte se perdra-t-elle moins facilement qu'une clef? Et les cartes-contact ne seront-elles pas falsifiées comme les cartes bancaires ?

Quoi de neuf côté suspension ?

Citroën, qui lança la suspension hydropneumatique en 1955, continua d'équiper ensuite ses CX, XM, BX et Xantia avec ce système. À la mollesse oscillante d'autrefois a ainsi succédé une suspension plus ferme mais offrant des débattements faibles, et tolérée par tous, ce qui n'était pas le cas sur les versions de 1955-1970. Dernier perfectionnement : les suspensions hydractives mises au point sur la Xantia en 1993-1994 et qui équipent la XM l'année suivante. Encore plus perfectionnées que les suspensions oléopneumatiques, elles assurent une stabilité irréprochable en ligne et en courbe. C'est la suspension dite intelligente, associant l'électrique à l'hydraulique.

Avec la Clio, Renault a renouvelé l'opération qui avait réussi à la R 5 Turbo vingt ans plus tôt : *le moteur V6 à 24 soupapes, qui ne pouvait être logé sous le capot, a pris place au centre de la voiture. La Clio Sport est devenue une vraie deux-places. Sa carrosserie compacte dissimule une mécanique de 3 000 cm³. Ci-contre : le moteur de la Turbo Clio.*

Radio et télévision à bord

Si presque toutes les voitures disposent aujourd'hui d'une radio – ce qui n'était pas le cas il y a vint-cinq ans –, la voiture du XXIe siècle sera équipée d'un écran. Pour s'orienter dans la circulation, le conducteur pourra s'aider d'un « skipper » : un plan électronique placé à hauteur du pare-soleil. Des points lumineux lui signaleront la présence des bouchons, en ville comme sur les routes.

En 1998, la Citroën XM fut déjà équipée d'un ordinateur de bord à écran tactile, qui pouvait être connecté au réseau Internet. Le système permet de prendre connaissance de l'état du trafic ou des prévisions météo, des informations précieuses par temps de neige et de verglas. La voiture peut aussi recevoir des télécopies et des courriers électroniques, mais toute cette activité n'est pas forcément compatible avec une conduite détendue et présente les mêmes dangers que le téléphone portable.

On peut espérer que les nouvelles techniques pourront offrir bientôt, au fil des itinéraires, des informations touristiques sur les régions traversées. Les cartes routières et les guides touristiques qui s'afficheront sur les écrans viendront ainsi agrémenter la conduite.

Rien ne sera jamais parfait

L'automobile d'aujourd'hui ne connaît presque plus les pannes qui sévissaient il y a cinquante ans. Les pièces d'usure sont beaucoup plus durables. Ainsi, un embrayage qui rendait l'âme au bout de 70 000 km dans les années 1970 dure maintenant au-delà de 120 000 km ; même chose pour les cardans. En revanche, plus nos voitures se perfectionnent, plus l'électronique devient complexe. On a remplacé les kilomètres de fils par des conducteurs à fonctions multiples... Le résultat : des incidents aléatoires et des pannes mal identifiées et qui paradoxalement frappent d'autant plus les voitures qu'elles sont de haut de gamme.

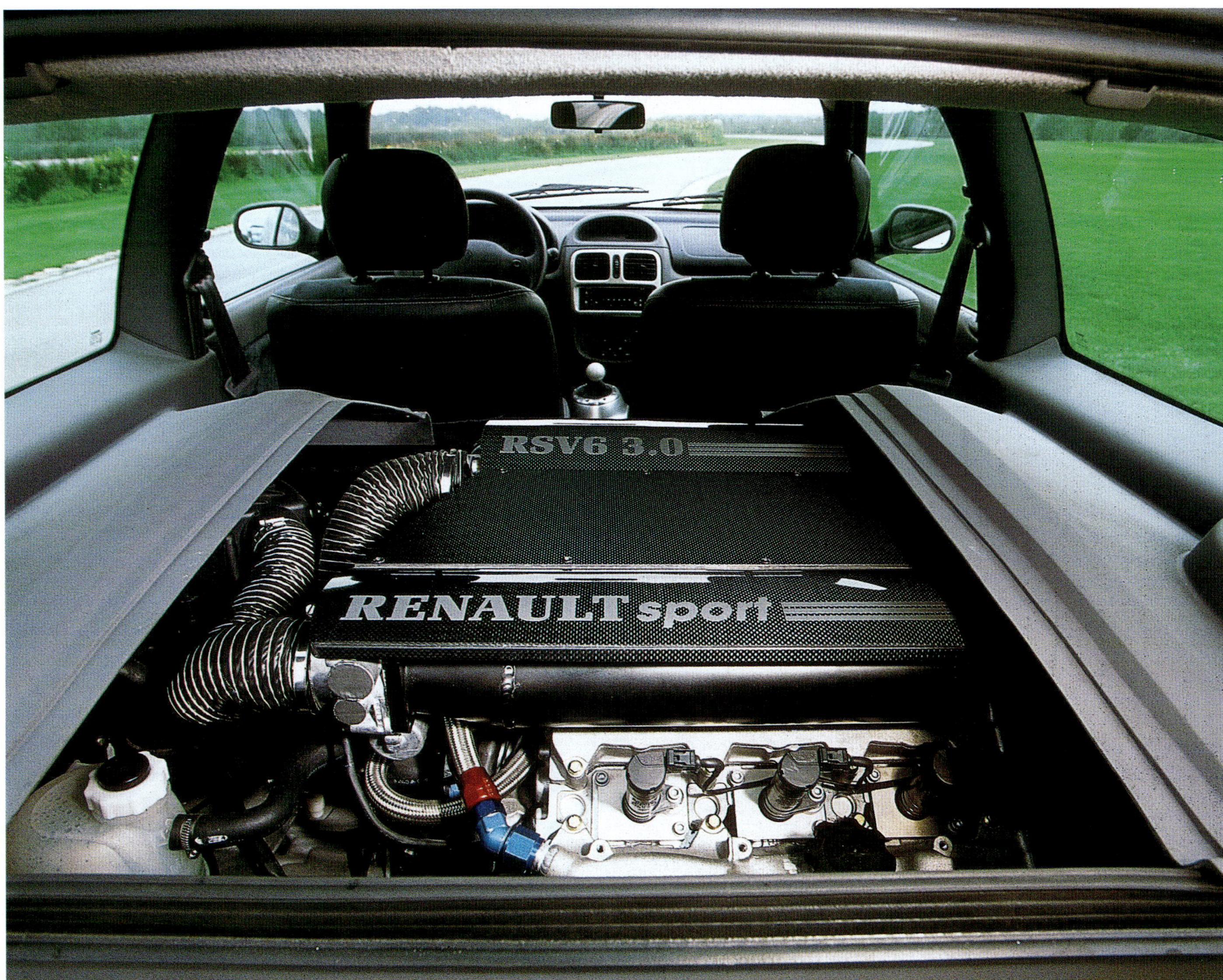

***La Citroën C-Airlounge.** Cette voiture fait partie de ces concept-cars des années 2003-04, qui préfigure avec fidélité ce que seront les modèles des années 2005-06. Cet exemple du futur adopte les grandes tendances nées après 2000 : sièges très séparés, élimination des commandes au tableau et report de celles-ci autour des sièges et du volant, retour aux intérieurs clairs, etc. Il y a, en même temps, une recherche des lignes arrière, à mi-chemin entre break et berline, déjà adoptée sur d'autres voitures mixtes européennes.*

***Variante enrichie de bois précieux sur Xantia : boîte automatique finition « Exclusive ».** Les voitures actuelles se caractérisent par un écran central affichant toutes sortes d'informations : températures, sélection radio… Sur les voitures dotées d'un compte-tours, la pendule devient 100 % digitale.*

Les Citroën du XXIe siècle

C'est au Salon de Francfort de 1999 que Citroën a levé le voile sur ses modèles du futur. Parmi eux, la Citroën C3, présentée au printemps 2003 comme un véhicule « tout en un », une voiture multiusages, qui perpétue l'esprit d'innovation de la marque. Équipée d'un moteur de 1 400 cm^3, elle mesure 3,92 m de long et est vendue 15 000 euros. La C3 Pluriel est une version coupé-cabriolet à deux portes, transformable en version pick-up. Pourtant la C3 n'est pas au XXIe siècle ce que la 2 CV était au XXe. Même si cette voiture contemporaine va dans le sens de la simplicité, les manipulations nécessaires à sa transformabilité ne sont pas pour autant évidentes. Dans le même genre, on peut regretter la Méhari d'il y a trente-cinq ans, qui malheureusement ne correspondrait plus du tout aux normes de sécurité actuelles.

Quant à la petite dernière de Citroën, la C2, lancée au début du siècle, tout se passe comme si elle souhaitait prendre une place en bas de l'échelle des tailles sans trop se faire remarquer (voir pages 194-195).

Dans la catégorie supérieure, avec le lancement de la C5, la marque se positionne dans la tradition des héritières de la DS. Cette voiture s'est en effet appropriée massivement la clientèle des retraités aisés, à la recherche de confort, sans révolution – un paramètre que Renault n'a pas su prendre en compte avec l'Avantime ou la Velsatis.

Présentée au Salon de Francfort en 2003, la C4 de Citroën est la synthèse entre aérodynamisme, modularité intérieure et volume disponible. Elle est dotée d'une silhouette tout en rondeurs et d'un aménagement intérieur particulièrement novateur. La mécanique du proto est un V6 de 210 ch (152 kW) avec une boîte de vitesses automatique adaptative. L'intérieur est dit « zen » par le constructeur mais il peut adopter une ambiance baroque grâce à un procédé nouveau de variabilité des nuances internes. Cette voiture est équipée de pneus Michelin Pax-System qui permettent de rouler encore quand la roue est crevée.

Le moteur de la Citroën Xantia. *Depuis une quinzaine d'années, les moteurs ne sont plus seulement techniquement irréprochables : ils sont aussi esthétiques. Les courroies crantées ou multigorges remplissent des fonctions et adoptent des géométries qui laisseraient rêveurs les mécaniciens des années 1960.*

Le moteur HDI, dernière version du moteur Diesel, doté d'une rampe commune d'alimentation. *Le diesel du nouveau siècle « claque » moins que ses prédécesseurs, monte en régime rapidement, consomme moins et offre une grande fiabilité. Ci-dessous, le schéma de fonctionnement de l'injecteur multijet.*

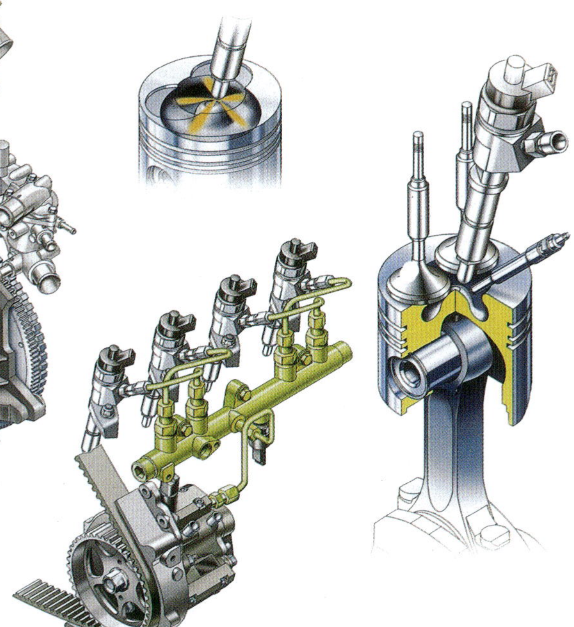

Ce qui manque encore...

L'automobile continue d'être conçue pour des conducteurs qui n'ont rien perdu de leur souplesse. Pour les personnes âgées, il n'est pas toujours facile de s'extirper d'un véhicule. Pourtant, des constructeurs américains avaient déjà songé, il y a trente ans, à doter des voitures décapotables de sièges pivotants. Dans beaucoup de modèles, il est souvent difficile de sortir une grosse valise du coffre arrière : un accès direct, comme l'offraient les CX et les GS, serait plus commode. Les familiales ordinaires pourraient aussi profiter des efforts qui sont déployés pour rendre les monospaces plus agréables à vivre. Les coussins gonflables ont réduit la contenance des vide-poches : pourquoi ne pas imaginer d'aménager des boîtiers au plafond, comme il y a soixante ans ? La sonorisation individuelle pour les passagers (berceuse et musique douce pour bébé, infos-route pour le conducteur) mériterait aussi d'être développée. Enfin, un gadget serait utile : un ventilateur refroidisseur, alimenté par l'énergie solaire, permettrait de climatiser la voiture à l'arrêt, en plein soleil.

Sous le capot de la Renault Clio « Évolution 2000 ». *Le vaste carter insonorisant et protecteur dissimule les courroies, les tuyauteries et les câblages : on ne bricole plus sur les mécaniques contemporaines.*

Les nouveaux concepts

Tout le monde les connaît et a roulé dedans, aussi ne ferons-nous qu'un sommaire passage en revue de tous ces modèles qui ont marqué la fin du XXe siècle pour nous replonger dans l'actualité des dix dernières années.

La Peugeot 104.

Au cours de ses dernières années d'existence, la Peugeot 204 fut plusieurs fois rajeunie. En 1982, elle est équipée de jantes en alliage. Avec son moteur de 80 ch, cette Peugeot 104 ZS était une bonne initiatrice au sport automobile.

La Peugeot 309.

Après l'absorption de Talbot par Peugeot, cette voiture, qui porte ombrage à la Peugeot 305, est condamnée à une existence éphémère. Commercialisée à partir de 1985, elle est proposée dans une version sportive tout à fait digne de la 205 GTI. Les accessoires donneront aux derniers modèles des airs de 405.

De la Peugeot 205 à la Peugeot 206

Lancée en 1983, la Peugeot 205 s'est rapidement imposée à la clientèle française : en 1991, ses ventes représentaient 12 % du marché. Au début des années 1990, le constructeur lança deux versions dérivées : la Peugeot 106, dotée d'une nouvelle carrosserie, et la Peugeot 306, dans la catégorie supérieure. Toutefois, quinze ans après le lancement de la 205, il n'était plus possible de se contenter de simples versions modernisées : la Peugeot 206 fut lancée en septembre 1998. Comme la Renault Twingo, la nouvelle petite Peugeot, dotée d'un capot raccourci, suivait les tendances des monospaces. Son poids dépasse de 100 kg celui de la 205 : compte tenu des renforts apportés, c'est une performance. Sa consommation est légèrement inférieure à celle de sa grande sœur, et les émissions de polluants sont divisées par dix. Enfin, la 206 est équipée du coussin gonflable, encore inconnu sur la 205. Le succès sera rapide : plus d'un demi-million de 206 seront produites en 1999.

La 206 Roland-Garros. *Inauguré avec ce modèle, le toit transparent est devenu une spécialité de Peugeot qui le propose maintenant sur la 307 SW. Dans les années 1950, Simca avait déjà utilisé une version de toit ouvrant à deux panneaux sur la Régence. Cet agrément en vogue a un inconvénient : il oblige à alourdir le véhicule. Renault le propose également sur la Mégane.*

La Talbot Tagora.

Cette grosse voiture aux lignes tendues ne déméritait pas, mais ses ventes souffrirent des multiples restructurations du groupe. Après l'absorption de la marque par Peugeot, la Tagora entre en concurrence avec la 604 : sa carrière sera donc éphémère. La Talbot Tagora est l'une des premières voitures équipées d'un ordinateur de bord. Trois moteurs sont proposés : 2 litres, 2,3 litres et 2,6 litres.

La Talbot Murena.

C'est une des rares sportives originales du début des années 1980. Héritière des Matra, elle dérive de la Bagheera de 1973. Deux moteurs sont proposés : 1,6 litre et 2 litres. Ses performances : 180 km/h et 200 km/h.

La Citroën BX.

Son lancement fut l'événement du début des années 1980. Les premières versions sont dotées d'un tableau de bord original et peu pratique, mais, à partir de 1987, le constructeur opte pour une planche de bord plus traditionnelle. La Citroën BX sera proposée avec de multiples mécanisations, du 1 400 cm³ essence à la version GTI, en passant par un increvable diesel avec ou sans turbo.

La Renault 9.

Publicité pour la version cabriolet de 1982. Vendue aux États-Unis, cette version Alliance est équipée de pare-chocs spéciaux, adaptés au goût de la clientèle américaine. À cette époque, les modèles Renault sont dotés de finitions séduisantes, qui rompent avec la monotonie des modèles antérieurs.

1992 : la Renault Twingo

C'est une des voitures les plus novatrices de son temps, comme avait su l'être la R5 vingt ans plus tôt. La Twingo est la première petite voiture monospace réussie, grâce à la modularité de ses sièges arrière, à sa vaste habitabilité à l'avant. Elle fait aujourd'hui partie du paysage routier.

Le lancement de la Renault Twingo s'appuya sur une campagne publicitaire très originale, dont le slogan était : « À vous d'inventer la vie qui va avec. » Le véritable modèle n'apparaissait pas sur les images : un dessin animé montrait deux personnages stylisés et sympathiques, dont la danse était rythmée par un jingle qui sera vite mémorisé par le public. Seule une voiture aussi remarquable pouvait se permettre de suggérer par un graphisme aussi rudimentaire son principal atout : la transformabilité. Les sceptiques, qui répétaient en souriant qu'il ne lui manquait que la clef sur le toit pour en faire un jouet, furent bien vite séduits par cette voiture à la carrosserie novatrice et a priori plus féminine que masculine. La nouvelle Renault, qui se révéla une excellente petite voiture de ville, réussit rapidement à conquérir une vaste clientèle.
Le constructeur eut l'habileté d'équiper les premières versions d'une mécanique déjà largement amortie, ce qui lui permit de les proposer à un prix compétitif.
À la fin de l'année 1999, la Twingo représentait le dixième des ventes sur le marché français des 4-5 CV, pourtant âprement disputé.
Malgré son succès sur le marché national, la petite Renault eut du mal à s'imposer en Allemagne, où il fallut l'équiper du système ABS et de coussins gonflables à l'avant pour assurer sa percée.

2003 : la Citroën C2

Une drôle de frimousse qui fit sourire en 1992, *mais à laquelle le public s'est rapidement habitué. Lancée en 1998, la seconde version de la Twingo bénéficie de nouvelles couleurs.*

Vue de l'avant comme de l'arrière, *la C2 n'a rien de révolutionnaire, contrairement à ce qui était le cas pour la Twingo. On pourrait même dire qu'aujourd'hui, la majorité des petites étrangères (Fiat, VW) a des airs de famille avec elle.*

L'intérieur joue la gaieté des couleurs *avec une ergonomie à tous niveaux digne des modèles plus gros. Après la C3 Pluriel, c'est le retour à un classicisme de bon aloi.*

Une seconde petite française

La Citroën C2 ne remplacera pas la mythique 2 CV et c'est peut-être le signe que la voiture « à tout faire » n'est plus ce qu'attendent les usagers aujourd'hui. La gamme des moteurs essence et Diesel correspond aux goûts variés des conducteurs et n'en fait nullement une voiture poussive. D'ailleurs cette C2 dispose de tous les équipements qui, il y a cinq ans encore, étaient réservés aux modèles haut de gamme.

La Citroën Saxo.

Est-ce la dernière héritière d'une dynastie ? Depuis le lancement de la Renault 5, en 1973, les petites deux-portes auront connu près de trente ans de gloire. Présentée en 1995, bien après la Peugeot 205, la Saxo est une petite voiture pratique qui répond à des attentes classiques, mais qui est destinée à céder la place à des modèles plus inventifs : la C3 et la Pluriel.

Renault entre aujourd'hui et demain

Dans les années 1990, la Renault Safrane fut la référence en matière de belles et grosses berlines, même si, en huit années de carrière, elle ne fut produite qu'à 300 000 exemplaires. Aujourd'hui, si l'on en croit les informations et les concept-cars, la future grosse berline de Renault serait une nouvelle version de l'Espace qui se présenterait comme un vaste coupé (l'Avantime) ou comme un véhicule de conception tout à fait nouvelle (la Velsatis). Dans la catégorie des « voitures à vivre », les Clio, Twingo, Scenic et autres Kangoo, qui sont encore de sages familiales, seront sans doute remplacées par des modèles plus dynamiques. Avec la Clio, Renault dispose pourtant d'une valeur sûre. Sur le marché des petites voitures, qui représente 40 % des ventes en France et 30 % des ventes en Europe, la Renault Clio occupe une position de premier plan. En 1999, ce fut la voiture la plus vendue en France : ses ventes représentaient 20 % du marché.

***La Renault Clio.** Apparue en 1991, la Renault Clio fut l'incontestable succès de la décennie. Plus spacieuse que la Super 5, elle fut dotée de lignes arrondies : son lancement s'appuya sur une campagne publicitaire qui la présenta comme une « matière vivante ». Au fil des années, Renault réussit à présenter son modèle sous toutes les déclinaisons, du modeste coupé (ici) au véritable monstre des sports.*

La Citroën Xantia.

Lancée en 1993, la Xantia est une incontestable réussite. Hormis le break, elle sera proposée dans une seule carrosserie, mais dotée de multiples équipements et mécanisations : les versions les plus luxueuses seront équipées du moteur V6 et de la suspension Activa, qui fera de cette berline un des modèles les plus sûrs de son époque.

La Peugeot 306.

La version 3 volumes 4 portes de la Peugeot 306 est présentée en 1995. Malgré ses remarquables qualités, ce modèle s'est heurté à la concurrence de la version 2 volumes 5 portes. Il est vrai que, depuis la Renault 16, la formule des 5 portes est particulièrement appréciée de la clientèle française.

Ce modèle est la 306 HDI, dotée de luxueuses finitions de cuir. L'automobiliste du XXIe siècle pourra s'offrir, comme dans les années 1960, des intérieurs bleus, verts ou bruns.

La Mégane Classic.

La version 3 volumes 4 portes de la Mégane est présentée en 1996. En France, elle souffre du même handicap que la 306 Peugeot 4 portes : ces versions sont surtout appréciées en Grande-Bretagne, en Allemagne, en Europe du Nord…

La Mégane Scenic 4 x 4.

Avec cette version de la Mégane Scenic, lancée en 2000, Renault franchit un nouveau pas vers le tourisme familial « tous chemins », un concept exploité depuis longtemps par les constructeurs américains et japonais sous la forme de breaks à capot classique. La présence d'un essieu arrière articulé impose de déplacer la roue de secours, qui retrouve la place qui lui était réservée sur les Jeep il y a soixante ans.

La Peugeot 806.

À la suite de Renault, Peugeot s'est lancé à son tour sur le marché des monospaces. Fruit d'un travail de collaboration avec le groupe Fiat, le monospace 806 est lancé en 1994. À la différence de la Renault Espace, ce modèle n'existe pas en version allongée.

La Mégane Estate.

Renault présenta une version 5 portes de sa nouvelle Mégane, qui ne fit pas l'unanimité côté clientèle européenne. Dès 2003, le style était rectifié avec l'apparition de la berline 4 portes, apte à séduire les clientèles anglaise, allemande, nordique ainsi que les traditionalistes français. Le break Mégane Estate est également une approche intéressante proposée aux mêmes prix avec les mêmes finitions.

La Citroën Picasso

Exposée au Salon de Paris de 1998, la Citroën Picasso est commercialisée à partir du printemps 2000. Le lancement de ce monospace de moyenne catégorie fut soutenu par un spot publicitaire qui montrait la chaîne automatique barbouillant à gros traits la carrosserie, tandis qu'un jingle annonçait : « Je ne veux pas travailler. » De même que la Renault Scenic est bâtie sur la plate-forme de la Mégane, la Picasso est construite sur l'excellente plate-forme de la Xsara. Les deux modèles ont une caractéristique commune : la convivialité. Pour le constructeur, il s'agissait de réussir la synthèse entre la berline et le monospace : cette familiale d'un genre nouveau se singularise en effet par son volume, son confort, ses tiroirs de rangement et ses multiples volumes disponibles.

Dès 1994, le constructeur fournit des informations sur le prototype de la Citroën Picasso. La voiture est déjà présentée comme une familiale confortable, agréable à vivre. Pour des raisons techniques de production, toutes les innovations du prototype ne seront pas retenues.

L'intérieur de la Citroën Picasso illustre une tendance qui s'est manifestée sur la Renault Twingo presque dix ans auparavant : la centralisation des organes de contrôle sur le tableau de bord. Les systèmes analogiques sont abandonnés au profit de dispositifs à cristaux liquides. Les chiffres et les voyants apparaissent en deux couleurs : orange ou vert.

Construite sur la plate-forme de la Xsara, la Picasso se distingue de la berline par son habitabilité. Ce monovolume compact est une familiale tout en rondeurs, destinée à concurrencer la Mégane Scenic.

La Citroën Berlingo Grand Large.

Présentée en 1996, la Citroën Berlingo est un véhicule multiusages : commercial, familial et artisanal. C'est en somme une camionnette qui peut se transformer en break. Situé très haut, le pavillon permet de transporter des meubles, des outils de jardin et des équipements de sport.

La Scenic, 2e génération.

Très spacieux et pratique, ce modèle, redessiné en 2003, a été présenté au Salon de Genève. Véritable monospace compact, il est équipé de pneus Michelin PAX qui permettent de rouler encore à 80 km/h après une crevaison durant 200 km.

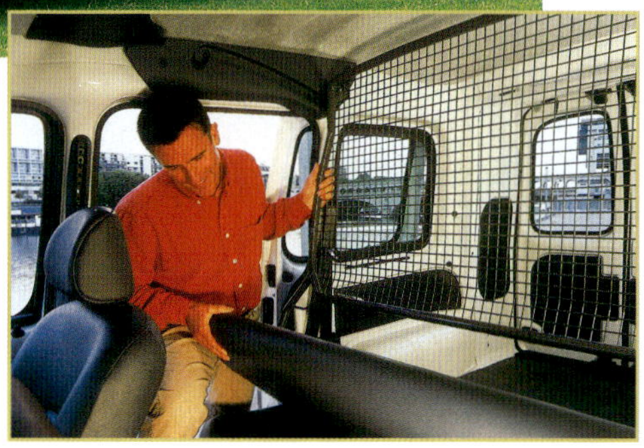

La Renault Kangoo.

Cette voiture n'est pas tout à fait l'héritière de la 4 L, ne serait-ce qu'au niveau du prix. Aujourd'hui, voiture pratique ne veut plus dire véhicule sous-équipé et de finition bâclée. L'accès par la porte coulissante droite fut un tel succès que, depuis novembre 1999, ce modèle est également doté d'une porte gauche coulissante, fort pratique pour les chargements.

La Kangoo se distingue notamment par le volume de son habitacle. Sur ce genre de modèle, les fabricants déploient de grands efforts pour répondre aux attentes les plus variées de la clientèle, comme en témoigne l'aménagement d'un espace pour accueillir les chiens.

Les voitures les plus vendues au XXe siècle

Le fait que ces modèles français soient tous récents, ou du moins qu'ils aient moins de 50 ans, ne doit pas étonner. En effet, si jusqu'en 1950 un modèle fabriqué à 100 000 exemplaires était considéré comme ayant atteint un bon score, aujourd'hui nous parlons en millions de modèles construits.

– La Renault 4 L, de 1961 à 1992, date de lancement de la Twingo : 8 millions d'exemplaires vendus.
– La 2 CV Citroën, née en 1948 mais vraiment sur les routes à partir de 1950-1951 : 4 millions d'exemplaires.
– La Renault Dauphine (1956-1968) : 2,1 millions d'exemplaires.
– La Peugeot 205, née en 1982 : 5 millions d'exemplaires vendus en un peu plus de quinze ans.
– La Renault Clio, en 1999, soit en moins de dix ans : 4,7 millions d'exemplaires.
– La Renault 5 : en vingt ans, 3,2 millions d'exemplaires.

La Safrane. Elle fut, dans les années 1990, la référence en matière de belle et grosse berline, devant la Peugeot 605. Pourtant, la Safrane n'a été produite qu'à 300 000 exemplaires en huit années de carrière, soit moins que la R25.

La Peugeot Partner.

Cette voiture, qui est l'équivalent du Berlingo chez Peugeot, est aussi proposée dans une version 4 x 4. Véhicule multiusages, elle répondra sans doute aux attentes d'une partie de la clientèle des campagnes.
Sur ce marché, elle devrait permettre à Peugeot de rivaliser avec les marques japonaises.

L'évolution des techniques et des formes

1945-1960

Dès 1950, le pneu à carcasse radiale, mis au point par Michelin, équipe la traction avant 15. Monté en série, il porte le nom de Michelin X. Par la suite, de nombreux constructeurs français adopteront le pneu à carcasse radiale, préféré au pneu sans chambre.

Durant l'hiver 1951, sur les pneus apparaissent les crampons. La même année, les servofreins voient le jour aux États-Unis ; trois ans plus tard, l'adoption des freins à disque, qui ne présentent pas d'effet d'engagement, imposera leur généralisation.

Cette couverture de magazine *montre que l'idée d'utiliser le gaz propane (ou tout autre gaz) en bouteille n'est pas nouvelle.*

Une petite marque allemande, Goliath Gutbrod, est la première à équiper ses moteurs deux-temps d'un système à injection directe. C'est Bosch qui en est le fournisseur : durant les trente années qui suivront, le fabricant allemand fournira la plupart des marques qui adopteront le système à injection. En Allemagne, le moteur à injection équipera la Mercedes 300. En France, Peugeot sera le premier à faire confiance à l'injection, avant que Citroën n'en dote ses DS 23.

En 1953, une marque française, Allinquant-De Carbon, lance l'amortisseur à gaz, qui permet d'améliorer le confort et la tenue de route, mais qui est bientôt supplanté par l'amortisseur hydraulique à pression de gaz : l'amortisseur « hydropneumatique ».

Les premières vraies suspensions hydropneumatiques sont montées en 1954 sur la traction avant 15 et, l'année suivante, sur les DS et les ID. À la même époque, le constructeur espagnol Pegaso met au point la première ceinture de sécurité.

La DS 19 en 1955 est la première voiture française équipée de freins à disque – une solution inspirée par la Jaguar XK 140 et reprise par les ingénieurs de Citroën. Si Peugeot met longtemps à les adopter, Renault les monte sur les quatre roues de la R 8 en 1962.

Dernière grande innovation de la décennie : la traction avant à moteur transversal, adopté par la Mini Austin en 1959. L'année suivante, Renault songe un moment à en équiper la 4 L, mais se heurte au problème du placement de la boîte de vitesses et finit par conserver une solution classique. Dans la catégorie supérieure, la Citroën CX adoptera cette disposition quelques années plus tard.

1961-1980

Aux États-Unis, la Chevrolet Corvair est équipée dès 1961 d'un turbocompresseur, mais il faudra attendre un peu plus de dix ans pour que la suralimentation soit adoptée par les grands constructeurs. En Allemagne, BMW et Porsche sont les premiers à s'y rallier ; en France, le turbo fera ses premières armes sur la Peugeot 604 et la Renault 5.

En 1962, une voiture allemande, la Glas 1500, est la première automobile pourvue d'une courroie de distribution crantée. Les risques de rupture ralentiront la diffusion de cette technique dont les avantages sont pourtant nombreux : absence de graissage et de réglage, silence et légèreté, même à des régimes élevés.

Le principe du moteur Wankel, dont la simplicité est séduisante, est formulé dès 1960. Quatre ans plus tard, le constructeur allemand en équipe la NSU RO 80, avant que Citroën ne le monte sur la M 35, puis sur la GS birotor. Cette mécanique, aujourd'hui abandonnée, présente néanmoins le défaut d'une consommation excessive. Expérimentés aux Vingt-Quatre Heures du Mans en 1962, les premiers phares à iode apparaissent deux ans plus tard, mais ils resteront réservés aux modèles de luxe jusqu'à la fin des années 1970.

Jusqu'en 1965, seuls les véhicules de l'armée et les voitures tout terrain sont équipées de quatre roues motrices. Leur version civile, qui portera le nom de transmission intégrale, sera présentée sur l'Audi Quatro.

En 1967, l'injection électronique apparaît sur la Volkswagen 411. En France, Citroën l'adoptera un peu plus tard pour en équiper la DS 23 Injection électronique.

Le système des quatre soupapes par cylindre, qui permet d'accélérer et d'améliorer le remplissage des cylindres, est présenté en 1973 sur une Triumph. Plusieurs modèles japonais l'adopteront ensuite, mais il faudra attendre la fin des années 1980 pour que cette technique coûteuse soit généralisée.

En 1977, les chercheurs allemands de l'Institut Weissach mettent au point l'essieu à roues arrière directives passives : l'essieu autodirectionnel, qui est monté sur une Porsche 928. En France, la Citroën ZX et la Peugeot 605 seront à leur tour équipées d'un essieu autodirectionnel.

La même année apparaît l'allumage électronique, qui supplantera bientôt les systèmes classiques. En France, il est d'abord monté sur les Citroën GS et LN.

En 1978, la Peugeot 604 est équipée d'un turbo Diesel. Le turbocompresseur se généralise dans les dix années qui suivent.

Adopté par l'aviation au début des années 1960, le système antiblocage des roues au freinage ne sera appliqué à la construction automobile qu'une dizaine d'années plus tard. Mis au point par Bosch, l'antiblocage électronique des roues est présenté en 1978 sur une Mercedes. Rapidement, le système sera proposé en option sous le nom d'ABS.

1980-2004

Au début des années 1980, les performances mécaniques sont constamment améliorées. Le moteur multisoupapes est associé pour la première fois au turbo sur la Lotus Élite. Par la suite, de nombreuses grosses voitures en seront équipées, mais c'est seulement sept à huit ans plus tard qu'il deviendra courant sur des voitures familiales de 2 litres et plus. En 1981, le biturbo apparaît sur une Maserati. Quatre ans plus tard, Volkswagen présente un nouveau type de compresseur volumétrique qui sera utilisé sur la Polo. À la fin des années 1980, le turbo sera proposé en France sur la plupart des moteurs Diesel et essence.

Durant les années 1990, les équipements qui étaient encore considérés comme un luxe quelques années plus tôt se généralisent : les glaces électriques, la climatisation, le freinage ABS, la condamnation électronique des portes, les phares au xénon, les coussins gonflables, les renforts de sécurité, les rétroviseurs chauffants.

La plupart des moteurs restent à 4 cylindres, mais l'emploi de 3 ou 4 soupapes par cylindre devient de plus en plus fréquent, d'où l'appellation 16 S ou 16 V.

Dans le domaine de la sécurité, la généralisation des ceintures multipoints, des systèmes de sécurité enfants et des coussins gonflables, frontaux et latéraux, a permis d'accomplir de grands progrès. Parmi les innovations appelées à se répandre, citons la condamnation des portes durant la marche (système CAR) ou les essuie-glaces à mise en route automatique à l'arrivée de la pluie, qui permettront d'améliorer la sécurité et le confort de la conduite.

Renault prototype taxi Juvaquatre 1945.

Renault prototype base Dauphine 1957.

Renault Espace 1984.

***Ces croquis furent publiés par Renault** il y a quelques années pour positionner l'arrivée des monospaces, à une époque où la marque jouait le rôle de précurseur en ce domaine. Ces quelques dessins resituent l'évolution des carrosseries… dans leur usage logique.*

L'évolution des carrosseries

Deux modèles servirent d'exemple aux premiers aérodynamiciens. Le projectile – obus ou balle de fusil – et la forme que prend la goutte d'eau en tombant.

Le premier véhicule aérodynamique fut la Castagna réalisée pour le comte Ricotti en 1913. Puis les architectes comme Le Corbusier s'intéressèrent aussi à l'automobile. Dès 1928-1931 on réalisa des monocorps.

L'idée de cabine avancée, apparue dans les années 1930 (Mercedes, 1939), fit aussi partie des tentatives de renouveau chez Renault (prototype 1956) mais le premier monocorps à avoir été réellement construit en série en 1957 est le Fiat 600 « multipla » qui servit de petit taxi dans les années 1960.

Ce sont donc les grands projets de véhicules urbains qui prirent les premiers la forme d'un monocorps. C'est ce qu'avait déjà fait Renault juste après la guerre avec son taxi « Juvaquatre 48 » ; un autre modèle fut conçu aussi en monocorps par Escoffier et Rousseau, avec déjà une porte coulissante. On les a oubliés.

Au Japon, les mini-vans se développeront avant même que l'Espace voie le jour en Europe. Ces véhicules se caractérisent par leur faible longueur et leur hauteur intérieure importante.

La notion de véhicule de loisirs va évoluer entre 1970 et 2000. Ces véhicules apparaissent aux États-Unis avec les fourgons et pick-up. Le VTT, le kart, le ski, le surf, le jardinage, la brocante sont autant d'activités touchant les loisirs et en plein développement depuis plus de trente ans. Les transports d'équipement qu'ils nécessitent ne peuvent être satisfaits par une simple berline. Ainsi apparaît le « van ». Le fourgon devient familial. Les dernières mises à jour sont visibles avec les Kangoo de Renault et autres Berlingo de PSA.

Ce qui semble être un facteur irréversible dans l'automobile d'aujourd'hui et de demain, c'est la modularité, la transformabilité, qui permettent d'accueillir plus ou moins de passagers et de bagages, en fonction des besoins du moment.

Ainsi, pour conclure, l'œuf et la flèche sont les deux modèles extrêmes entre lesquels aura évolué l'auto depuis qu'on parle d'aérodynamisme.

Dictionnaire des termes techniques

alésage Diamètre intérieur d'un cylindre. L'alésage est toujours exprimé en millimètres. Quand la course est plus longue que l'alésage, on parle de moteur à « longue course » et quand la course est égale à l'alésage, on parle de moteur « carré ».

alternateur Générateur de courant destiné à la charge de la batterie. L'alternateur fournit un courant alternatif qui est redressé en courant continu par un iode pour servir à l'allumage, à l'éclairage et aux motorisations d'une voiture. Alors que l'ancienne dynamo était inefficace au ralenti, l'alternateur recharge correctement la batterie dès les plus bas régimes.

baladeur Dans l'entre-deux-guerres, nom donné à un levier de commande dans une boîte de vitesses non synchronisée à pignons coulissants.

banjo Nom donné anciennement au pont arrière, par allusion à sa forme.

barbotage Ancien procédé de lubrification des embiellages et des cylindres des moteurs. Le procédé de graissage par barbotage, défaillant aux régimes élevés et en pente, fut remplacé par le graissage sous pression.

batterie Nom courant donné aux batteries d'accumulateurs servant au stockage d'électricité. Les batteries se composent de plaques à base de plomb baignant dans un électrolyte acide.

Les batteries se généralisèrent dans les années 1920. Leur encombrement fut considérablement réduit au cours des années 1960. Aujourd'hui, les voitures sont équipées de batteries qui conservent leur électrolyte sur une longue période et qui n'exigent plus aucun entretien.

berline Carrosserie fermée à quatre portes et à quatre glaces.

bloc-cylindres Nom donné à l'ensemble en fonte ou en alliage léger qui contient les cylindres d'un moteur. Les moteurs à 8 ou à 12 cylindres en V comprennent deux blocs. Les blocs-cylindres en alliage d'aluminum ont récemment remplacé les blocs-cylindres en fonte.

bloc-moteur Terme désignant l'ensemble moteur-embrayage-boîte de vitesses.

boîte de vitesses Boîtier comprenant une pignonnerie qui permet de faire varier, selon l'effort demandé, la démultiplication de la mécanique vers la transmission finale. Dans les boîtes de vitesses d'aujourd'hui, les pignons sont toujours en prise, et des synchronisateurs facilitent le passage entre deux rapports. Dans les boîtes automatiques, la commande des synchronisateurs est automatisée selon deux paramètres : la vitesse de rotation du moteur et l'effort à fournir aux roues.

Au début du XXe siècle, les boîtes de vitesses à « pignons baladeurs » et à denture droite exigeaient une grande dextérité du conducteur, mais la faible vitesse de rotation des moteurs autorisait des transmissions à deux vitesses. Ces boîtes furent ensuite remplacées par les boîtes à pignons fixes toujours en prise, de forme hélicoïdale. À partir des années 1930, les boîtes furent progressivement équipées de synchronisateurs. Les boîtes à 4 vitesses entièrement synchrones apparurent au milieu des années 1950, alors que les boîtes à 5 vitesses datent de la fin des années 1970.

bougie Organe destiné à produire, dans la chambre de combustion d'un moteur, l'étincelle qui enflamme les gaz. L'étincelle est obtenue par un circuit haute tension provenant d'un rupteur. Depuis une vingtaine d'années, l'allumage classique a été remplacé par l'allumage électronique.

boulangère Dans les années 1920, nom donné à un break à deux portes et pavillon, à carrosserie de bois ouverte.

break Voiture à 4 portes et à 6 glaces, dotée d'un hayon ou d'une double porte arrière.

calandre Organe décoratif servant de liaison entre le capot, les ailes et le bouclier avant. Avant 1920, c'est l'ornementation du radiateur qui jouait le rôle de la calandre. Après avoir disparu dans les années 1980, la calandre suscite aujourd'hui un regain d'intérêt, car elle permet de personnaliser les modèles.

carburateur Organe servant à doser le mélange d'air et d'essence destiné aux moteurs. Aujourd'hui, le carburateur subit de plus en plus la concurrence de la pompe à injection, plus précise et plus économique.

Les carburateurs d'autrefois étaient verticaux : l'air était aspiré de bas en haut. Si le carburateur des motos est resté horizontal, celui des automobiles est depuis cinquante ans un carburateur inversé : l'air est aspiré du haut vers le bas. Les carburateurs sont également équipés d'un starter enrichisseur, souvent automatique, d'une pompe de reprise, d'un réchauffeur et d'un filtre à air silencieux.

cardan Organe de transmission permettant de relier deux arbres qui ne sont pas situés sur le même plan. Les cardans sont dits homocinétiques car ils doivent transmettre la même vitesse angulaire en aval qu'en amont. Ces pièces mécaniques indispensables ont fait d'énormes progrès de longévité depuis trente ans.

carrosserie Ensemble des parties habillant le châssis. La carrosserie comprend le capot, les ailes, le pavillon, les portes, la calandre, la malle et les boucliers. La carrosserie autoporteuse se passe de châssis : c'est sur ses éléments que s'appuient le plancher, le support du moteur et le support des essieux avant et arrière.

châssis Structure en acier qui supporte le moteur, la transmission et la carrosserie. Le châssis est généralement constitué de deux longerons, d'entretoises et de croisillons dans les versions d'après 1940.

D'abord inspiré des longerons des véhicules hippomobiles, le châssis permit de fixer des carrosseries variées sur un cadre constant. Depuis la fin des années 1940, les châssis ont fait place à des caisses autoporteuses. Afin d'améliorer la sécurité des véhicules, les constructeurs se sont efforcés de rendre les parties avant souples et déformables. Pour protéger les passagers en cas de choc frontal ou latéral, les habitacles ont été rigidifiés.

coach Carrosserie fermée à 2 portes, à 4 places et 4 glaces.

collecteur d'échappement Ensemble des tubulures qui, à la sortie de la culasse, acheminent les gaz brûlés vers le pot de détente, puis, aujourd'hui, vers le pot d'échappement à catalyse.

Commodo Nom déposé d'un manipulateur lanternes-codes-phares, associé aux avertisseurs. Apparu dans les années 1930, le dispositif fut amélioré au début des années 1960 de manière à permettre les appels de phares.

compresseur volumétrique Système mécanique compressant les gaz d'admission. Le compresseur permet d'améliorer le remplissage des cylindres sans se servir d'une turbine.

conduite intérieure Dans l'entre-deux-guerres, nom donné à une voiture fermée qui pouvait se présenter comme un faux cabriolet, un coupé, une berline ou une limousine.

coupé Carrosserie fermée à 2 portes et à 2 glaces.

couple moteur Caractéristique de performance d'une mécanique, exprimée en m/kg. Le couple moteur définit la souplesse d'un moteur à bas régime. Un bon couple moteur se situe à un faible nombre de tours/min.

course Déplacement du piston dans le cylindre, entre le point mort bas et le point mort haut. Cette dimension est toujours exprimée en millimètres.

courroie crantée Système de commande des arbres à cames et des accessoires gravitant autour du moteur. La durée de vie de ce dispositif silencieux et précis est comprise entre 90 000 et 120 000 km. La courroie crantée a remplacé les systèmes à pignons ou à chaînes, plus lourds, plus inertes et plus bruyants.

culasse Partie supérieure d'un moteur, qui comprend la chambre de combustion et les mécanismes des soupapes. La culasse est raccordée au bloc-cylindres, dont l'étanchéité est assurée par un joint de culasse. Les joints de culasse, qui sont soumis à rude épreuve, se déforment avec le temps : par mesure de précaution, ils sont remplacés entre 100 000 et 120 000 km.

culbuteur Organe intermédiaire entre la soupape et l'arbre à cames. Autrefois, l'arbre à cames était relié par une tige au culbuteur. Dans les systèmes à double arbre à cames, le culbuteur disparaît, et la came agit directement sur la soupape.

cylindrée Volume représenté par le déplacement des pistons à l'intérieur des cylindres, entre le point mort haut et le point mort bas. La cylindrée unitaire est la cylindrée d'un seul cylindre.

déchapage Décollement brusque et accidentel de la bande de roulement d'un pneu.

desmodromique Se dit d'un dispositif de commande des soupapes par double levier montant et descendant. Ce système a parfois remplacé les ressorts de rappel.

diesel Moteur à combustion interne dans lequel le taux élevé de compression provoque l'autoallumage du combustible. Injecté par une pompe mécanique, soit dans une chambre de turbulence ménagée dans le piston, soit en amont, le carburant (gazole) est vaporisé par des injecteurs multipoints. Quand le piston est en position haute, le mélange gazeux s'enflamme spontanément sous l'effet de la compression. Le rendement est amélioré par l'emploi du turbocompresseur, qui permet de mieux remplir les cylindres.

différentiel Mécanisme de transmission qui permet aux roues motrices de tourner à des vitesses différentes dans les virages.

direction Ensemble des organes qui permettent l'orientation des roues avant, depuis le volant jusqu'aux biellettes de commande des roues. Aujourd'hui, les directions sont assistées par un système qui récupère la puissance du moteur et réduit l'effort au volant.

Depuis les années 1920, les directions sont désignées par leur système de transmission : direction à secteur denté, direction à vis et écrou, direction à circulation de billes, direction à crémaillère. Les colonnes de direction composée d'un seul élément, qui prévalurent jusqu'à la Seconde Guerre mondiale, ont été remplacées par les colonnes brisées à cardan, qui sont moins dangereuses en cas d'accident.

dynamo Organe rotatif de recharge des accumulateurs et fournisseur de courant continu. La dynamo est entraînée par le moteur à l'aide d'une courroie. Son principal inconvénient est de ne pas fournir suffisamment d'énergie à bas régime. Généralisée à partir des années 1930, la dynamo fut remplacée par l'alternateur à la fin des années 1960.

embrayage Organe mécanique d'accouplement entre moteur et boîte de vitesses. Depuis un demi-siècle, les voitures sont le plus souvent équipées d'un embrayage à disque unique, à commande par câble ou à commande hydraulique.

L'embrayage automatique, qu'il soit équipé d'un mécanisme hydraulique ou d'un mécanisme électromagnétique, est aujourd'hui délaissé au profit de la boîte de vitesses automatique « intelligente », qui laisse un grand choix de possibilités au conducteur.

faux cabriolet Ancien type de carrosserie qui présentait l'aspect d'un cabriolet, mais qui était fermée.

gazogène Dispositif destiné à produire un gaz combustible pauvre à partir de la combustion du bois. Utilisé pendant la Seconde Guerre mondiale, le gazogène est aujourd'hui entré au musée. Peu puissant et dangereux, il était de plus très encombrant.

hard-top Nom donné à un vrai cabriolet doté d'un toit amovible. Parfois vitré latéralement, le cabriolet hard-top est également pourvu d'une capote. En France la Floride et la Facelia furent présentées dans une version hard-top.

jambonneau Nom employé par Citroën pour désigner les avancées supportant le moteur dans une caisse monocoque (la traction avant). Aujourd'hui, cette fonction est dévolue à un « berceau » ou à un faux châssis.

homocinétique Se dit d'un joint de liaison entre deux arbres qui permet de conserver un mouvement angulaire et une rotation identiques à la sortie et à l'arrivée. Les joints homocinétiques sont généralement réservés aux roues avant directrices et motrices.

landaulet Ancienne forme de carrosserie qui ne protégeait pas le chauffeur et qui réservait aux passagers un habitacle arrière partiellement découvrable.

limousine Carrosserie fermée à 4 portes et à 6 glaces, généralement assez longue.

magnéto Organe de production d'électricité. Sur les automobiles, la magnéto est abandonnée depuis plus de soixante ans.

monocoque Se dit d'une carrosserie fermée intégrant le châssis dans sa construction. Souvent, le châssis n'est plus qu'une plate-forme autour de laquelle s'articule la carrosserie.

pavillon Terme de carrosserie désignant le toit d'une automobile.

phaéton Ancienne carrosserie découvrable à 4 portes et à 2 banquettes, qui fut répandue dans les années 1920. Le phaéton se distingue du cabriolet, qui ne possède que deux portes.

rechapage Opération consistant à doter un pneu usagé d'une nouvelle bande de roulement, la chape.

rampe commune (en anglais, *Common Rail*) Système d'alimentation indirecte des moteurs Diesel permettant d'accroître la pression d'arrivée aux injecteurs, laquelle ne dépend plus de la vitesse de rotation du moteur. Il s'accompagne d'une meilleure maîtrise de la combustion et d'une diminution de la pollution.

roadster Voiture de sport découverte à une ou deux places, qui ne dispose ni de pare-brise ni de capote.

silentbloc Organe élastique caoutchouté doté d'une bague-support, qui est placé entre un organe mécanique mobile et le châssis ou la caisse d'un véhicule pour absorber les vibrations et les bruits.

spider Espace aménagé dans le coffre d'un cabriolet ou d'un coupé pour accueillir deux passagers.

super Abréviation de supercarburant, essence de qualité supérieure dont l'indice d'octane est élevé (95, 97, 98). Ce carburant n'améliore pas les performances d'une mécanique, mais retarde l'effet détonant du mélange dans la chambre de combustion.

oléopneumatique Se dit d'une suspension où les ressorts sont remplacés par un système à air comprimé, assisté par un circuit hydraulique par pompe. Citroën, qui lança la suspension oléopneumatique en 1954, continue d'en équiper certains de ses modèles, comme la Xantia Activa.

thermosiphon Ancien dispositif de refroidissement des moteurs sans pompe, dans lequel l'eau circulait par simple dilatation. Ce système médiocre fut abandonné à la fin des années 1930.

torpédo Ancienne carrosserie découverte à une ou deux portes, dont l'arrière présente une forme effilée.

train avant Ensemble constitué par l'essieu, les roues et la suspension avant, et par les organes de direction terminaux.

tubulure d'admission Conduite amenant à la chambre de combustion le mélange gazeux. Dans un moteur à injection, la tubulure apporte l'air frais, et le carburant arrive en aval de la tubulure.

vis-à-vis Ancienne carrosserie découverte du XIXe siècle, dans laquelle les passagers étaient placés face à face. Dans la carrosserie « tonneau », les passagers étaient assis sur deux rangs parallèles à la route, comme dans les chars à bancs.

Index

A
ABS (système) 181, 194, 201
ACMA 125
Adam (système de téléguidage) 183
Afrique (Tour d') 139
Airbag 180
alarme 188
Alfa Romeo 54, 97
alimentation à rampe commune 184
allumage électronique 201
amortisseur hydropneumatique 200
Andreau (Édouard) 81
Andruet (Jean-Claude) 165
antiblocage (système) 175, 188, 201
Arenz (Paul) 88
Ariès 57
assistance-dépannage 182
Audi 55
– 14-35 HP 29
Audoin-Dubreuil (Louis) 49, 50
Austin 97
– Healey 99
autobus 14
Auto-Journal (l') 124, 141, 158
Automobile (l') 151
Automobile-Club de France 19, 47
– (Grand Prix de l') 25, 27
Automobile-Club de l'Ouest 46
autoroutes 142, 148, 180

B
bacheliks 31
bagages 59
batterie 35
Beau de Rochas (Alphonse) 10
Bedaux (Claude) 51
Bennett (James Gordon) 25
Bentley 55
Benz (Karl) 11
Berliet (Marius) 21
Berliet 17, 38
Bibendum 102
Billeter et Cartier (carrosserie) 77
Bionnier (Louis) 114
Biturbo 201
bloc-cylindres 35
BMW 144, 147, 179, 200
Boillot (Georges) 27
boîte à quatre vitesses 105
boîte de vitesses automatiques 75
Bollée (Amédée) 8, 10
Bollée (Léon) 25
Bosch 150, 178
bougies 63
Boulanger (Pierre) 88
Bouton (Georges) 20
BP 31, 101
British Leyland 144, 179
British Motor 179
Bugatti (Ettore) 23
Bugatti 39, 68, 110
Buick 28, 54
– Roadmaster 96

C
cabochon 35
Cadillac 28
caisses 151
– monocoques 72
calandres 73
Calvet (Jacques) 179
camions 21
Canada-Terre de Feu (expédition) 139
CAR (système) 201
Carbon 179
Celtastandard 78
Centaur 14
Charbonneaux (Philippe) 66, 116
Chasseloup-Laubat (Gaston de) 26
châssis 34, 135, 110
Chenard et Walker 52, 53, 80
Chevrolet 28, 110
– Corvair 145
choc pétrolier (1974) 152
Chrysler 54
– Horizon 170
– Rapier 147
Citroën (André) 22
Citroën 57, 59, 60, 102
– 2 CV 95, 12, 112, 140, 161, 172, 173
– 5 CV 66
– 7 TA berline 71
– 11 72, 86, 106
– 15 TA 107, 114
– 22 CV 72
– AX 176
– BX 193
– BX GTI 176
– C2 190, 195
– C3 183, 190
– C4 76, 191
– C5 190
– CX 142, 171, 200
– DS 94, 120, 133, 136, 151, 160,201
– GS 142, 157, 164
– SM 138, 151, 153, 166
– TA 11 91
– U 23 (camion) 87
– XM 189
– Ami 6 138, 152
– Berlingo 182, 198
– Boulangère (ou Normande) 67
– C-Airlounge 190
– Dyane 136, 152, 165
– familiale 72
– Méhari 136, 145, 161
– Picasso 177, 198
– Pluriel 184, 190
– Saxo 177, 196
– Type A 22, 25
– Visa 174
– Xantia 191, 196
Claude (Georges) 18
Clément (Adolphe) 23
Coccinelle *voir* Volkswagen
code de la route 58
Corse (Tour de) 127
Cotal (sélecteur de vitesses) 75
courroie de distribution crantée 200
coussins gonflables 180, 201
Croisière jaune 51
Croisière noire 48, 49
Cugnot (Joseph) 9
culasses 63

D
Daimler 17
Daimler Benz 55, 178
Darlmat 69
Darniche (Bernard) 165
Darracq (Alexandre) 23
Darracq 26
débrayage 34
De Dion (Albert) 20
De Dion-Bouton 36
Delage 68, 87
– 3 litres 69
– D6 75 81
– D8 53
– D8 120, 65
Delahaye (Émile) 22
Delahaye 37, 91, 110
– 135 78
– 235 111
– VLR 116
– Figoni 107
Delamare-Deboutteville (Édouard) 9
Delaunay-Belleville 25
Desmarets 31
Deutsch (Charles) 157
Deutsch et Bonnet 123
Diesel (moteur) 186
Diesel 7 CV 154
Dietrich 23
Dinky Toys 53
DKW 55
Dodge 102
DPO 177
Dreyfus (Pierre) 126
Dunlop (John Boyd) 33
Dunlop 23, 105
dynamo 35

E
électronique embarquée 181
embouteillages 149
engrenage à chevrons 22
essieu autodirectionnel 201
Esso 31
Étoile filante (l') 95, 123
Excalibur (l') 145

F
Facel 160
– Excellence 157
– Vega 122
Facellia 160
fardier 8
feux tricolores 143, 149
Fiat 54, 97
– 6 CV 93
– 124 178
– 500 144
– Ballila 77
Ford (Henry) 26, 28
Ford 96
– T 29
– Comète 117
– Edsel 144
– Mustang 145
– Taunus 144
– Taunus 12 M 146
– Thurnderbrid 97
– Vedette 90, 100, 115, 117
– Versailles 117
formule 1 185
freins 35
– à disque 150, 169, 200
Freming (concours) 53
Frua (Pietro) 157

G
garage 56
gaz de pétrole liquéfié (GPL) 185
gazogène 84
gazole 185
General Motors 54, 147
Georges Irat 6 CV 79
Glas 1500 200
GMC (camion) 102
go-kart 141
Goliath Gutbrod 200
Gordini (coupe) 141
Gordon-Bennet (coupe) 25, 27
Gordon-Brillé (double phaéton) 11
graissage 31
Grégoire 38
Grégoire-Hotchkiss 23, 92, 110
Guerre mondiale (Première) 40, 43

H
Haardt (Georges-Marie) 49
HDI (moteur) 191
Henri-Malartre (Musée de l'automobile) 66
Honda 179
– N 600 146
– S 300 146
– S 600 146
Horch 55
Horlacher 179
horodateurs 149
Hotchkiss 22, 48, 52, 53, 60
– Cabourg 106

I
Igol (bloc mélangeur) 56
Illustration (l') 53, 88
indice d'octane 184
Irat (Georges) 52
Issigonis (Alec) 144

J
Jaguar 97, 99
– XK 140 200
Jamais-Contente (la) 24, 33
jauge à lecture 62
Jenatzy (Claude) 24, 26, 33
jouets 53

K
Kaiser 110
karting 141
Klaxon 60
Kléber-Colombes 105
Kow (Alex) 53, 88
Kübelwagen 87, 103

L
Lada 178
Laffly 87
lampes à halogène 150
Lancia 54
lanternes 32
Latil 17
Lefaucheux (Pierre) 91
Levassor (Émile) 14
lève-vitres électrique 162
levier de vitesses 34
– à tirage longitudinal 169
Lévy (Raymond) 176
Licorne (la) 53, 80
locomobile 15
Loewy (Raymond) 137
Lorraine-Dietrich 23, 68
Lotus Élite 201

M
machine à vapeur 9
Maserati 201
– V6 166
matérialisation des voies de circulation 149
matériel américain 102
Matford 87
– V8 77
Matra 160, 174
– Bagheera 170
– Roncho 142, 170
Matra-Simca 142
Menier (véhicule) 9
MEP X2 137
Mercedes 300 98, 147, 200

Mercedes Benz 55
Michelin (André) 33
Michelin (Édouard) 33
Michelin 105, 200
Michelin X 200
Mini-Morris 124
Mobil 31
Mondial 2000 189
Monet-Goyon Pullman 125 95
monospace 198
Mont-Blanc (tunnel du) 180
Montlhéry (circuit de) 57, 141
Morris 97
Mors (Louis) 25
Mors 26
moteur
– à injection 200
– culbuté 103
– flottant 62
– longitudinal 169
Motobécane 95
Mulhouse (Musée national de l'automobile de) 25

N

Nash Ambassador 97
Nerva Grand Sport ABM 62
Nervastella 69
Newcoman (Thomas) 9
Next (prototype) 186
Nissan 179

O

Obéissante (l') 8, 10
Œuf électrique (l') 88
Oldsmobile 28
Opel 55
– Kapitän 98
– Record 144, 147
oxyde d'azote 185

P

Packard Sedan 96
Panhard (René) 14
Panhard 17, 37, 84
– 24 BT 136, 140, 157
– 6 DS 65, 77
– CD 157
– DB 123, 131
– PL 17 125, 157
– Dyna 90, 103, 104, 114
– Dyna Z 118, 125
– Dynamic 78, 86
– phaéton 10
Panhard-Levassor 14, 37, 38
Paris-Berlin 27
Paris-Bordeaux-Paris 33
Paris-Colomb-Béchar 46
Paris-Dakar 175
Paris-Kaboul 139
Paris-Madrid 24, 25, 27
Paris-Pékin 36
Paris-Tokyo 139
Paris-Vienne 27
Pescarolo (Henri) 136
Petit Citron 66
Peugeot (Armand) 17, 18
Peugeot 23, 30, 57, 59, 102
– 104 166
– 104 ZS 192
– 201 64, 76
– 202 81, 85, 107
– 203 115, 115, 119
– 204 136, 141, 156
– 205 192
– 206 192
– 304 164, 170
– 306 196
– 307 183
– 309 170, 192
– 401 58, 65
– 402 74, 81, 92
– 403 94, 123
– 404 131, 154, 155
– 407 Elixir 187
– 504 164, 165, 164
– 604 200
– 607 177, 187
– 806 197
– 4002 181
– T3 (tracteur d'artillerie) 43
– VLV 85
– Bébé 19, 39
– Darlmat 115
– Fleischel 75
– Ion 186
– Partner 199
– Proxima 176
– quadrilette 39
– roadster 64
– Safrane 199
– vis-à-vis Type 3 10
Pezous (Maurice Émile) 137
phares 104
– à iode 200
– additionnels 150
– antibrouillard à iode 162
– orientables 151
Pierce Arrow 29
pile à combustible 187
Pilote (pneu) 105
Pirelli (calendrier) 134
planche de bord 34, 59
Plymouth Cricket 147
pneus 33, 105
Poirier (Léon) 49
pollution 187
pompe à essence 56
Porsche (Ferdinand) 55, 103
Porsche 145, 200
Praxitèle (projet) 182
prise directe 20
Prost (Alain) 176

Q-R

quatre roues motrices 200
recyclage 187
Renault (Louis) 20, 24
Renault (Marcel) 20, 25, 27
Renault 17, 57, 59, 102
– 2 CV 89
– 4 CV 89, 90, 94, 103, 108, 158
– 4 CV pie 109
– 4 L gendarmerie 159
– 4 Plein Air 159
– 4 Super 159
– 5 142, 168, 200
– 5 Automatic 169
– 6 138
– 8 134, 140, 157
– 8 Gordini 138, 141, 161
– 9 175, 193
– 10 157
– 11 175
– 12 142, 165
– 12 Gordini 167
– 14 142, 175
– 15 138
– 15 TS 165
– 16 162
– 16 TS 163
– 16 TX 163, 167
– 17 138
– 17 Gordini 167
– 17 TS 165
– 21 175
– 25 175
– 30 142, 170
– AG (taxi) 41
– AI 37
– AX 8 CV 33
– BX 175
– FT 17 (char) 43
– GTL 159
– KZ 11 60
– NN 73
– TN 4 (autobus) 85
– Alpine 123, 165
– Alpine A110 134
– Alpine berlinette 141
– Aventime 183
– Be Bop 184
– Clio 182, 188, 196
– Colorale 92, 114, 116
– Dauphine 94, 126, 141
– Dauphine Gordini 127
– Espace 177
– Floride 130
– Frégate 101, 115
– Frégate 11 CV 92
– Frégate Grand Pavois 94
– Frégate Manoir 124
– Juvaquatre 80, 91, 92, 106
– Juvaquatre break 106
– Kangoo 177, 199
– Mégane 176, 177, 197, 199
– Monaquatre 64, 76
– Nervasport 77
– Ondine 94, 127
– Primaquatre 78, 92
– Safari 159
– Transfluide 130
– Twingo 177, 194
– Type D 36
– Vesta 174
– Viva Grand Sport 80
– Vivastella 76, 77
Rolls-Royce 28
Rosengart 63
– 5 CV 73
– Ariette 118
– Supertraction 59, 81, 93
roues à étoiles 109
roues élastiques 33
roues-fils 78
Rover 97
Rudge (roues) 78

S

Sabine (Thierry) 175
Salmson 63, 65, 107
Salomon (Jules) 25
Salon de l'automobile 18, 19
– 1924 49
– 1946 96
– 1946 104
– 1948 113
– 1974 171
Salson 2300 111
Saprar 109
Schneider 14
sécurité 181, 188
Serpollet (Léon) 17
Shell 31, 101
signalisation routière 57
Simca 102
– 5 80
– 8 79, 80, 92
– 8 Sport 116
– 161 165
– 180 165
– 1000 153
– 1100 136, 164
– 1300 134, 153, 171
– 1500 153
– CG 167
– P 60 101, 129
– Abarth 156
– Ariane 124, 152
– Aronde 92, 117
– Aronde Monthléry 122
– Beaulieu 124, 128
– Chambord 101, 128
– Marly break 129
– Plein Ciel 122
– Présidence 128
Simca-Chrysler 138, 160
Simca-Ford 100
Skoda 178
Sovel 87
station-service 56, 101
suivi de voie 181
Sunbeam 97
suspension 34
– hydropneumatique 200
synthétiseur de parole 174

T

tableau de bord 151
Talbot 53, 63, 76, 92
– 4,5 litres 111
– Lago 110
– Murena 193
– Samba 192
– Solara 171
– Tagora 174, 177, 193
Tatra 103, 145
taxis 60
– G7 61
– de la Marne 40
Teilhard de Chardin (Pierre) 50
télécommande d'ouverture des portes 174
téléguidage 183
télénavigation 182
Terrot 95
Tigre (moteur) 125, 157
Topolino 144
Torpédo 67
Toutalu 76
Toyota 179
Trabant 176, 178
Tracta 47, 68
traction avant 52, 70
– à moteur transversal 200
transmission à chaînes 17
transmission intégrale 200
trempage au bain de zinc 151
Triumph 97
Tudor 29
turbo 200
turbocompresseur 200, 201

U-V

Unic cabriolet 79
V8 Wimille 116
Vauxhall 97
véhicules des services municipaux 61
véhicules électriques 85
véhicules hybrides (essence-électricité) 186
vélo-taxi 84
Vespa 95, 125
vignette automobile 136
Vingt-Quatre Heures du Mans 68, 99
vintages 46
Vivaquatre 60
Vodis (projet) 184
Voisin C30 79
voitures de sport 68
Volga 97, 147
Volkswagen 55, 103, 108, 144
– 411 201
– Coccinelle 55, 99, 144, 146
– Golf 142

W-Z

Wanderer 55
Wankel (moteur) 142, 153, 200
Watt (James) 9
Wolgensinger (Jacques) 139
Wood (John Crew) 14
Zèbre 25, 38
ZIL 178

Adresses utiles

Alsace

Musée national de l'Automobile (collection Schlumpf)
10, avenue de Colmar,
68100 Mulhouse.
Collection des frères Schlumpf, nationalisée en 1982.
Accès : autoroute A 35 jusqu'à Mulhouse, A 36 pour traverser Mulhouse, sortie Mulhouse-Ouest, suivre les indications « Musées ».
En train : navette des musées ou bus 4. En avion : aéroport Mulhouse-Bâle.

Aquitaine

Musée automobile et militaire
19, rue Gabriel-Chaigne,
33191 La Réole.
Accès : Sur la N 113, entre Langon et Marmande.

Musée automobile
12, avenue Thiers,
24000 Sarlat.
Choix de voitures françaises des années 1900 à 1950.
Accès : de Bordeaux et de Bergerac par la N 21 ; de Limoges et de Périgueux par la N 89; de Cahors et de Gourdon par la N 20.
En train : gare de Sarlat.
En avion : aéroport de Bergerac (à 24 km).

Musée de l'Automobile
Château de Fleurac,
24580 Rouffignac-Saint-Cernin-de-Reilhac.
Cinquante véhicules des années 1900 à 1970.
Accès : Par Les Eyzies.

Bourgogne-Franche-Comté

Musée de la Voiture de course
Château de Savigny-lès-Beaune,
21420 Savigny-lès-Beaune.
Collection de vingt-deux modèles Abarth. Le château abrite aussi un musée de l'Aviation, un musée de la Moto et une collection de tracteurs viticoles.
Accès : Par l'autoroute A 6 en venant de Paris ou Lyon, sortie Beaune; par l'autoroute A 37 en venant de Dijon; par l'autoroute A 36 en venant de Besançon et de Mulhouse.
En train : gare de Beaune, gare TGV de Dijon.

Musée de l'Automobile
Château de La Clayette,
71800 La Clayette.
Une quarantaine de voitures des années 1920 aux années 1970 ; des motos et des vélos anciens.
Accès : de Lyon par l'autoroute A 6, sortie Belleville, direction Beaujeu-les-Écharmeaux par la D37 puis la D10; de Paris par l'autoroute A 6, sortie Chalon-Sud, direction Buxy-Genouilly-Saint-Bonnet-de-Joux par la D 977 et la D 983, direction Charolles-La Clayette par la D 985; sortie Mâcon-Nord, direction Charolles par la N 79, puis à Clermain, prendre la D 987, direction Matour-Aigueperse-La Clayette.

Musée des Voitures présidentielles
Château de Montjalin,
89200 Sauvigny-le-Bois.
Collection de voitures de chefs d'État des années 1930 à 1970.
Accès : gare d'Avallon ou gare TGV de Montbard, puis liaison routière jusqu'à Montjalin (40 km).

Musée Peugeot
Carrefour de l'Europe,
25600 Sochaux.
Collection de 80 voitures, de motos, de vélos et d'outils Peugeot, des origines à nos jours.
Accès : Par l'autoroute A 36 de Besançon ou de Belfort, puis centre-ville Sochaux (musée fléché).
En train : gare de Montbéliard.

Bretagne

Manoir de l'Automobile
Route de Lieuron,
35550 Lohéac.
Un village entièrement consacré à l'automobile : musée, hippomobiles, dioramas, circuits asphalte et rallycross, karting, école de pilotage.
Accès : entre Rennes et Redon sur la D 117, puis suivre le fléchage depuis Lohéac.

Musée d'Alfred
La Ville Marguerite,
Route de Redon,
56130 Nivillac.
Une quarantaine de voitures françaises de 1900 aux années 1970 ; motos, triporteurs, vélos, voitures à pédales.
Accès : par la D 34 entre Saint-Dolay et La Roche-Bernard; à Nivillac, suivre le fléchage « La Ville Marguerite ».

Musée des Véhicules anciens et motos du Finistère
67, avenue Foch,
29400 Landivisiau.
Accès : gare SNCF de Landivisiau.

Centre

Musée de l'Automobile
Château de Valencay,
36000 Valencay.
Accès : de Tours, N 76 par Montrichard, ou N 143, D 760 et D 960 par Loches et Montrésor; de Blois ou de Chateauroux, D 956.

Musée Maurice-Dufresne
Le Moulin de Marnay,
37190 Azay-le-Rideau.
Une trentaine de voitures et plusieurs motos, des vélos, des voitures à chevaux, des tracteurs et des machines agricoles.

Champagne-Ardenne-Lorraine

Musée de l'Automobile
Forêt de la Haye,
54840 Velaine-en-Haye.
Une centaine de voitures de toutes époques et de tous types, exposées par des bénévoles.
Accès : à quelques kilomètres de Nancy. De Nancy, de Toul ou de Paris, autoroute A 33, sortie Gondreville, prendre la N 4 et suivre les panneaux « Parc de la Haye ».

Musée de la Commanderie
10380 Viâprès-le-Petit.
Une collection de voitures, de vélos, d'avions, d'engins militaires et d'uniformes, exposée dans une ferme.
Accès : par l'autoroute A 26, sortie Arcis-sur-Aube, puis D 56 jusqu'à Viâprès-le-Petit.

Musée des Vieux Tacots
Garage Christian Fournier,
10340 Les Riceys.
Exposition de voitures populaires françaises des années 1920 à 1940.
Accès : de Mussy-sur-Seine, prendre la D 17; le musée est à l'entrée du bourg.

Musée de l'Automobile française Collection Philippe-Charbonneaux
84, avenue Georges-Clemenceau,
51100 Reims.
Soixante ans de carrosserie du styliste Philippe Charbonneaux ; soixante voitures et maquettes.
Accès : de Paris ou de Châlons-en-Champagne, autoroute A 4.
En train : gare de Reims.

Île-de-France-Paris

Centre international de l'Automobile
25, rue Honoré-d'Estienne-d'Orves,
93500 Pantin.
Des dizaines de modèles : voitures de prestige, voitures populaires, voitures de sport et de course ; expositions thématiques renouvelées tous les six mois.
Accès : de la porte de Pantin par l'avenue Jean-Lolive, tourner à droite dans la rue Honoré-d'Estienne-d'Orves.
En métro : ligne 5, station Hoche.

Musée de l'Automobile
Colline de la Défense,
1, place du Dôme,
92800 Puteaux.
Expositions temporaires consacrées à l'histoire de l'automobile.
Accès : sur le boulevard circulaire de la Défense, prendre la Défense 7, parking « La Grande Arche PB », sortie piétonne « Rotonde des miroirs » ou suivre le fléchage « Dôme Imax ».
En métro : ligne 1, station La Grande Arche-La Défense, sortie H « Le Parvis ». En RER, ligne A, station La Défense.

En train : ligne Paris-Saint-Lazare-Saint-Nom-la-Bretèche ou Versailles, station La Défense.

Musée de l'Aventure automobile
45, rue Jean-Pierre-Timbaud.
78307 Poissy.
Collection de 40 voitures illustrant l'histoire de l'industrie automobile à Poissy (Simca Ford-SAF, Talbot, Matra, Chrysler, Peugeot).
Accès : de Paris, porte de Saint-Cloud, autoroute de l'Ouest, direction Poissy-Centre puis Poissy-gare, suivre le fléchage « Usines Peugeot ».
En train : ligne Paris-Saint-Lazare, descendre à Poissy.

Musée des Transports urbains
60, avenue Sainte-Marie,
94160 Saint-Mandé.
Plusieurs dizaines de trams, d'omnibus, d'autobus et de taxis des années 1880 à 1970.
Accès : en métro, ligne 8 (Porte-Dorée); en bus, lignes 46, 86, PC et 325; de mi-juin à mi-novembre, le dimanche après-midi, navettes gratuites en autobus à plate-forme à partir du métro Porte-Dorée.

Languedoc-Roussillon

Musée des Vieilles Automobiles
Parking « Les Balcons du front de mer »,
66140 Canet-en-Roussillon.
Une soixantaine d'autos et une douzaine de motos françaises et étrangères des années 1900 à 1970.
Accès : de Perpignan, suivre la voie de la Méditerranée jusqu'à Canet et au front de mer.
En train : gare SNCF de Perpignan.
En avion : aéroport de Perpignan.

Normandie

Musée de l'Automobile « La Belle Époque »
Château de Betteville,
14130 Pont-l'Évêque.
Cent voitures antérieures à 1950 ; des motos et des hippomobiles.
Accès : de Rouen et de Caen par l'autoroute A 13, sortie Pont-l'Évêque, tourner à gauche dans l'avenue de la Libération.
En train : gare de Pont-l'Évêque.

Pays de la Loire

Musée de l'Automobile
Circuit des Vingt-Quatre Heures du Mans,
place Luigi-Chinetti,
72009 Le Mans.
Une centaine de voitures, dont la plupart sont des modèles de sport et de course, des origines aux années 1970.
Accès : du Mans, route d'Angers, suivre le fléchage « Circuit des Vingt-Quatre Heures du Mans ». Le musée est situé à l'entrée principale du circuit.

Domaine de la Petite Couère
La Petite Couère,
49520 Châtelais.
Une collection de 35 autos françaises des années 1900 à 1950. L'ancien village reconstitué abrite aussi un musée du Tracteur, un musée du Moteur et des collections de voitures miniatures.
Accès : à partir d'Angers, prendre la direction de Segré, puis de Nyoiseau ; tourner à droite après Nyoiseau ; le domaine est fléché.
En train : gare d'Angers.

Picardie

Centre de l'Automobile ancienne
10, square de Labédoyère,
02310 Nogent-l'Artaud.
180 voitures, 60 motos françaises et étrangères des origines aux années 1970.
Accès : autoroute A 4 Reims-Paris, sortie Château-Thierry, puis 12 km vers le sud-ouest; de Paris, sortie La Ferté-sous-Jouarre. En train : le Centre est situé au bord de la Marne, à cent mètres de la gare de Nogent.

Musée national de la Voiture et du Tourisme
Château de Compiègne,
60205 Compiègne.
La collection illustre le passage de l'hippomobile à l'automobile.
Accès : dans Compiègne, à la lisière de la forêt, suivre le fléchage « Château ».

Poitou-Charentes-Limousin

Musée de l'art populaire « Chez Manuel »
86000 Poitiers.
Collection de voitures, de jouets, de bibelots et d'appareils anciens.
Accès : de Poitiers, suivre la N 10 dans la direction de Paris; le musée est situé à Migne-Auxances, juste après le grand pont.
En train : gare de Poitiers.

Musée Auto-Moto-Vélo
3, rue Clément-Krebs,
86100 Chatellerault.
Une centaine d'autos, des motos et des vélos des années 1900 à 1960.
Accès : de Poitiers ou de Tours, suivre la N 10.
En train : gare de Châtellerault.

Provence-Alpes-Côte-d'Azur

Musée de l'Automobiliste
Autoroute A 8,
Aire des Bréguières,
06250 Mougins.
Ancêtres, voitures de prestige, voitures de sport et de cours, véhicules militaires.
Accès : par l'autoroute A 8, sur l'aire des Bréguières, entre la sortie « Mougins » et la sortie « Sophia-Antipolis » ; par la route, chemin de Font-de-Currault, Mougins.

Musée automobile de Provence
RN 7,
13660 Orgon.
Voitures populaires, voitures de sport et de course des années 1920 aux années 1960.
Accès : sur la N 7, à 28 km d'Avignon et à 30 km d'Aix-en-Provence, entre Plan-d'Orgon et Orgon.

Rhône-Alpes

Automusée du Forez
Zone d'activités de Saint-Germain-Laval,
42260 Saint-Germain-Laval.
Une centaine de voitures et une vingtaine de motos des années 1900 à 1970.
Accès : par l'autoroute A 72, entre Clermont-Ferrand et Saint-Étienne, à 500 m de l'échangeur 5; par la D 8, au sud de Roanne.

Musée de l'Automobile Henri-Malartre
645, chemin du Musée,
69270 Rochetaillée-sur-Saône.
Cent vingt autos, une centaine de cycles et de motocycles, des moteurs et des affiches, des années 1890 à 1970.
Accès : de Lyon, suivre les quais de la Saône par la N 433; par l'autoroute A 46, sortie Genay-Neuville.

Vendée

Musée de l'automobile de Vendée
La Vieille-Biée
Route des Sables,
85440 Talmont-Saint-Hilaire
Collection de 150 véhicules de 1885 aux années 1960.
Accès : par la D 949, entre Les Sables-d'Olonne et La Tranche-sur-Mer.

Manifestations intéressant les amateurs

Cet inventaire n'est ni complet ni objectif. Il s'agit des manifestations par lesquelles il faut commencer, mais bien d'autres manifestations passionnantes couvrent l'année automobile des amateurs. Nous en avons exclu les manifestations surmédiatisées de compétition contemporaine comme les Vingt-Quatre Heures du Mans ou les rallyes tels que celui de Monte-Carlo.
Au besoin, les musées présentés ici peuvent vous informer sur les manifestations locales.
Septembre : au parc de Bagatelle, présentation annuelle des plus belles voitures de collection. C'est la coupe Louis-Vuiton.
Octobre : c'est le Mondial de l'Automobile qui se tient tous les deux ans (années paires) à Paris, porte de Versailles début octobre. Il a fêté son centenaire en 1998.
Janvier : le Paris-Dakar, l'événement.
Au printemps, à La Ferté-Allais, réunion des amateurs de tous véhicules et machines : automobiles, taxis, camions, autocars et machines agricoles. Promenade riche et bon enfant.
Début d'été : réunion à Montlhéry des automobiles sportives d'autrefois encore en état de se présenter sur la piste, et regroupement des clubs et collectionneurs de tous modèles et de toutes marques.

Crédits photographiques :

1re de couverture : Renault Communication hgh, Daniel Puiboube hd, Peugeot hgb, Roger Viollet b.
4e de couverture : Daniel Puiboube, Citroën, Renault Communication, Peugeot (de h en b)

Toutes les photos font partie de la collection de Daniel PUIBOUBE, sauf :

ADAGP, Paris 2000 : 135 Savignac m
AKG, Paris : 25, 26, 53h, 55md, 60-61, 92, 142-143, 148, 148-149, 149h
CHARMET : 57, 137, 200g
CITROËN Communication : 48-49h, 48b, 49b, 50-51, 50b, 51h, 112-113, 138-139, 139h, 164h, 171, 173h, 174hg, 176hd, 177, 181h
COLL. CHRISTOPHE L. : 135bd
EXPLORER : 7 (reprise de 172-173), 8-9 Mary Evans b, 10b, 172-173 Nacivet J.-P.
GAMMA : 174 Simon-Gamma bg, 175, 178 Quidu d
KEYSTONE : 7 (reprise de 132-133), 86-87, 87hd, 90-91, 92-93, 93m, 95h, 95bd, 99hg, 132-133, 134-135, 135hd, 137bg, 136bd, 143h, 143b
MICHELIN Communication : 30h, 100hd,102h
PEUGEOT : 156
PRESSE-SPORTS : 99bg
RAPHO : 6 (reprise de 82-83), 52 b, 82-83, 2 photos Doisneau Rapho, 83 Niepce-Rapho hd, 84 g, 93hd, 100-101, 149bd, 4 photos Doisneau Rapho
REA : 176 Maillac bd, 180 F. Henry b, 180 Mario Fourmy h, 181 Mario Fourmy b, 181 Damorel h, 185 Bartoli h, 185 Marie Dorigny b
RMN : 11 RMN-Lagiewski m
RENAULT Communication : 90 h, 94 h, 101 m, 103 b, 106 hg, 108, 109 h, 115 b, 116 h, 124 bd, 126, 127 hdg, 130 hg, 130 m, 130 b, 131 h, 135 mg, 158, 159 b, 161 m, 162, 163, 167g, 167d, 168, 169, 182 h, 183 b, 184 h, 187 g, 187 d, 188b, 189, 191 b, 193b, 194, 196, 197 h, 197 b, 199 hg, 199 m
ROGER-VIOLLET : 6 (reprises de 12-13, 44-45), 8-9 fond, 9m, 11b, 8m, 12-13, 14-15, 16-17, 18hd, 18-19, 21h, 24-25, 35bg, 40-41, 44-45, 52h, 77h, 84-85, 85 Lapi-Viollet hg
RUE DES ARCHIVES : 28-29
SELVA : 22-23, 23d, 31md, 179hg, 184 Bianchetti/Selva

L'auteur remercie tout particulièrement les services de Communication des marques Renault, Citroën et Peugeot.

DEUXIÈME ÉDITION
Deuxième tirage

Achevé d'imprimer : Juin 2004
Dépôt légal en France : Septembre 2000
Dépôt légal en Belgique : D-2004-0621-78
Imprimé et relié en Italie par Eurolitho S.p.a.
Printed in Italy